D1730172

Lorenz Stucki

Swissair –
Das Porträt einer erstaunlichen Fluggesellschaft

Lorenz Stucki

swissair

Das Porträt
einer erstaunlichen
Fluggesellschaft

Verlag Huber Frauenfeld / Stuttgart

4. Auflage

Satz und Druck: Grafische Unternehmung Huber & Co. AG, Frauenfeld
Einband: Buchbinderei Burkhardt AG, Zürich
Photos: Kurt Blum, Bern
© 1981 Verlag Huber Frauenfeld
ISBN 3-7193-0738-7

Inhalt

Vorwort

Nach dem Besuch einiger Swissair-Stationen im Fernen Osten saß ich auf dem Rückflug von Bombay neben einem Geschäftsmann aus dem amerikanischen Mittleren Westen. Ohne meine Nationalität oder gar meine augenblickliche Beschäftigung zu kennen, sagte er unvermittelt: «Diese Swissair ist eine der besten, wenn nicht überhaupt die beste Fluggesellschaft der Welt.» Ich hielt mein Lächeln auf den Stockzähnen zurück. «Warum finden Sie das?» Er überlegte einen Augenblick lang. «Nun, diese Leute kümmern sich um Sie, sie möchten, daß Sie zufrieden sind und sich wohlfühlen. Den andern ist das gleichgültig.»
Ähnliches habe ich öfter gehört, von Passagieren im Flugzeug und am Boden sowie auch indirekt von Angestellten verschiedener Reisebüros in fremden Ländern, die mir von Äußerungen ihrer Kunden erzählten. Viele Schweizer zwar nehmen die Swissair, weil es die «eigene» Gesellschaft ist, als selbstverständlich, vergleichen kaum und machen sich darüber so wenig Gedanken wie über den Wohlstand im rohstoffarmen Land. Es sind vor allem die Ausländer, die sich wundern, ausländische Angestellte auch, die von Stolz auf «ihre» Swissair spürbar durchdrungen sind.
Natürlich stimmt die Behauptung nicht, den Leuten anderer Fluggesellschaften liege das Wohl ihrer Passagiere nicht am Herzen. Innerhalb der weit über hundert internationalen Luftfahrtgesellschaften gibt es enorme Unterschiede an Betreuung und Zuverlässigkeit, doch eine Reihe angesehener Unternehmen gehö-

ren in Qualität und Ruf mit der Swissair zur anerkannten Spitzengruppe. Und den fanatischen Swissair-Anhängern stehen andere gegenüber, die auf eine andere Fluggesellschaft schwören, solche auch, die auf Grund irgendeiner schlechten Erfahrung auf die Swissair schimpfen.

Dennoch: ein paar Zahlen markieren den zweifellos außergewöhnlichen Erfolg der Swissair. Als einzige Fluggesellschaft der Welt mit Ausnahme der Singapore Airlines (deren Löhne jedoch ein Drittel der Swissair-Löhne ausmachen) transportiert die Swissair pro Jahr mehr Passagiere, als ihr Heimatstaat Einwohner hat. Ihren sieben Millionen Kunden, von denen nur ein rundes Viertel Schweizer sind, stehen beispielsweise im fast neun Mal volkreicheren Frankreich nur etwa doppelt so viele der Air France/UTA gegenüber.

Die International Airline Passengers Association (IAPA) befragt alle zwei Jahre ihre rund 55 000 Mitglieder in 133 Ländern, lauter sehr häufige und erfahrene Flugpassagiere, welche Fluggesellschaft sie am höchsten bewerten – unabhängig davon, mit welchen sie persönlich geflogen sind. Mit 28 Prozent gelangte 1979 die Swissair vor der Lufthansa (16 Prozent) weit an die Spitze.

Anders fragte die amerikanische Reisezeitschrift «The Travel Adviser» ihre Leser: Welche von den Gesellschaften, mit denen Sie in den letzten sechs Monaten geflogen sind, empfehlen Sie? Zum Staunen der Redaktion empfahlen ausnahmslos alle Swissair-Kunden (100 Prozent) die Swissair – im zweiten Rang brachte es die Japan Airlines immerhin auf 96,6, im dritten die inneramerikanische Delta Airlines auf 94,3 Prozent.

Innerhalb des Weltluftverkehrs, der 1979 die unglaubliche Anzahl von 747 Millionen Passagieren befördert hat (davon allerdings über die Hälfte im Inlandverkehr, den es für die Swissair praktisch nicht gibt), ist die Gesellschaft der kleinen Schweiz mit weniger als einem Prozent Anteil bescheiden. Doch im internationalen Verkehr gehört sie zu den zehn größten der Welt, obwohl es allein in Europa gute zwei Dutzend Städte und also Flugdestinationen gibt, die größer sind als Zürich und Genf zusammen. Und nach ihrem weltweiten Prestige gehört sie heute unbestritten zur kleinen Gruppe im ersten Rang und trägt zu den geltenden Maßstäben der Qualität, an denen sich das kommerzielle Welt-Flugwesen orientiert, einen wesentlichen Anteil bei.

Warum ist das so? Was geschieht, damit mein Sitznachbar zwischen Bombay und Genf sich als Propagandist einer für ihn ausländischen Gesellschaft betätigt, obwohl er dafür nicht nur nicht bezahlt wird, sondern einen teuren Flugschein gekauft hat? Wie sieht der mehr oder weniger verborgene «Eisberg» der 15000 Swissair-Angestellten aus, von dem der Reisende nur die kleine Spitze sieht, die über den Wasserspiegel ragt? Wie funktioniert so ein ultramoderntechnisiertes Dienstleistungsunternehmen, das jährlich in 150000 Flugstunden 2,5 Milliarden Tonnenkilometer Transport in 94 Städte der Welt anbietet und dabei das Gefühl individueller Gastlichkeit vermittelt?

Um auf die Frage «Wie machen die das bloß?» Antworten zu finden, führte ich Hunderte von Gesprächen mit Swissair-Mitarbeitern aller Ränge, Funktionen und Nationalitäten sowohl in der Schweiz wie in zahlreichen Außenstationen von Buenos Aires bis Moskau, New York bis Tokyo, besuchte Reisebüros und führende Persönlichkeiten anderer Fluggesellschaften, nahm an Schulungskursen teil und besichtigte in mehreren Ländern die Einrichtungen der technischen Wartung, der Fracht, der Bordküche usw.

Das wäre nicht möglich gewesen ohne die Hilfsbereitschaft und erstaunlich rückhaltlose Offenheit praktisch aller schweizerischen und ausländischen Gesprächspartner, mit denen ich zu tun hatte. Für diese Hilfe und noch mehr für die Aufrichtigkeit, die eher unerwarteterweise auf Schönfärberei und «Public Relations» verzichtete, habe ich allen zu danken, vom Schalterangestellten auf der andern Seite des Globus bis zum Direktionspräsidenten und dem Präsidenten des Verwaltungsrates.

Dieses Buch erscheint – in mehreren Sprachen – aus Anlaß des 50. Geburtstages der Swissair. Es ist dennoch keine Festschrift und keine Firmengeschichte, auch nicht im Auftrag der Gesellschaft geschrieben, die ihr Jubiläum feiert. Sondern es möchte, von einem unbeteiligt Außenstehenden gezeichnet, das Porträt einer in mancher Hinsicht ungewöhnlichen Unternehmung sein, die zwar historisch gewachsen ist, deren Bedeutung aber in der Gegenwart und in der Zukunft liegt. Diese Bedeutung, scheint mir, erschöpft sich nicht im Lufttransport.

Die Tendenz unserer Zeit zur Vermassung, Entpersönlichung und Reduktion des Menschen auf eine Chiffre im Computer ist in wenigen öffentlichen Bereichen so ausgeprägt wie im Lufttransport mit seinen immer riesenhafteren Flugzeugen, die Hunderte von Passagieren verschlucken und ausspeien, und mit seinen überdimensionierten Flughäfen, die längst die Bahnhöfe des Schienenverkehrs in den Schatten stellen. Kann ein Unternehmen, das dazu verdammt ist, in der Technisierung an der Spitze mitzumachen und im Konkurrenzkampf keine Rationalisierung zu verschmähen, dennoch jene Qualität bewahren, die letztlich nicht in der technischen Apparatur, sondern in der zwischenmenschlichen Beziehung besteht? Kann sie im Management aller Stufen ihren innerbetrieblichen «Apparat» so handhaben, daß die persönliche Dimension der Arbeitsfreude und der inneren Anteilnahme nicht verlorengeht, nach der sich immer mehr Angestellte und Kunden in der modernen Wirtschaft sehnen? Kann sie sich die elektronischen Roboter dienstbar machen, statt sich ihnen geistig zu unterwerfen?

Diese Fragen sind nie ein für alle Male beantwortet, und auch einem modernen Großunternehmen stellen sie sich unter ständig wechselnden Bedingungen immer wieder neu. Sie sind jedoch für unsere westliche Zivilisation schicksalhaft. Und vielleicht kann in diesem Bereich – und nicht nur in der Behandlung von Flugpassagieren – die erstaunliche Swissair wichtige Richtlinien aufzeigen und Maßstäbe setzen.

1. Kapitel

Wie machen die das?

Das Hauptverwaltungsgebäude der Swissair im Balsberg in der Nähe des Zürcher Flughafens, wo die «Regierung» des Unternehmens arbeitet, ist ein nicht sehr hoher, aber sehr weitläufiger Bau, modern, funktionell, mit allem Zweckmäßigen ausgestattet. Die Umgebung ist, von großen Parkflächen abgesehen, grün, die Luft gut, zwei bepflanzte Innenhöfe geben genug Licht, der Fluglärm ist dank guter Schallisolation kaum störend. Doch in den endlosen, sauber gebohnerten, leeren Gängen beschleicht einen manchmal ein unheimliches Gefühl der Beklemmung, obwohl man beim Empfang von freundlichen Sekretärinnen abgeholt und gefahrlos zur richtigen der unzählbaren Türen geleitet wird, hinter denen 1700 Angestellte arbeiten, und obwohl man mit ein wenig Orientierungssinn schon bald lernt, den Ausgang allein zu finden. Man könnte davon träumen, in dieser scheinbar lautlosen Riesenfabrik verlorenzugehen und in einer Sackgasse des Labyrinths nach langem Laufen und Schreien zu verhungern. Für die Angestellten, die nicht träumen, gibt es im ersten Untergeschoß eine große Personal- und eine kleinere Direktionskantine, im zweiten Untergeschoß eine Cafeteria. Wer die Gänge glücklich hinter sich gelassen hat und seinem Gesprächspartner gegenübersitzt, wird alsbald von einer Sekretärin mit Kaffee oder Tee bewirtet.
Aber kaum hat man sich beruhigt, daß es hier keine Gespenster gibt, entdeckt man sie doch.

14

Im Roboter-Hauptquartier

In einem der Untergeschosse versteckt befindet sich das «Space Control Center». In einem großen Saal sitzen etwa drei Dutzend Angestellte, vorwiegend Männer, neben Computern und Bildschirmen. Sie kontrollieren nicht den Weltraum, aber den Erdenraum, soweit er bewohnt ist. Ihre Computer kommunizieren in ihrer eigenen chiffrierten Sprache mit andern Swissair-Computern in der ganzen Welt. Ihr über den Erdball gelegtes Netz heißt PARS: «Programmed Airline Reservation System». PARS weiß Bescheid über sämtliche Swissair-Buchungen, die irgendwo, in Nairobi oder Hongkong, Stockholm oder São Paulo, gemacht wurden, Namen, Anschlußflüge, Hotelreservationen, besondere Wünsche oder Probleme, über die Passagierlisten – soweit es sie bereits gibt – sämtlicher Flüge auf elf Monate hinaus und noch einiges andere. Im Flughafen Zürich allein gibt es 180 Bildschirmcomputer des PARS-Systems, etwa 800 stehen in allen Kontinenten und geben auf Wunsch binnen Sekunden in Boston bekannt, dass Mrs. Smith mit dem Flug Nr. X am Tage Y von Colombo über Zürich nach Manchester fliegen wird. Pro Tag registriert das System durchschnittlich 815 000 Informationen. Es hat ungefähr so viel gekostet wie ein Jumbo, das heißt 100 Millionen Schweizer Franken.

Das «Space Control Center» ist das Hauptquartier dieser Roboter-Internationale. Hier wird kontrolliert und manchmal diktiert.

Der Genfer, dem ich zuschaue, hat ein Buchungsproblem gerade gelöst und holt sich von den anstehenden Fragen – wie in der Telephonzentrale anrufende Kunden warten sie auf die nächste frei werdende Linie – eine neue auf den Bildschirm. Der PARS-Computer in Osaka teilt mit, daß 23 Passagiere mit dem Flug SR 187 von Tokyo nach Zürich in sieben Wochen zum

Gruppentarif bis Athen fliegen möchten. PARS weiß –
auch in Osaka –, daß noch genügend Platz vorhanden
ist. Darf man aber die 23 Leute buchen?

Die Antwort ist nicht so einfach, wie ein Laie es sich
vorstellt. Falls man in den nächsten Wochen die
DC-10 an voll zahlende Einzelpassagiere ausverkau-
fen kann, bringt das mehr Geld ein als die Gruppe zu
reduziertem Preis. Wird man das aber können? Besser
die Gruppe als 23 leere Sitze. Wie ist heute der Stand
der Buchungen? Ein paar Tasten, und schon stehen
die Informationen auf dem Schirm: Bis Karachi
schwach besetzt, ab Karachi schon verhältnismäßig
gut. Erfahrungsgemäß aber gibt es ab Tokyo nur wenig Einzelpassagiere, hauptsächlich Gruppen. Die 23
Japaner fliegen zwar nur bis Athen, aber Osaka meldet auch, daß sie wahrscheinlich später mit der Swissair von Madrid nach Genf, von dort nach Cairo und
dann auf dem Heimflug nochmals ab Karachi mit der
Swissair fliegen wollen. Der Genfer holt sich zum Flug
187 noch zusätzliche Informationen: Vergleichszahlen
der Auslastung in der Economy-Klasse im Vorjahr zur
selben Zeit. Tokyo-Hongkong 72 leere Plätze,
Hongkong-Karachi 37, Karachi-Athen 19. Kurz ent-
schlossen diktiert er für Osaka sein Okay.

Der rentabelste Passagier

Das nächste Problem: Für den Flug 101 New York–
Zürich am nächsten Montag stehen zwei Passagiere
auf der Warteliste für die erste Klasse. Eine Buchung
wurde vor zehn Minuten annulliert. Wer kriegt nun
den begehrten Sitz? Schauen wir uns die zwei Wartenden an – die richtigen Tasten zaubern sie herbei. Ein
Herr aus Mexico City, der mit der Swissair nur von
New York nach Zürich und danach mit andern Gesellschaften auf Umwegen nach Hause zurückkehren will.

16

Und hier eine Dame aus Philadelphia: Sie möchte von Zürich aus mit der Swissair nach Cairo und drei Wochen später von Rom via Genf nach New York fliegen. Der Herr in Mexico hat verloren. Er kann auf der Warteliste bleiben, aber er hat erfahrungsgemäß wenig Chance. Der Dame in Philadelphia wird das dortige Swissair-Büro in wenigen Minuten telephonisch ihre Erlösung aus der Ungewißheit mitteilen.

Für den finanziellen Erfolg oder Mißerfolg einer Fluggesellschaft ist (nebst den Wechselkursen) auf der Einnahmenseite nicht einfach die Anzahl der verkauften Flugscheine entscheidend, sondern deren «Charakter»: Der Langstreckenpassagier ist einträglicher als derjenige auf Kurzstrecken. Wer – selbst mit einem Swissair-Flugschein – 90 Prozent seiner diversen Strecken mit andern Gesellschaften fliegt, bringt fast nichts, und all die vielfältigen reduzierten Tarife ergeben pro verkauften Kilometer weniger als der volle Normaltarif. Das Bestreben geht deshalb nicht nur dahin, die Flugzeuge zu füllen, sondern sie möglichst rentabel zu füllen. Auf «Swissair-Deutsch» heißt das «selective selling», auf Normaldeutsch etwa «wählerisches Verkaufen».

Jeder mit Verkauf beschäftigte Swissair-Angestellte in der Welt weiß um das «selective selling». Aber trotz PARS kann er die Risiken nicht immer abschätzen: wegen «billigen» Passagieren später «teure» abweisen zu müssen oder wegen der Abweisung der «billigen» später die noch viel billigeren leeren Plätze in Kauf nehmen zu müssen. Deshalb wirkt das Space Control Center als Kommandozentrale, die im Zweifelsfall weltweit den Möchtegern-Passagieren die Gnade der Wahl zuteilt.

Ganz so eiskalt, wie man sie in dieser anonymen Computergruft empfindet, ist die Wirklichkeit nicht. Die Verkäufer an der Front, die ihre Kunden in Fleisch und Blut vor sich haben, können die Rentabilitätsentscheidungen des Space Control Centers beeinflussen, wenn sie echte Gründe vorbringen: «Das Reisebüro X ist ein treuer, Swissair-begeisterter und immer anständiger Kunde, den wir jetzt nicht schnöde abwimmeln dürfen, wenn er ausnahmsweise etwas weniger Rentables verlangt.» Oder: «Für Herrn und Frau Y ist diese unsere Maschine die einzige Möglichkeit, zur Hochzeit ihrer Tochter zurechtzukommen.» Dann sagen die Roboterchefs: «Also meinetwegen!»

Das sind aber die Ausnahmen. Im Prinzip geht es beim «Selective Selling» darum, bei jedem Flug den günstigsten Ertrag zu erzielen. Zwar sind auch Passagiere mit reduzierten Einzel- oder Gruppentarifen nötig und erwünscht, aber der voll zahlende Fluggast ist in besonderem Maße begehrt.

Es wäre weltfremd, solches Gelddenken zu verdammen. Die Swissair steht in einem harten Konkurrenzkampf unter extrem ungünstigen Währungsvoraussetzungen, und sie muß eine runde Milliarde Schweizer Franken Lohnkosten, eine halbe Milliarde für Treibstoff und nochmals annähernd eine Milliarde für Investitionen, Abschreibungen, Sozialleistungen usw. erwirtschaften sowie – im Unterschied zu den größtenteils staatlichen Fluggesellschaften vieler anderer Länder – einen Gewinn, der die privatwirtschaftliche Unabhängigkeit sichert. Ohne große Anstrengung, präzises Planen, strenges Rechnen wäre das nicht möglich.

Trotzdem ist die Roboterwelt im Space Control Center, wo Menschen auf total entpersönlichte Weise über Zehntausende von Kilometern hinweg kalkuliert und dirigiert werden, ein bißchen unheimlich. Im Spannungsfeld zwischen Computerisierung und menschenbezogener Dienstleistung ist sie der eine Pol. Wie präsentiert sich der Gegenpol?

Eine «japanische» Firma?

Ich begann mein Swissair-Studium nicht am Hauptsitz in Zürich, sondern in einer Reihe von Außenstationen. Deren Angestellte sind in der Regel zu 90 bis 95 Prozent Einheimische, die nicht nur als Hilfskräfte, sondern bis in höchste Kaderstellungen für die Swissair arbeiten. Die Frage drängt sich auf: Wie läßt sich mit Menschen von sehr unschweizerischer Fühl- und Denkweise, mit Indern, Brasilianern, Griechen, Senegalesen eine lokale Swissair betreiben, die sowohl den Verhältnissen des betreffenden Marktes angepaßt ist als auch dem schweizerisch-internationalen Standard einer Firma entspricht, deren Kunden wenig Verständnis dafür aufbrächten, daß man in Karachi auf Hygiene verzichten und in Accra das Verschwinden des Gepäcks in Kauf nehmen müsse?

Die Verhältnisse waren, wie nicht anders zu erwarten, von Land zu Land, von Kontinent zu Kontinent sehr verschiedenartig. Dennoch ergaben die vielfältigen Eindrücke im Verlauf weniger Wochen ein überraschend ausgeprägtes und in mancher Hinsicht einheitliches Bild der einen und unverwechselbaren Unternehmung Swissair. Besonders schweizerisch war dieses Bild nicht. Und doch kamen mir einige Züge darin seltsam bekannt vor.

Vor der Swissair hatte ich Japan studiert. Dort ist es üblich, daß ein Angestellter seine Firma, in die er nach Schul- oder Universitätsabschluß eingetreten ist, niemals verläßt und von ihr bis zur Pensionierung nicht entlassen wird. Und es ist üblich, daß sich vom Ausläufer bis zum Generaldirektor jeder ganz und gar mit «seinem» Unternehmen identifiziert und sich geborgen fühlt in einer großen Firma-Familie, in der Arbeitgeber und Arbeitnehmer gleichermaßen unbedingt loyal sind.

Und nun empfand ich in den vielen Gesprächen, daß

19

sich die Swissair-Angestellten aller Rangstufen und weitgehend auch aller Länder – die Ausländer eher noch ausgeprägter als die Schweizer – in einem Ausmaß innerlich mit «ihrer» Gesellschaft identifizieren, wie ich es außerhalb Japans nie erlebt hatte. Sie wissen auf Grund eigener Erfahrung oder wegen Beispielen, die sich herumsprechen, daß die Firma keinen entläßt, es sei denn wegen krasser Vergehen, und in einer persönlichen Notlage jedem menschlich und nötigenfalls auch materiell beisteht. Deshalb kommt es auch nicht in Frage, selber untreu zu sein, obwohl im Ausland nicht selten andere Fluggesellschaften Swissair-Angestellte durch finanziell günstigere Angebote oder Karriereversprechungen abzuwerben versuchen. Die persönliche Anteilnahme und emotionelle Verbundenheit gilt zunächst der kleinen, menschlich überblickbaren Gruppe von zehn, höchstens zwanzig Leuten, die man alle persönlich kennt, der lokalen Außenstation insgesamt oder einem Teil davon; indirekt aber bezieht sie sich unverkennbar auf das Unternehmen als solches, auf das man stolz ist, an dessen Prestige man sich beteiligt fühlt und das jedermann immer wieder bei Schulungskursen in der Schweiz konkret erlebt.

Wohl am meisten hat es mich überrascht, diese gleiche innere Haltung auch bei den amerikanischen Mitarbeitern der Swissair zu finden: Im scharfen Kontrast zu den Japanern vermeiden in der Regel amerikanische Arbeitnehmer fast ängstlich jede emotionale oder moralische Bindung an das Unternehmen, bei dem sie nichts weiter annehmen als einen «Job», und verteidigen ihre individuelle Unabhängigkeit als ein beinahe «heiliges» Menschenrecht. Ein höherer amerikanischer Swissair-Angestellter in New York, den ich darauf ansprach, war der Meinung, Amerikaner seien wohl im Grunde zur Loyalität ebenso bereit wie Angehörige anderer Länder. Doch wenn Vorgesetzte auf ihre «Freiheit» pochen, willkürlich unloyal zu sein und ohne Rücksicht einen Untergebenen hinauszuwerfen, wie es eine in Epochen harten Überlebenskampfes gewachsene Ideologie sanktioniert, dann halten sich zwangsläufig auch die Untergebenen in der inneren Distanz der Unverbindlichkeit. Bei der Swissair brauchen sie das nicht, weil zwischen «oben» und «unten» Vertrauen herrscht.

Overbooking in Nairobi

Die Swissair ist keine japanische Gesellschaft. Ihre Angehörigen sind nicht von Natur loyaler oder tüchtiger oder besser als diejenigen anderer Unternehmen. Zwar schafft das allgemeine «Klima» der Schweiz, deren Wirtschaft hauptsächlich aus familienartigen kleinen Handwerks- und Handelsunternehmen gewachsen ist und in der schroffe Klassengegensätze und ein Gegeneinander von Arbeitgeber und Arbeitnehmer untypisch sind, eine relativ günstige Voraussetzung für die intensive Solidarisierung der Einzelnen mit dem Ganzen. Im Ausmaß, das die Swissair charakterisiert, ist sie jedoch auch in der Schweiz eine Besonderheit, die vielen außenstehenden Beobachtern auffällt und auch den meisten Mitgliedern des Unternehmens mehr oder weniger bewußt ist. Was für ein Geheimnis steckt dahinter?
Ein unscheinbares kleines Beispiel, das ich gleich zu Beginn meiner Untersuchung beobachtete, mag auf die Spur helfen.
Sämtliche Fluggesellschaften, die mit zeitweise starker Nachfrage konfrontiert sind, praktizieren das sogenannte «Overbooking». Man weiß aus Erfahrung, daß ein je nach Strecke und Zeit verschieden großer Prozentsatz der gebuchten Passagiere bei der Abfertigung einfach nicht erscheint – man nennt sie die «No-shows» – oder den Flug erst im allerletzten Augenblick

annulliert. Es gibt Leute, die für den gleichen Nachmittag Plätze auf mehreren Maschinen buchen oder
buchen lassen, weil sie im voraus nicht wissen, wann
ihre Sitzung zu Ende ist, und nirgends auf der Welt
werden sie dafür in irgendeiner Weise bestraft – etwa
durch Rückbehalt eines Teils des Flugpreises. Um nun
nicht für das ausgebuchte Flugzeug 30 Passagiere ab-
zuweisen und dann mit 30 leeren Sitzen fliegen zu
müssen, verkaufen bzw. buchen die Gesellschaften
mehr Plätze, als tatsächlich vorhanden sind – falls sie
verlangt werden.
Die Swissair ist auch darin, wie in vielem, eher vorsichtig und konservativ. Aber es kann auch bei ihr
vorkommen, daß gegen alle Erfahrung und Wahr-
scheinlichkeitsrechnung die vermeintlichen «No-
shows» doch erscheinen und von 249 Passagieren, die
alle ihr «okay» im Flugschein eingetragen haben,
zwölf keinen Platz in der Maschine finden. Da man sie
nicht in den Frachtraum stecken darf und Stehplätze
nicht erlaubt sind, muß man sie abweisen.
Es gibt Gesellschaften, die in solcher Lage einfach vor
der Nase der letzten in der Schlange stehenden Passagiere den Abfertigungsschalter mit einem Achsel-
zucken des Bedauerns schließen, weil den Angestellten
nichts weiter einfällt und weil sie finden, der Fehler
des «Overbooking» sei nicht ihre Schuld. Die Swissair
macht es anders. Man studiert vorerst – sobald man
beim Zählen der Wartenden das Unglück entdeckt –
die Passagierliste. Da zeigt sich z. B., daß Mr. Miller
zwar nach Genf gebucht ist, dort aber nur umsteigen
will, um nach London zu fliegen: «Wären Sie einver-
standen, Mr. Miller, daß wir Sie auf die British Airways umbuchen, deren Maschine in einer Stunde via
Rom nach London fliegt? Falls Sie dort abgeholt werden, benachrichtigen wir natürlich unser Büro in London, damit man die entsprechenden Personen rechtzeitig informiert.» Andere kann man vielleicht nach

Rom und von dort – PARS gibt über freie Plätze Auskunft und nimmt sofort die Reservation zur Kenntnis – mit der Swissair nach dem Endziel Zürich umbuchen. Usw. Wenn man halbwegs Glück hat, lassen sich auf solche und ähnliche Art alle überzähligen Gäste an ihr Reiseziel bringen, ohne daß allzu großer Ärger entsteht. Das erfordert aber die Bereitschaft, die nicht geringe Extramühe für solche Hilfe aufzuwenden.

Als ich nach einigen Tagen Swissair-Studium zum Flughafen von Nairobi kam, um nach Zürich zurückzufliegen, erlebte ich am Samstag abend um elf Uhr eine Situation wie die geschilderte. Kaum hatte ich von dem Pech erfahren, sah ich schon Karl Laasner auftauchen, den Chef des Stadtbüros, von dem ich mich ein paar Stunden zuvor verabschiedet hatte. Er und der Swissair-Chef am Flughafen (Station Manager) sprachen mit den Zuständigen der Kenya Airways, der Lufthansa und der British Airways, die sie alle persönlich kannten, um zu erfahren, wieviel Plätze die andern noch am selben Abend abfliegenden Flugzeuge zur Verfügung hatten. Sie berieten, gaben Anweisungen, redeten mit den Passagieren, bis alles geregelt war.

Jeder Chef hatte und hat auch Vorgesetzte. Wenn er sie gleichgültig erlebte, wurde er selber nachlässiger, wenn er beobachtete, wie sie in einer Notlage ganz selbstverständlich für das Interesse der Firma ihre Freizeit opferten und ihre volle Kraft einsetzten, wird ihm das zur eigenen Norm. So pflanzt sich die Mentalität der führenden Persönlichkeiten durch die Stufen der Hierarchie nach unten fort, ohne daß darüber viel Worte gemacht werden müssen – wenn auch freilich in den regelmäßigen Qualifikationen durch die unmittelbaren Chefs Eifer oder Gleichgültigkeit sich niederschlagen.

Die Leute, die heute hohe und mittlere Kaderpositionen einnehmen, sind größtenteils in den ersten zehn, fünfzehn Jahren nach dem Zweiten Weltkrieg 20- bis 30jährig zur Swissair gekommen. Damals war in der Vorstellung der breiten Bevölkerung die Fliegerei noch immer eine waghalsige und abenteuerliche Sache, obwohl seit ihren Anfängen schon ein paar Jahrzehnte vergangen waren. Und neben den seit einem halben oder ganzen Jahrhundert etablierten Industrie- und Handelsfirmen, Banken und Versicherungsgesellschaften erschien die Swissair als ein höchst unseriöses, spekulatives, in seiner Zukunftsentwicklung fragwürdiges Unternehmen. Nur eine recht spezielle Sorte junger Leute fühlte sich davon angezogen: besonders Begeisterte, Mutige, denen «Nummer Sicher» und Pensionsberechtigung gleichgültig waren (damals gab es noch keine Swissair-Pensionskasse!), denen dafür die Herausforderung einer neuartigen Aufgabe und der «Geruch» der Weltoffenheit und Abenteuerlichkeit gefielen. Und so erfolgreich, solide etabliert und straff durchorganisiert das Unternehmen auch heute dasteht: in der turbulenten Zeit des rasanten Wachstums der Fünfziger- und Sechzigerjahre in führende Stellungen aufzusteigen, erforderte eine gewaltige Einsatzbereitschaft ohne Rücksicht auf die eigene Bequemlichkeit, verlangte Dynamik, Phantasie und Charakter, und es hing nicht zuletzt ab von der menschlichen Fähigkeit, die eigenen Mitarbeiter gleichermaßen für das Ganze zu begeistern.

Diese spezielle, weitgehend durch die Umstände bedingte Selektion wirkt nach und ist für einen Außenstehenden immer wieder spürbar, so verschiedenartig auch die Generaldirektoren, Direktoren usw. in ihrer Individualität erscheinen. Und die für heutige Begriffe recht ungewöhnlichen Lebensläufe, die zum heutigen

Management besondere Farben beisteuerten, sind zahlreich. Zwei davon seien als Beispiele skizziert.

Das älteste von vier Kindern armer Eltern in Lausanne namens Edgar Gilliéron ging 13jährig während des Krieges als Hilfskraft zu einem Berner Bauern, um die Eltern zu entlasten. Später machte er eine Lehre als Feinmechaniker, verkaufte in der Schweiz und im Ausland elektrische Rasierapparate, worauf er in Lausanne Stadtpolizist wurde. Eines Nachmittags hinderte er auf dem Heimweg einen Schwerbetrunkenen daran, in seinem Auto wegzufahren, und weil das außerhalb seines Amtsrayons geschah, machte ihm sein Chef einen großen Krach. Am gleichen Tag fiel sein Blick auf ein Stelleninserat der Swissair. Ein paar Wochen später war er Steward-Schüler. Heute ist er Chef der Ausbildung des Kabinenpersonals. Ein kultivierter, liebenswürdiger Herr, der die Ansprüche verwöhnter Erstklaßpassagiere ebenso gut kennt wie einst der «Hotelkönig» Cäsar Ritz (der als Kind im Oberwallis Ziegen gehütet hatte), der aber zugleich als Selfmademan auch genau spürt, wie die Schulung den Anfängern bei der Überwindung ihrer Ängste und Hemmungen helfen kann.

Der 16jährige Otto Loepfe war Automechaniker-Lehrling. Obwohl ihn schon damals rasend schnelle Maschinen faszinierten und er sich als Mechaniker auf Rennautos spezialisierte, zog er als junger Mann ein Jahr lang zu Fuß mit Rucksack erst durch West- und Osteuropa und dann von Ägypten bis Uganda durch Ostafrika. Anschließend arbeitete er tagsüber als Zeichner-Konstrukteur in der Maschinenfabrik Oerlikon und studierte nebenher bis zur Eidgenössischen Matur an einem Abendgymnasium. Nach einigen Monaten in einer Schiffsmaschinenfirma in Schottland wurde er technischer Verkaufsberater in Zürich und absolvierte gleichzeitig bis zum Diplom das Ingenieur-Studium an der Eidgenössischen Technischen Hoch-

25

schule. 1969 trat er dem Departement Technik der Swissair bei. Acht Jahre später ging er – mit finanzieller Hilfe der Swissair – für zusätzliche Studien an der Universität von Stanford nach Amerika und promovierte als «Master of Science». Heute ist er Chef des Departements Technik.

Von vielen andern ließe sich berichten, denen in ihrer Kindheit gewiß niemand prophezeit hätte, Manager in einem Großunternehmen mit Weltgeltung zu werden – einschließlich des Buben aus einem Glarner Dorf und heutigen Direktionspräsidenten Armin Baltensweiler. Auch von denen, die in durchaus abenteuerlichem Auftrag der Firma im zerstörten Nachkriegseuropa und später in Asien, Südamerika und Afrika praktisch aus dem Nichts und fast ohne Hilfsmittel neue Stationen aus dem Boden stampften und die Voraussetzungen für den Flugbetrieb aus der Luft zauberten.

Es sind – in anderer Zeit und ohne die Verklärung der historischen Distanz – Typen vom Schlage eines Conrad Blumer, der im frühen 19. Jahrhundert um Südafrika herum nach Ostasien fuhr, um in Glarus gewobene und bedruckte Batik mit indischen Mustern zu verkaufen, oder jener zwei Schweizer Caspar Brennwald und Hermann Siber, die 1865 in Yokohama eine Handelsfirma gründeten und als erste japanische Seide nach Europa verkauften.

International ohne Kolonialismus

Auch an andere Schweizer Traditionen konnte die Swissair anknüpfen, um sie sich – vermutlich wenig bewußt – in modern veränderter Form nutzbar zu machen.

Die Tradition der Armee. Die Leute, die nach dem Kriegsunterbruch die Swissair wiederaufbauten und in ihrer Potenz vervielfachten, waren größtenteils von

26

den Jahren des Militärdienstes in starkem Maße geprägt. Daß der Schweizer Armee der Krieg erspart bleiben werde, wußte man bis 1945 nicht mit Sicherheit. Die Bereitschaft, sich für das Ganze zu opfern, war nur potentiell gefordert, als ungewohnte Disziplin, als zeitweiser Verzicht auf normale berufliche Tätigkeit und als Einschränkung des Privatlebens. Doch gerade weil die Opferfähigkeit nicht wie in den kriegführenden Armeen bis ins letzte Extrem überfordert wurde, wirkte die Erfahrung nach. Vor allem der Milizoffizier ist es – bis heute – gewohnt, für die seiner Verantwortung unterstellte Gruppe mehr oder weniger freiwillig in der Freizeit Aufgaben und Pflichten zu tragen – um des Ganzen willen, dessen Anliegen er sich zu eigen macht.

Solche «Miliz-Arbeit» über das strikte arbeitsvertragliche Muß hinaus wird von vielen «Offizieren» der Swissair aller Grade unentwegt geleistet, wenn auch gewiß nicht von allen.

Die Tradition der Zuverlässigkeit. Die seit dem 18. Jahrhundert aufgebaute Industrie und Dienstleistungs-Wirtschaft des kleinen Landes, das keine Rohstoffe besitzt und sich nie aus dem eigenen Boden ernähren konnte, vermochte sich gegen die übermächtige Konkurrenz der Großstaaten immer nur durch Qualität zu behaupten, durch eine Zuverlässigkeit im Detail und im Reparatur- und Ersatzteil-Service, was die Großen meist als überflüssig oder unter ihrer Würde vernachlässigten. Vom darauf gegründeten Ruf der Schweiz als Land der Uhren und der Feinmechanik, der Präzision und Gründlichkeit profitiert die Swissair, aber in ihren Flugzeugmechanikern und bei vielen andern lebt die Tradition des Pflichtgefühls und der Sorgfalt weiter.

Die Tradition des Gastgewerbes. Vor rund hundert Jahren begann die schweizerische Hotellerie und mit ihr der internationale Tourismus in der Schweiz zu blühen. Generationen haben gelernt, auf profitable Weise dem Gast «die Hände unter die Füße zu legen», und Generationen von Ausländern haben den Ruf dieser «Gastfreundschaft» in die weite Welt getragen. Nicht ganz zufällig hat 1934, ganze drei Jahre nach ihrer Gründung, die Swissair als erste Fluggesellschaft Europas ihren Flugzeugen Hostessen zur Betreuung der Passagiere mitgegeben und nach 1945 als eine der ersten einen Mahlzeitenservice an Bord eingeführt.

Die Tradition der Internationalität. Die Schweiz ist zu klein, als daß sie sich nur nach innen wenden könnte. Ihre Kultur und ihre Sprachen sind mit denjenigen der Nachbarländer unlöslich verknüpft, und ihre Wirtschaft ist in extremem Ausmaß von internationalem Import und Export abhängig. Es erstaunt nicht, daß die Schweizer, pro Kopf der Bevölkerung gerechnet, mehr fliegen als irgendein anderes Volk der Welt – wobei Fliegen hier im Gegensatz zu großen Ländern fast ausschließlich die Reise ins nahe oder ferne Ausland bezeichnet.

Die Tradition schweizerischer Internationalität unterscheidet sich jedoch von derjenigen vieler anderer Länder. Schweizer Geschäftsleute sind seit Jahrhunderten in alle Kontinente ausgeschwärmt, um einzukaufen und zu verkaufen, aber sie konnten nie und nirgends als Herren auftreten. Keine respektgebietende politische oder militärische Macht stärkte ihren Rücken, und wo die Engländer, Franzosen, Spanier, Portugiesen, Holländer die Flagge gehißt hatten, mußten die Schweizer auf der bescheidenen Ebene unterhalb der Mächtigen den Kontakt mit den Einheimischen finden, sich an die lokalen Verhältnisse anpassen, Sprachen lernen. Das hat ihnen vielerorts den Aufbau langfristig wichtiger Kontakte ermöglicht und auch Sympathien geschaffen, die nun im Zeitalter des Antikolonialismus kontrastieren zum Mißtrauen, das manche Entwicklungsländer noch immer den einstigen Kolonialmächten entgegenbringen.

Und die Tradition der Anpassungsfähigkeit ging nicht verloren. Einheimische Swissair-Angestellte in Entwicklungsländern haben mir öfter auf Grund eigener früherer Erfahrungen oder der Erzählungen ihrer Freunde von der «rassistisch» herablassenden Art der Chefs anderer westlicher Fluggesellschaften berichtet. «Bei uns gibt es nichts davon», fügten sie bei, «bei den Schweizern hier nicht und ebensowenig in der Schweiz an Schulungskursen.» Das klingt schönfärberisch, denn keineswegs alle Schweizer sind frei von Dünkel und von Verachtung für Leute, die weniger tüchtig sind und mehr singen. Die Beobachtung konkreter Einzelheiten hat mir aber doch den Eindruck gegeben, daß die Swissair-Schweizer besonders in Asien, Afrika und Südamerika meistens erstaunlich viel «Gespür» zeigen für ihre einheimischen Angestellten und Kunden, daß sie unbefangen herzlich sind, ohne sich anzubiedern. Besonders in den lateinischen und – in Afrika – lateinischsprachigen Ländern spielen in dieser Hinsicht die Französisch-Schweizer und (viel zu wenig zahlreich!) die Tessiner der Swissair eine wichtige positive Rolle – für die Angestellten und für die Kunden.

Erwartungsbilder – Vorurteile

In der Swissair-Schule in Zürich-Kloten setzte ich mich u. a. auch für einige Stunden in einen Anfängerkurs für künftiges Personal der Passagier- und Frachtabfertigung. Acht Schülerinnen und vier Schüler. Zuerst übten wir das Verfassen von Telexmeldungen mit den üblichen, vorwiegend auf englischen Ausdrücken basierenden Abkürzungschiffren. «So kurz wie möglich – so ausführlich wie nötig.» Dann kam Ulrich Ganz für den Unterricht in «Produktkenntnis». «Produkt» heißt das, was die Swissair ihren Kunden anbietet und verkauft.

Nach einigen allgemeinen Informationen über Streckennetz, Tonnenkilometer, Flugzeugtypen u. a. kam er unvermittelt auf den Flughafen von Bobo-Duilasso im zentralafrikanischen Staat Haute-Volta zu sprechen. Er bat die Schüler, zu schildern, wie sie sich die dortige Szenerie vorstellten. Es entstand das «Robotbild» völlig hinterwäldlerischer Verhältnisse. In der Phantasie der jungen Leute gab es an jenem Ort, von dem sie nie gehört hatten, nur Strohhütten und als Transportmittel lediglich von Büffeln und Eseln gezogene, zwei- oder vierrädrige Karren, dafür aber in tropischer Buntheit den Zauber und Charme des Unverdorben-Natürlichen. Herr Ganz faßte die Skizze zusammen und berichtete dann, was er selber in Bobo-Duilasso vergefunden hatte: ein modernes Flughafengebäude aus Beton, sauber westlich gekleidete und uniformierte Beamte, moderne Taxis mit Klimaanlage, eine Autobahn in die Stadt, ein ultramodernes Hotel mit allem Komfort. Weil auch er das nicht erwartet hatte – so kommentierte Ulrich Ganz –, dachte er voll Bewunderung: Donnerwetter, diese Afrikaner!

Danach fragte er die Klasse, was nach ihrer Meinung Ausländer von den Schweizern denken, und notierte die positiven und die negativen Stichworte auf der Wandtafel. Das ziemlich eindeutige, unter den Schülern kaum umstrittene Ergebnis hieß: Ausländer halten die Schweizer für beruflich tüchtig, seriös und zuverlässig, aber auch für kleinlich, geizig, kalt und unfreundlich. Ulrich Ganz erzählte, daß jede Klasse ungefähr dasselbe Bild entwerfe.

Es folgte die pädagogische Schlussfolgerung: Den ausländischen Passagieren imponiert es überhaupt nicht, daß es bei der Swissair ordentlich und pünktlich zugeht oder daß die Schweizer Flughafengebäude keine

Strohdächer haben. Davon ist in den Kundenzuschriften nie etwas zu lesen. Wohl aber drücken sie immer wieder ihr freudiges Staunen darüber aus, daß die Angestellten ihnen mit Liebenswürdigkeit, großzügiger Hilfsbereitschaft, Warmherzigkeit begegnen, denn gerade das haben sie offensichtlich nicht erwartet – was die Vorstellungen der Schüler über das «Image» der Schweizer bestätigt, zugleich aber der Swissair eine spezielle Chance bietet, die bewußt wahrgenommen werden soll.

Wenige Wochen später saß ich in Paris einem Herrn der Generaldirektion der Air France gegenüber. Er erzählte von den soeben eingetroffenen Ergebnissen einer Meinungsumfrage in Frankreich darüber, wie das Publikum ausgewählte sechs führende Luftfahrtgesellschaften einschätzt. In der Gesamtwertung stand die Air France als nationale Gesellschaft an der Spitze, wie das wohl entsprechend in den meisten Ländern der Fall wäre. Doch im zweiten Rang folgte die Swissair. Die Ergebnisse waren im einzelnen höchst widersprüchlich und verrieten deutlich, daß gewisse Klischeevorstellungen über die Heimatstaaten der sechs Gesellschaften die Meinungen wesentlich beeinflußten. Franzosen halten das Streckennetz der Swissair für klein, die Gesellschaft für konservativ und ihre Flugzeuge für eher altmodisch, weil die Schweiz klein, konservativ-vorsichtig und nicht-progressiv gesehen wird. Auch sind Schweizer ebenso wie Deutsche nicht besonders herzlich, sondern kühl – wie die Klasse von Herrn Ganz sich das richtig vorgestellt hatte. Trotzdem aber schlägt die Swissair in der Bewertung des Bordservices alle andern, selbst die Air France.
Mein Gesprächspartner lächelte fein: «Wir in der Air France wissen schon, daß die Swissair (leider) weder klein noch rückständig ist und mit den modernst ausgerüsteten Flugzeugen herumfliegt. Das Publikum hat

nur vage Gefühle, und trotzdem gibt es der Schweiz die Silbermedaille.»

Bedeuten vielleicht die Ausdrücke «konservativ» und «altmodisch», die für Intellektuelle und Manager heute vorwiegend despektierlich klingen, gefühlsmäßig auch «verläßlich», «bewährt», in einer furchterregenden und übertechnisierten Modernität eine Art von «Bewahren der guten alten Zeit»?

Angst im Flughafen

Als ich nach der Ankunft im J.-F.-Kennedy-Flughafen in New York ein Taxi bestieg, kam ein älterer Herr auf mich zu und fragte mich auf schweizerdeutsch, ob er mit mir fahren könne. Er wollte nach Denver. Zufällig war er unter den Zehntausenden auf einen gestoßen, der seine Sprache verstand und ihm mit ein paar Ratschlägen helfen konnte. Was für eine Panik muß einen Menschen erfassen, wenn er allein, ohne Reiseerfahrung und ohne Sprachkenntnisse plötzlich in einem fremden Kontinent aus dem «fliegenden Walfisch» namens Jumbo aussteigt und in einer herumhastenden, unabsehbaren Masse kein Gesicht mehr erkennt!

Es gibt unter den Passagieren jeder großen Fluggesellschaft Routinierte, die längst die tausendste Flugstunde hinter sich haben und nach New York, Buenos Aires, Tokyo oder Johannesburg fliegen, wie andere mit dem Vorortzug ins Stadtzentrum fahren. Aber viele, vielleicht sogar die meisten, sind nie oder erst selten geflogen und haben Angst, auch wenn sie das nicht zeigen und kaum sich selber eingestehen.

Im Gegensatz zu den täglich hunderttausendfachen Autounfällen auf der Welt sind Flugzeugabstürze im Verhältnis zu 750 Millionen Flugpassagieren pro Jahr äußerst selten – deshalb machen sie in den Zeitungen rund um den Globus Schlagzeilen. Selbst ohne unmittelbare Furcht, wie Dädalos ins Meer zu stürzen, empfinden manche Passagiere halbbewußt das Tempo des Fliegens und die Höhe 10000 Meter über der Landschaft, die sonst dem Auge vertrauter horizontaler Nachbar ist, als etwas Unheimliches und Unnatürliches. Doch die Unheimlichkeit fängt schon am Boden an und geht nach der Landung am Boden weiter: Die Flughäfen werden immer größer, weitläufiger und meist auch unübersichtlicher. Der Einzelne sieht sich als Sandkorn in einer Masse von tausenden oder sogar zehntausenden anderen Passagieren. Zwanzig oder fünfzig verschiedene Ausgänge führen direkt oder per Autobus in eines der fast pausenlos über schlecht verständliche Lautsprecher und womöglich in einer Fremdsprache abgerufenen Flugzeuge. Wo in diesen riesigen Hallen und Kilometer langen Gängen bin ich richtig? Hat das Flugzeug Verspätung? Wieviel? Fliegt es überhaupt? Gibt es dann in X noch einen Anschluss nach Y? Kann ich überhaupt sicher sein, nicht plötzlich in Stockholm auszusteigen statt in Madrid? Und wenn ich am richtigen Ort ankomme, aber vielleicht die Sprache des Landes nicht verstehe, in dem Gewimmel die abholende Nichte nicht finde, womöglich umsteigen muß – wie finde ich mich zurecht?

In kleinen Flughäfen kann man noch die «gute alte Zeit» erleben: In einem einzigen Warteraum mit höchstens hundert Leuten ruft eine Groundhosteß nach den «Passagieren nach X». Ein leibhaftiger Mensch mit eigenem Gesicht, der eine Gruppe um sich versammelt und wie ein Hirte seine Schäfchen zum Flugzeug führt. Solche Gemütlichkeit ist in den großen Flughäfen mit den großen Flugzeugen längst der Rationalisierung des Massenbetriebes zum Opfer gefallen. Der Mensch ist computerisiert und erhält ohne Möglichkeit der Rückfrage seine Informationen aus einem unsichtbaren Lautsprecher.

Die Swissair ist diesem ungemütlichen Sog zur Entpersönlichung genau so unterworfen wie das ganze Gewerbe: Die Größe der Flugzeuge und der Flughäfen und die Zahl der Passagiere, die ohne technische Rationalisierung gar nicht mehr zu bewältigen wären, diktieren den Stil. Sie bemüht sich jedoch sehr bewußt, die psychologischen Auswirkungen zumindest einzudämmen. Auch die genialste Groundhosteß kann nicht die Gesichter von 350 Passagieren eines Jumbos kennen und unter 20 000 Leuten im Flughafen das verlorene unter ihren Schäfchen finden. Aber zumindest an bestimmten Punkten, beim Abfertigungs- oder Transitschalter, im speziellen Warteraum für den bestimmten Flug, durch gut sichtbare und gut informierte Imformationsstellen und an Bord kann man dem Passagier das beruhigende Gefühl geben, daß er in der Masse immer noch einen Namen hat und nicht bloß eine Nummer, daß man ihn als Individuum behandelt und ihn in einer Notlage, wie Verspätung, Überbuchung, Anschlußflug- oder Übernachtungsproblem, nicht einfach hängen läßt.

Je mehr im Flugwesen die Quantität zunimmt, desto entscheidender wird diese Art von Qualität: Sie bedeutet für den Passagier das Vertrauen, sich sowohl sachlich wie notfalls auch menschlich auf den Verkäufer seiner Reise verlassen zu können. Und sie bedeutet gleichzeitig auch für den Angestellten die Möglichkeit, in einem gewissen Ausmaß durch den unmittelbaren Kontakt mit dem leibhaftig-persönlichen Kunden sich selbst als Menschen zu erleben. In diesen Bereichen und nicht etwa in der Größe der Kaviarportion in der ersten Klasse entscheiden sich heute der Rang und der Ruf einer Fluggesellschaft.

Die geschilderte Art von Qualität ist aufwendig, weil sie hoch qualifiziertes und erstklassig geschultes Personal erfordert. Und sie kann nur in harten Kämpfen verteidigt und auf die Dauer behauptet werden.

Viele – keineswegs alle – Fluggesellschaften, mit denen die Swissair auf ihren vielen Strecken im Konkurrenzkampf steht, versuchen mit allen möglichen legalen, halblegalen und sogar illegalen Mitteln der Preisreduktion Passagiere zu gewinnen, um ihre Flugzeuge zu füllen, wobei sie die geringeren Einnahmen durch Vernachlässigung der Qualität wenigstens teilweise wettmachen oder als staatliche Unternehmen die Defizite dem Steuerzahler zuschieben. Die Swissair wehrt sich nach Möglichkeit gegen die Praktiken der Preisunterbietung und versucht, die Rentabilität des Betriebes mit Hilfe derjenigen Passagiere zu retten, denen die Qualität wichtiger ist als der Discount. Das gelingt aber nur, wenn der Unterschied im Preis ein paar Prozente nicht übersteigt. Das Bemühen, die Qualität zu bewahren, ohne Verluste zu machen, führt deshalb über einen mehr oder weniger schmalen Grat.

Die Tendenzen, die zu einem Zerfall der früher geltenden Maßstäbe im Flugwesen zu führen drohen, werden von den verschiedensten Seiten und aus höchst unterschiedlichen Gründen gefördert.

Ein Direktor der staatlich-polnischen Fluggesellschaft LOT erzählte mir, daß ihre Inland- und Ostblock-Tarife, die den internationalen Abmachungen der IATA («International Air Transport Association») nicht unterstehen, nur 40 Prozent der Selbstkosten decken. Bei der sowjetischen Aeroflot und den anderen Ostblock-Gesellschaften sind die Verhältnisse ähnlich. Der Staat bzw. der Steuerzahler subventioniert somit jeden Flugpassagier – es sind in erster Linie die Angehörigen der Funktionärsoberklasse, die in den Flugzeugen sitzen – zu 60 Prozent!

Als in Ghana noch Präsident Nkrumah an der Macht war, kaufte die Ghana Airways – persönliche Domäne des Diktators – von der Sowjetunion, Amerika, England Flugzeuge in großer Zahl und eröffnete zum nationalistischen Ruhme der Präsenz Ghanas in der Welt zahlreiche Fluglinien, auf denen die Besatzung meist mehr oder weniger allein blieb. Zu dieser Zeit wirkte bei den Ghana Airways ein von der Swissair ausgeborgter Schweizer als Finanzberater. Ihm standen die Haare zu Berge, aber er blieb machtlos gegen die Verschleuderung der Millionen im armen Entwicklungsland. Erst nach Nkrumahs Sturz wurden die meisten inzwischen durch ungenügende Wartung entwerteten Flugzeuge mit Riesenverlusten wieder verkauft. Tarife? In einem zu wenigen Prozent besetzten Flugzeug, in dem fast nur auf Staatskosten reisende Beamte sitzen, spielen sie nicht die geringste Rolle.

Es gibt aber auch im Westen staatliche Fluggesellschaften, die beträchtliche Defizite gelassen hinnehmen, weil der Staat sie durch die Einnahmen aus dem herbeigeflogenen Massentourismus glaubt decken zu können, wenn die Maschinen – sogar zu Preisen unter den Selbstkosten – nur möglichst voll sind. Ob allerdings die Rechnung wirklich aufgeht und die durch niedrige Preise (bei entsprechend mangelhaftem Service) angelockten Touristenmassen einem Land außer Umweltschäden viel einbringen, erscheint ziemlich fraglich.

Rote Zahlen über dem Nordatlantik

Am erstaunlichsten ist die Tatsache, daß auch die USA, das klassische Land der kapitalistischen Marktwirtschaft und des Renditedenkens, zum Zerfall der bestehenden Ordnung beitragen. Die amerikanischen Fluggesellschaften sind nicht staatlich, sie müssen also rentieren und ihren Kapitalgebern eine Dividende zahlen. Im riesigen Inlandflugverkehr und auf den Streckennetzen Richtung Mittel- und Südamerika und über den Pazifik gelingt ihnen das nach wie vor einigermaßen. Der Einbruch erfolgte im Verkehr von Nordamerika nach Europa, und zwar aus dem Zusammenwirken von zwei Gründen.

Erstens: Da es heute für fast jede größere Fluggesellschaft Europas, wenn nicht der ganzen Welt eine Notwendigkeit ist, mindestens New York, möglichst aber auch weitere amerikanische Großstädte anzufliegen, und da außerdem die Flugzeuge immer größer wurden, entstand auf der Nordatlantikstrecke sukzessive ein immer größeres Platz-Überangebot und damit eine scharfe Konkurrenz um die zu wenigen Passagiere. Das stimulierte zunächst den Wettkampf um guten Ruf und hohe Qualität, und wer darin zurückfiel, mußte mit leeren Flugzeugen bezahlen.

Zweitens: Nach amerikanischer Wirtschafts-Philosophie darf es zwischen Konkurrenten, die dasselbe anbieten, keine kartellartigen Preisabsprachen geben. Und wenn man, wie in Amerika üblich, nur die Technik und das Tempo, nicht aber Qualitätsunterschiede im Service beachtet, boten alle die vielen Fluggesellschaften scheinbar dasselbe Produkt an. Solche Konkurrenz-Situation muß nach amerikanischer Vorstellung zugunsten des Konsumenten die Preise drücken oder den unrationell Produzierenden aus dem Geschäft eliminieren. Die Schuld dafür, daß dies nicht geschah, gab man in Amerika den Tarifvereinbarungen der IATA, während in Wahrheit die kommerziell nicht konkurrenzfähigen Gesellschaften deshalb nicht aus dem Rennen ausschieden, weil ihr Staat die Defizite deckte. So kündigte unter dem vereinigten Druck des Justizministeriums und der mächtigen Konsumentenverbände, die gegen das «Preiskartell» der IATA zu Felde zogen, die staatliche amerikanische Luftfahrtbehörde (Civil Aeronautics Board) die internationalen Preisvereinbarungen auf dem Nordatlantikverkehr, d. h. sie weitete die schon früher verkündete «Deregulation» inneramerikanischer Vorschriften über Konkurrenzbeschränkungen und Tarifbindungen auf den internationalen Verkehr aus. Damit entfesselte sie ein Catch-as-catch-can der Preisunterbietungen zwischen den zahlreichen Fluggesellschaften, angeführt von denjenigen mit halbleeren Maschinen: lieber schlecht zahlende Passagiere als gar keine. Wenn aber die Konkurrenz um 200 Dollar billiger wird, muß man sogar für das höherwertige Produkt um mindestens 150 Dollar nachlassen, denn ein Flugbillett kauft man nicht wie ein Auto unter Abwägung aller Unterschiede zwischen den verschiedenartigsten Angeboten.

Mit den heutigen Tarifen dürften fast alle Fluggesellschaften auf ihrem Nordatlantikverkehr in den roten Zahlen sein und müssen diese Verluste ausgleichen mit Gewinnen in anderen Weltteilen. Das mag irgendwie tragbar sein, so ungesund es auch ist. Doch die Tendenz, die sich darin manifestiert, ist nicht ungefährlich. Wenn auch in andern Gegenden der Welt aus einer allgemeinen Mentalität des Wachstums um des Wachstums willen und mit immer größeren Flugzeugen ein Überangebot an Platz geschaffen würde, den man dann durch Discountpreise auf unrentable Weise zu füllen versuchte, dann müßte in letzter Konsequenz das Flugwesen generell defizitär, d. h. von staatlicher Subvention abhängig werden. Das Stimulans des freien Wettbewerbs um Qualität und Passagiervertrauen würde einer solchen Entwicklung wohl bald zum Opfer fallen.

Die Swissair schwimmt mit besonderer Energie gegen
diesen Strom. Sie hat als einzige Gesellschaft die Sitz-
reihen ihrer DC–10 nicht von acht auf neun, diejenigen der Jumbo nicht von neun auf zehn Plätze erhöht,
um weniger Passagieren mehr Komfort und dank etwas breiteren Gängen reibungsloseren Service zu bieten. Sie sucht die vollzahlenden Einzelpassagiere, besonders die auf Zuverlässigkeit angewiesenen Geschäftsleute zu gewinnen und verzichtet weitgehend
und bewußt auf den potentiell großen Kundenteil, der
nur durch tiefe Preise ansprechbar ist und auf Qualität
wenig Wert legt.

Das kann nicht ohne Kritik bleiben: «geldgierig»,
«asozial», «Luxus» für eine «aristokratische» Ober-
klasse von Reichen und abweisend für die nicht begü-
terten «normalen» Menschen, denen man anderswo
entgegenkommt. Aber die Realität bestätigt solche
Vorwürfe kaum. Allein die Zahl von jährlich sieben
Millionen Passagieren auf der Basis eines Ländchens
mit sechs Millionen Einwohnern widerlegt die Vorstellung einer Snob-Gesellschaft für die Geldelite. Der
Unterschied zwischen Economyklaß- und Erstklaß-
Service dürfte in der Swissair eher kleiner sein als in
den meisten andern Gesellschaften – zugunsten des
Economy-Passagiers. Und der Tendenz nach wandern
die größeren Touristengruppen der Reisebüros auch in
der Schweiz ohnehin zu den Chartergesellschaften ab,
deren Kosten- und Gewinnrechnung anderen Voraussetzungen gehorcht.

Wichtiger als alles andere: Die Swissair hat gar keine
Wahl. In den sechziger Jahren hat sie ihr Angebot an
Passagierkilometern alle fünf Jahre verdoppelt, und
die Zahl ihrer Mitarbeiter ist von 5000 im Jahre 1959
auf 15 000 zwanzig Jahre später angewachsen. Ein ge-
waltiger Erfolg, ohne Zweifel. Aber ein entsprechen-

des Wachstum auch in den achtziger und neunziger Jahren wäre aus mehreren Gründen weder wünschbar noch möglich.

Die Schweiz ist nicht nur nach ihrer Bevölkerungszahl, sondern auch territorial zu klein: die Kapazität der Flughäfen zu verdoppeln und zu vervierfachen oder wie am Rande vieler Großstädte einen zweiten und dritten Flughafen dazuzubauen würde im hügeligen, dicht besiedelten Gebiet und angesichts der Sensibilisierung der Bevölkerung für Umweltprobleme, Lärm und Energieverschleiß auf unüberwindliche Hindernisse stoßen.

Heute schon hat die Swissair Mühe, im kleinen Land den nötigen Nachwuchs an geeigneten einheimischen Piloten zu rekrutieren. Bei einer raschen und starken Vergrößerung ihrer Flotte müßte sie entweder die Ansprüche an die fachliche und charakterliche Qualität herabsetzen oder in höherem Maße als heute Ausländer anstellen, was erfahrungsgemäß Spannungen im Korps des fliegenden Personals mit sich bringt.

Weltweit wird die einstige Liberalität des Flugwesens immer mehr eingeschränkt durch enge nationalistische Interessenpolitik. Erhöhte Zahlungen für Landerechte, aufgezwungene Beschränkungen des Platzangebotes, wachsende Ausgleichszahlungen an den jeweiligen Pool-Partner, dessen Flugzeuge schlechter besetzt sind: Sie setzen den Wachstumsmöglichkeiten der Swissair zunehmend enge Grenzen, um so mehr als viele Konkurrenten den relativen Swissair-Erfolg mit Neid feststellen. Wo aber die Landerechte zu teuer sind und die Konkurrenz dank staatlicher Hilfe aus politischen Gründen Preise unter den Selbstkosten anbietet, wird eine neue Flugstrecke a priori sinnlos.

Die finanziellen Rechnungen sind sehr delikat geworden. Wegen den gewaltigen Preisen moderner Flugzeuge, den unentwegt steigenden Treibstoffkosten und den hohen Personallöhnen, die größtenteils in Schweizer Franken zu zahlen sind, belastet ein Wachstum auch nur um etwa fünf Prozent das Ausgabenbudget mit mindestens hundert Millionen. Zwar spekuliert ein großer Staat bedenkenlos mit sehr viel größeren Beträgen, aber ein verhältnismäßig kleines Privatunternehmen kann dergleichen nicht ohne sorgfältige Absicherung auf der Einnahmenseite riskieren. Eine um wenige Prozent kleinere Sitzauslastung im Gesamtdurchschnitt oder eine kleine Verminderung des Ertrages pro Tonnenkilometer durch eine Verschiebung zugunsten von Billigtarifen um wenige Prozent müßte einen Einnahmenverlust in ähnlicher Größenordnung mit sich bringen. Wachstum, wenn es auch nur um ein geringes die Qualität beeinträchtigte, würde also im Handumdrehen zu Defiziten führen und sehr schnell die Unabhängigkeit des ganzen Unternehmens gefährden.

Wenn in den nächsten zehn, zwanzig Jahren der Weltflugverkehr, wie die Fachleute voraussagen, um jährlich etwa 10 bis 12 Prozent zunimmt, das Angebot der Swissair aber nur um 6 bis 8 Prozent, wie die Führung es plant, wird ihr Marktanteil sich zweifellos verringern. Für den Fetischisten der Quantität ist das enttäuschend. Für die innere Gesundheit und den qualitativen Rang der Swissair dürfte es von Vorteil sein.

Tiere, Kinder, Frauen und andere Wertsachen

Man kann von Südamerika über Marokko, von Südostasien über Moskau, von Indien über eine Mittelost-Hauptstadt nach Europa fliegen zu wesentlich niedrigeren Preisen, als die großen westeuropäischen und amerikanischen Gesellschaften sie einheitlich verlangen. Man riskiert dabei enorme Verspätungen, vielleicht unerwartete und beträchtliche Übernachtungskosten irgendwo unterwegs oder den Verlust des Gepäcks. Für den geringen Tarif darf man nicht verlangen, daß sich die Fluggesellschaft im Fall einer Panne besondere Mühe für individuelle Hilfe macht. Die ruf- und qualitätsbewußten Gesellschaften nehmen jene Konkurrenz gelassen in Kauf und überlassen ihr eine Sorte von Passagieren, die sie im Grunde gar nicht möchten. Unter sich konkurrenzieren sie kaum mit den Mitteln des Preisabschlags «unter dem Ladentisch». Ein Flug von Singapore nach Hamburg kostet gleich viel mit der Lufthansa über Frankfurt wie mit der Swissair über Zürich. Der Wettkampf zwischen den Gesellschaften der Spitzenklasse spielt sich auf einer höheren Ebene mit subtileren Mitteln ab: durch Erfahrung untermauertes und durch Reklame gefördertes Vertrauen des Passagiers in die allgemeine Zuverlässigkeit und in die gute, hilfreiche Bedienung am Boden und an Bord.

Darüber hinaus gibt es gewisse Spezialitäten, die auf dem allgemeinen Vertrauen aufbauen und umgekehrt dieses auch wieder verstärken. So ist die Swissair bekannt als besonders spezialisiert auf den Transport unbegleiteter Tiere, seien es Haustiere, seien es exotische Singvögel aus Afrika für eine Tierhandlung in Europa oder Amerika, sei es ein Zebra für einen zoologischen Garten. So ist sie bekannt für besonders sorgfältige und liebevolle Betreuung von unbegleiteten Kindern. Wenn ein Politiker oder Geschäftsmann aus einem Entwicklungsland seine reiseungewohnte, sprachenunkundige, ängstliche Gattin, Mutter oder Tante irgendwohin schicken oder nachkommen lassen muß, vertraut er sie am liebsten der Swissair an, weil diese – sofern sie informiert wird – sich um die hilflose Dame speziell zu kümmern verspricht und den Ruf hat, ihre Versprechungen auch zu halten – denn sowohl gute wie schlechte Erfahrungen sprechen sich herum.

Aus den gleichen Gründen vertraut man international auch andere, beonders wertvolle und delikate «Passa-

42

giere» bevorzugt der Swissair an: z. B. Gold, Platin, Diamanten, Wertschriften. In allen schweizerischen Flughäfen gibt es eigene große Tresor-Panzerräume für solche Extra-Fracht, die in der Schweiz «umsteigt» und vor dem Umladen ein paar Stunden oder eine Nacht lang gelagert werden muß. Auch bei der Fracht bemüht sich die Swissair sehr bewußt um einen rentablen Ertrag pro Tonnenkilometer, ist aber in stärkerem Maß als im Passagierverkehr konfrontiert mit weit verbreiteten Praktiken der Preisunterbietungen durch Sondervereinbarungen von Fall zu Fall. Durch eine relative «Sturheit» in der Tarifanwendung versagt sie sich den Erfolg bei Kunden, die einfach den günstigsten Preis wählen. Will aber einer ganz sicher sein, daß seine Ware – z. B. ein Ersatzteil, ohne den die halbe Fabrik stillsteht – wirklich pünktlich, schnell, zuverlässig ans Ziel kommt, dann verzichtet er lieber auf den Discount und wählt die Gesellschaft, zu der er am meisten Vertrauen hat. Wenn japanische Firmen, die in Brasilien Fabriken aufbauten, ganze Maschinenteile mit der Swissair von Tokyo über Zürich nach Rio schickten, dann ist das nicht nur dem Geschick guter Verkäufer in Japan zuzuschreiben, sondern auch dem guten Ruf, den sie beim Kunden bereits vorfanden.

Die Spezialität besonders sorgfältiger Betreuung von Tieren, Kindern, Frauen und andern Wertsachen erfolgt ohne zusätzliche Vergütung (allerdings auch ohne Discount), um dem Ruf und dem Vertrauen der Kunden gerecht zu werden und umgekehrt diesen Ruf auszubauen, dieses Vertrauen zu festigen. Das setzt voraus, daß die Angestellten, ob sie nun Schweizer, Griechen oder Brasilianer seien, freiwillig zu einem persönlichen Extra-Aufwand bereit sind, aus der inneren Motivation, einem Kunden helfen und sich für die eigene Firma einsetzen zu wollen. Dazu kann man Angestellte anhalten und allenfalls schulen, aber nicht zwingen. Der scheinbar kleine, doch entscheidende

Unterschied zwischen Pflichterfüllung und *liebevoller* Pflichterfüllung ist freiwillig.

Die weitverbreitete Bereitschaft zu diesem «Etwas mehr als unbedingt nötig» aus Solidarisierung mit dem Unternehmen ist wohl das entscheidende «Erfolgsgeheimnis» der Swissair. Aber es ist bei weitem nicht das einzige. Damit für den Passagier alles so funktioniert, wie er es erwartet, ist ein höchst rationaler, durchorganisierter Apparat notwendig, in dem jeder sein Instrument mit Liebe, aber auch mit beträchtlichem Können handhabt.

2. Kapitel

Der große Eisberg

Nach dem Absturz einer DC–10 der American Airlines am 25. Mai 1979 erzwang am 5. Juni die amerikanische Luftfahrtbehörde ein Start- und Landeverbot für sämtliche 274 DC–10 der Welt und blockierte dadurch u. a. auch rund ein Drittel des Sitzangebotes der Swissair. Bald nachdem (ab 19. Juni) die DC–10 wieder flogen, veröffentlichte die Swissair in mehreren Ländern und Sprachen ein sehr eigenartiges Inserat*: Unter dem Titel «Unsere Mechaniker unterschreiben mehr Dokumente als unsere Direktoren» zeigte es 31 verschiedene Unterschriften. Für den Kauf eines Flugzeuges, erklärte der Begleittext, braucht es zwei Unterschriften, aber für den Flugzeugunterhalt nach Swissair-Art unzählige. Der Unterhalt selbst ist ähnlich wie bei anderen Gesellschaften, aber die Methode, ihn zu kontrollieren, ist besonders. Jeder Mechaniker muß seine Arbeit einer Inspektion vorlegen: seiner eigenen, und danach muß er das Ergebnis seiner Prüfung durch Unterschrift auf einem Dokument bezeugen. Wenn die Aufgabe heikel war, läßt er sie durch einen Kollegen nachkontrollieren, der das Dokument ebenfalls unterschreibt, und in besonderen Fällen wird auch noch ein dritter zugezogen, der nach seiner Zusatzinspektion seine Unterschrift zu den andern setzt. Deshalb – so schließt der Inseratentext – sind bei der Swissair die Mechaniker-Unterschriften zahlreicher als diejenigen der Direktoren. Und wichtiger.

* Die Reklame für die Swissair wird in Zusammenarbeit mit deren Werbeabteilung von der Firma GGK durchgeführt, für die die Swissair ein Hauptkunde unter mehreren ist.

Die Behörde in Washington hatte das Flugverbot ausgesprochen, weil sie einer fehlerhaften Flugzeugkonstruktion (Aufhängevorrichtung der Triebwerke) die mutmaßliche Schuld an der Katastrophe von Chicago zuschob. Die meisten europäischen Fluggesellschaften jedoch verteidigten nach sorgfältigen Untersuchungen eisern das Flugzeug und begründeten den Unfall mit unsorgfältiger und vorschriftswidriger Wartung. Allen voran die Techniker der Swissair, die die «Zellen» (Flugzeugkörper ohne Triebwerke) der DC-10 auch mehrerer anderer europäischer Gesellschaften wartet und dafür in Zürich die größten Installationen dieser Art in Europa besitzt, erklärten sich einstimmig von der hundertprozentigen Flugtüchtigkeit ihrer DC-10 überzeugt, und die Direktion, die ihnen voll vertraut, kämpfte denn auch in vorderster Front für die Aufhebung des Flugverbotes.

Ein Teil des Publikums aber war verunsichert. Das erwähnte Inserat zielte deshalb auf den psychologisch entscheidenden Punkt: das Vertrauen in die Zuverlässigkeit der technischen Wartung.

Die erstklassigen Subalternen

Werbechef Albert Diener, der mir das Inserat noch vor Erscheinen zeigte, behauptete stolz, dergleichen könnte sich keine andere Gesellschaft leisten, weil die Direktoren sich in ihrer Würde herabgesetzt fühlen würden. Das zeugte, wenn es stimmt, von einer recht kleinlichen Eitelkeit von Vorgesetzten. Sicher ist, daß die Swissair-Direktoren das Inserat akzeptierten und daß die 31 Mechaniker, die es überall im technischen Betrieb angeschlagen sahen, sich in ihrer Würde und Bedeutung für ihr Unternehmen bestätigt fühlten.

In vielen Ländern gibt es in den Spitzenpositionen der Wirtschaft und Technik hochqualifizierte Führungskräfte, denen aber die fähigen mittleren Kader fehlen, um die guten Ideen in konkrete Aktion umzusetzen, und die ausgebildeten, tüchtigen, pflichtbewußten Arbeiter, Handwerker, Mechaniker, unteren Angestellten «an der Front», die sach- und fachgemäß ausführen, was der Vorgesetzte will. Sie sind wie geniale Strategen, die im Sandkasten jede Schlacht gewinnen, deren wirkliche Armee aber nichts taugt, deren Befehle die Truppe nicht erreichen, deren Panzer aus Plastik gemacht sind.

Eine der entscheidenden, geschichtlich bedingten Stärken der Schweiz im allgemeinen und der Swissair im besonderen ist die hohe Qualität des Personals in den mittleren, unteren und sogar untersten Rängen. Das gilt in allen Bereichen, vom Verkäufer bis zum Mädchen in der Telephonreservation, aber am sichtbarsten wohl im – für den Passagier unsichtbaren – technischen Betrieb. Denn hier, wo der ungelernte Hilfsarbeiter kaum mehr vorkommt, erfüllt jeder aus seinem beruflichen Können heraus eine mindestens teilweise selbständig-individuelle Aufgabe von beträchtlicher Verantwortung. Daß er ihr gewachsen ist, setzt einen hohen Stand der fachlichen Ausbildung voraus, darüber hinaus aber auch eine innere Motivation zum Einsatz, die im Berufsstolz wurzelt und sich entfaltet dank der Anerkennung der Leistung. Der heutige Chef des Personaldienstes und frühere Chef der Technik, Rolf Krähenbühl, erzählte mir, daß er nicht selten fanatisch-eifrige Mechaniker, die 14 bis 16 Stunden im Einsatz gewesen waren, fast gegen ihren Willen nach Hause schicken mußte, weil sie in ihrem perfektionistischen Ehrgeiz für die Firma ihre Gesundheit gefährdeten.

Das Departement Technik in Zürich umfaßt etwa 2600 Leute. Zusätzlich arbeiten 170 in Genf, einige wenige in Basel und 136 auf Stationen im Ausland. In Zürich sind 200 Leute im Engineering beschäftigt, 220 im Materialwesen (Einkauf, Transport, Lagerung von Ersatzteilen, Treibstoff u.a.); etwas über 100 gehören zur Stabsstelle des Departements, die sich mit Planung, Analysen, Budget und Kostenkontrolle, mit Betriebssicherheit und mit der Qualitäts-Überwachung beim Bau von Swissair-Flugzeugen beim Hersteller befaßt; zur Stabsstelle zählen auch die Mitarbeiter, die jährlich rund 40 000 fremde Besucher des technischen Betriebes betreuen und herumführen. Die große Mehrheit jedoch arbeitet im eigentlichen Unterhalt: Kontrolle, Revision und Überholung der Flugzeuge sowie auch des sehr umfangreichen Parks von Autos, Lastwagen, Motor-Flugzeugtreppen, Catering- und Gepäckladewagen usw.

Kontrolliert wird jedes Flugzeug nach jeder Landung – was auch kleinere Reparaturen oder das Auswechseln eines Teiles in sich schließen kann, wenn Fehler entdeckt werden oder wenn schon unterwegs Pilot oder Bordtechniker einen Defekt festgestellt und gemeldet haben. Über 200 000 solche Kontrollen werden im Jahr ausgeführt, zur Hälfte in der Schweiz, zur Hälfte auf Außenstationen, zu insgesamt gut zwei Dritteln an eigenen Flugzeugen, zu knapp einem Drittel an Flugzeugen anderer Gesellschaften.

Größere, mehrtägige Revisionen erfolgen nach einer bestimmten Anzahl Flugstunden, die je nach Flugzeugtyp variieren, im Durchschnitt aber etwa bei 15 000 Stunden liegen. Als Beispiele: Allein für die Fahrwerke sind 20 Spezialisten angestellt, die jährlich 6000 Pneus wechseln und 1200 Bremsüberholungen durchführen, 25 Leute betreuen die Kabineneinrichtungen von den Sitzen bis zu den Schwimmwesten, Rutschbahnen und Schlauchbooten, und 200 Elektromechaniker und Elektroniker kümmern sich um die unvorstellbar komplizierte elektrisch-elektronische Ausrüstung.

Eine B–747 («Jumbo») zur Routineüberholung in der Swissair-Werfthalle beim Flughafen Zürich.

Der Sohn des Mechanikers darf das zur Revision freigelegte Triebwerk bestaunen. Die Swissair revidiert außer den eigenen auch die DC-9-Triebwerke der Austrian Airlines, der KLM, der SAS, der UTA und einiger außereuropäischer Fluggesellschaften.

Pilot und Kabinenbesatzung verlassen das Flugzeug.

Die Bordküchen der Swissair produzieren im Jahr etwa 7 Millionen, das heißt im Durchschnitt täglich fast 20 000 Mahlzeiten.

Während ein Flugzeug am Tarmac abgestellt ist, legen alle möglichen Fahrzeuge an wie die kleinen Boote am Ozeandampfer. Sie bringen Treibstoff, Fracht, Verpflegung usw. an Bord.

Die Fracht spielt im Luftverkehr eine zunehmend wichtige Rolle.

Unsere Mechaniker unterschreiben mehr Dokumente als unsere Direktoren.

Oben: Ein Swissair-Inserat, veröffentlicht nach der von Washington erzwungenen Stillegung sämtlicher DC–10 der Welt im Mai 1979. Es unterstreicht die Gewissenhaftigkeit der Mechaniker und ihre Verantwortlichkeit bei der Flugzeugwartung: Die hohe Qualität der Leute «an der Front».
Unten: Die Swissair-Musik ist eine der prominentesten von 35 Freizeitorganisationen in Zürich, die alle als selbständige Vereine organisiert sind.

Die Einsatzleitstelle der Swissair am Flughafen Zürich dirigiert rund um die Uhr selbständig den gesamten Flugbetrieb des Unternehmens in der ganzen Welt; sie agiert, wann immer wegen schlechten Wetters, Streiks usw. spezielle Direktiven erforderlich sind.

Nicht nur in Zürich und Genf, sondern auch an vielen Außenstationen übernimmt nach vertraglichen Abmachungen die Swissair die Wartung und gegebenenfalls kleinere Reparaturen von Flugzeugen anderer Gesellschaften. In Bombay beispielsweise, wo die Swissair eine eigene technische Basis mit einem Ersatzteillager im Wert von drei Millionen Dollar unterhält, fertigen drei schweizerische und zehn indische Mechaniker wöchentlich 14 DC–10 der Swissair, sechs der deutschen Lufthansa, sechs der indonesischen Garuda und vier der belgischen Sabena ab und helfen manchen weiteren Fluggesellschaften gegebenenfalls mit Ersatzteilen aus. Umgekehrt übernehmen an manchen Flughäfen andere Gesellschaften die technische Betreuung auch der Swissair-Maschinen, allerdings unter Überwachung mindestens eines Swissair-Technikers.

Besonders eng und seit langem institutionalisiert ist die technische Zusammenarbeit innerhalb der sogenannten KSSU-Gruppe. Als 1960 das Zeitalter der Jet-Flugzeuge begann, schnellten die finanziellen und personellen Anforderungen an Wartung und Überholung sprunghaft in die Höhe. Dank besonders guter persönlicher Beziehungen kam es vorerst zu einer Vereinbarung zwischen der Swissair und der skandinavischen SAS über eine Arbeits- und Kostenteilung in der Betreuung der gleichen Flugzeugtypen. Später schloß sich die holländische KLM, noch später die private französische UTA an den Pool an, der nun KSSU heißt. (UTA bedeutet «Union de Transports Aériens», eine Gesellschaft, der die viel größere Air France die meisten Strecken in Afrika und Ozeanien überlassen mußte.)

Nach den Pool-Abmachungen – sie betreffen nur die großen Revisionen, nicht die Routinekontrollen – besorgt die Swissair in Zürich die Überholung der

Triebwerke sämtlicher DC-9 und der Zellen sämtlicher DC-10 aller vier Gesellschaften. Dafür werden die Triebwerke aller DC-10 von der KLM und der Jumbos (B-747) von der SAS revidiert. Die KLM kümmert sich außerdem um die Zellen der B-747 und die Triebwerke der DC-8, die SAS um die DC-8-Zellen, die UTA um die Fahrwerke und Hilfsenergieaggregate aller Typen außer der DC-8. Die zu überholenden Triebwerke werden ausgewechselt und rollen dann mit Speziallastwagen nach Amsterdam, Stockholm oder Zürich. Die Flugzeuge der Swissair-Tochtergesellschaft Balair gehören automatisch mit zu diesem Pool.

Noch etwas enger als mit den KSSU-Partnern ist die Zusammenarbeit zwischen Swissair und der österreichischen AUA (Austrian Airlines), die aber nicht zur Vierergruppe gestoßen ist, weil sie bisher keine Großflugzeuge hat. Doch sind technische Ausrüstung und Kabineneinrichtung der DC-9 bis in Einzelheiten zwischen den beiden Gesellschaften zur Übereinstimmung gebracht. Zusätzlich revidiert die Swissair auch Zellen und Triebwerke einiger außereuropäischer Fluggesellschaften: Thai International, Garuda, Air Afrique u. a.

Wenn Pläne durchkreuzt werden

Selbstverständlich wird wie überall auch in der Swissair alles geplant, vom Flugzeugkauf, der Jahre im voraus entschieden werden muß, bis zum Einsatzplan für Flugzeuge und Besatzungen im kommenden Monat. Aber die besten Pläne werden manchmal vereitelt durch Mächte, die dem Willen selbst einer Fluggesellschaft trotzen.

Zum Beispiel durch das Wetter. Zwei Stunden Morgennebel in Zürich oder Genf bringen einen großen

Teil des Flugplans durcheinander, da vorerst nur die DC-10 und die neuen DC-9-81 so ausgerüstet sind, daß sie auch bei ziemlich dichtem Nebel auf entsprechend eingerichteten Flughäfen (u. a. Zürich und Basel, später auch Genf) landen können. Ein verspätet abgeflogenes Flugzeug kommt meist auch mit Verspätung zurück, so daß sich eine längere Verzögerung am Vormittag bis in den Nachmittag oder Abend hinein verspätend fortpflanzen kann. Anschlüsse klappen plötzlich nicht mehr. Falls wegen verspätetem Abflug in der Frühe eine Langstreckenmaschine am Abend entsprechend spät eintrifft, kann es geschehen, daß sie nach Treibstoff-Auffüllen, technischer Kontrolle, Ausladen und Einladen nicht mehr vor dem Beginn des Nachtflugverbotes wegkommt, obwohl sie am nächsten Vormittag schon in Rio de Janeiro sein sollte und die Zahnbürstchen im Gepäck der armen Passagiere, die man nun in einem Hotel unterbringen muß, bereits im Container verladen sind. Und was kann man tun, wenn die für den Flug von Zürich nach Hamburg vorgesehene DC-9, die von Warschau kommt, wegen Zürcher Nebel in Basel landet? Man muß die Passagiere mit Autobussen nach Basel bringen, wo das Flugzeug eine Stunde lang auf sie wartet.

Doch außer dem Nebel in der Schweiz gibt es auch andere Bösewichte, die in den fein ausgedachten Betriebsablauf hineinpfuschen. Ein Taifun in Südostasien oder ein Schneesturm in Kanada können Routenänderungen und erhebliche Verzögerungen verursachen. Ein Streik der Fluglotsen in Italien oder Frankreich behindert nicht nur den Direktverkehr mit diesen Ländern, sondern zwingt Flugzeuge, die unterwegs nach ferneren Zielen Italien oder Frankreich überfliegen sollten, zu zeit- und treibstoffraubenden Umwegen. Oder: Streiks in Amerika können eine mehrmonatige Verzögerung der Ablieferung bestellter neuer Flugzeuge bewirken, deren Einsatz bereits geplant war. Oder: Die amerikanische Luftfahrtbehörde legt die ganze DC-10-Flotte still.

Der Zufall wollte es, daß mich am 6. Juni 1979, dem Tag nach dem amerikanischen Bannstrahl gegen die DC-10, in Wien die beiden Generaldirektoren der Austrian Airlines, Dr. Hubert Papousek und Dr. Anton Heschgl, zum Mittagessen einluden. Eben sei die Nachricht eingetroffen, erzählten sie, die Swissair hätte erklärt, ihre DC-10 seien einwandfrei und würden weiterhin fliegen. Sie erzählten es mit kopfschüttelnder Bewunderung für den Mut, der ganzen Welt zu trotzen, und mit spürbaren Zweifeln. Beim Kaffee wurde den Herren die Bitte der Swissair übermittelt, von der AUA allenfalls DC-9 chartern zu können.

Wie sich hinterher herausstellte, schickte an jenem Tag die Swissair tatsächlich noch alle ihre DC-10 auf die Reise, so lange, bis am Abend unter internationalem Druck das schweizerische Luftamt (Bundesamt für Zivilluftfahrt) seinerseits das Flugverbot aussprach (aber die Durchführung der bereits begonnenen Flüge einschließlich der Rückkehr in die Schweiz noch gestattete). Gleichzeitig wußte man jedoch in Zürich, daß das Verbot bevorstand, und arbeitete bereits an Notflugplänen für die nächsten Tage, obwohl niemand eine Ahnung hatte, wie lange die Krise dauern werde.

Schon am nächsten Tag hatte man in Zürich unter dem Gesichtspunkt des maximalen Einsatzes der B-747-, DC-8-, DC-9-Flotte die Entscheidungen getroffen: Der eine der beiden normalerweise nach New York fliegenden Jumbos wurde teilweise für eine Fernoststrecke eingesetzt, einzelne DC-8-Flüge wurden geopfert, um mit den freigemachten Maschinen auf wichtigsten Routen die DC-10 zu ersetzen, DC-9 flogen unter Umdispositionen einzelne DC-8-Strecken, eine von der Swissair-Tochtergesellschaft CTA ausgeborgte Caravelle löste eine DC-9 ab, die nun anderswo zur Verfügung stand usw. Die Dispositionen über Annullierung und Durchführung der Flüge wurden über Computer und Telex an alle Außenstationen in der Welt und an unzählige Reisebüros und Stammkunden übermittelt, so daß auf Grund klarer Informationen Buchungen bestätigt und Umbuchungen auf andere Gesellschaften durchgeführt werden konnten. Dank der Raschheit der Dispositionen ließen sich die allgemeine Verwirrung des Publikums, Ärger, Prestigeverlust und teilweise sogar die finanziellen Einbußen wesentlich begrenzen. Obwohl die Swissair in der Proportion ihres Gesamt-Transportvolumens von der Krise stärker betroffen war als irgendeine andere Gesellschaft, stand sie mit Abstand vor allen andern am schnellsten mit ihrem Notflugplan bereit – zum Staunen der Konkurrenz, der Reiseagenturen und vieler Passagiere. Warum?

Das Notfall-«Gehirn» in Zürich

In einem großen Raum im Flughafengebäude Zürich sitzt die sogenannte «Einsatzleitstelle». So wie das Space Control-Center sämtliche Swissair-Verkaufsbüros in der Welt an «Marionettenfäden» hält, steht die Einsatzleitstelle per Funk über den Kurzwellensender Schwarzenburg rund um die Uhr mit sämtlichen Swissair-Flugzeugen in allen Kontinenten in Verbindung. Jede Flugroute, jede Panne, alle Umwege, Verzögerungen, Wetterlagen, Probleme mit Bodenstationen und Lotsen usw. werden hier genau registriert und in ihren zu erwartenden oder möglichen Auswirkungen analysiert. Darauf gestützt wird entschieden, wie einem bestimmten Problem begegnet werden soll. Anweisungen gehen an die Piloten, die Stationschefs, die Verantwortlichen der Operationsabteilung und andere, und die Informationen über irgendwelche Abweichungen vom Plan erscheinen auf den Computer-Bildschirmen des ganzen Netzes.

Die Leute der Einsatzleitstelle sind kleinere Störungen, wie Nebel, Anschlußverspätungen und ähnliches gewöhnt und geübt in der Kunst, sie mit einiger Eleganz zu meistern. Eine extreme Notlage wie die Stillegung aller DC-10 jedoch war ohne Präzedenz und ermöglichte keine Rückgriffe auf Erfahrung. Ein Höchstmaß an klarem, das gesamte System überblickendem Verstand, Phantasie und Entschlußkraft war gefordert. Doch zwei organisatorische Besonderheiten der Einsatzleitstelle dürften ihr in dieser Situation entscheidend geholfen haben:

Einmal hat die Equipe, die in Schichten ohne Unterbruch bereitsteht, die Befugnis, auf drei Tage im voraus – und wenn sich ein Wochenende anschließt, sogar bis zu fünf Tagen – selbständig zu entscheiden, ohne irgendein Büro in der Verwaltung anfragen zu müssen. Sie hat lediglich hinterher den vorgesetzten Stellen über das Vorgefallene zu berichten und ihre Dispositionen der Manöverkritik unterziehen zu lassen. Die Leute sind deshalb geschult, selbständig Verantwortung zu tragen, ohne auf den Rückanruf eines Chefs warten zu müssen, der gerade in einer Sitzung nicht gestört werden darf.

Und zum zweiten: Die Einsatzleitstelle ist nicht nur ein Organ der Operation, hier sitzen auch Vertreter der Technik, Leute des Marketings, des Verkaufs und der Finanzen. Bestimmte Entscheidungen über Absagen eines Fluges, Umleitung eines Flugzeugs, Verzicht auf das Abwarten eines Anschlußfluges, wie sie hier unentwegt getroffen werden müssen, mögen operationell oder technisch einleuchtend sein, aber schwerwiegende Passagierinteressen, an die der Mann ohne Verkaufserfahrung nicht denkt, verletzen. Oder sie könnten längerfristige finanzielle Verluste bewirken, aus Gründen, die nur der Finanzmann überblickt. Nur weil in der Gruppe die verschiedenen, oft widersprüchlichen Kriterien alle geltend gemacht werden, vermag man gemeinsam optimale Lösungen zu erzielen. Die enge Zusammenarbeit der verschiedenen Departemente nicht nur auf höchster, sondern auch auf unteren Ebenen und an der «Front» ist in einer großen und zugleich immer wieder mit Unvorhersehbarem konfrontierten Organisation eine Erfolgsbedingung selbst im Alltag und erst recht in einer plötzlichen Krisensituation. Es läßt sich kaum ermessen, wie viel an Zeit- und Reibungsverlust, Fehlentscheidungen und gegenseitigem Ärger, wie sie auf dem bürokratischen Dienstweg unvermeidlich wären, auf diese Weise ausgeschaltet werden können.

Die relativ gute Meisterung der DC-10-Krise war freilich nicht der Einsatzleitstelle allein zu danken, sondern wesentlich auch dem spontanen Einsatz der gesamten «Familie». Piloten und Bordtechniker der unter Lockerung des Nachtflugverbotes stärker beanspruchten Jumbos, DC-8 und DC-9 brachen freiwillig ihre Ferien ab, um sich zur Verfügung zu stellen. Überall auf der Welt machten die Leute in den Luftreisebüros, in den Telephonzentralen, im Kundendienst, in der Technik aus eigenem Antrieb Überstunden. Der ganze Apparat arbeitete mit einem hundertzwanzigprozentigen Einsatz. Und obwohl nach vorsichtiger Schätzung über 100 000 Passagiere von der zweiwöchigen Notlage auf irgendeine Weise betroffen wurden, erhielt die Swissair ganze 20 Beschwerdebriefe. Die Mitglieder der Geschäftsleitung selber staunten über die Leistung, die ihre Leute vollbrachten, und mehrere sagten mir: Die 15 Millionen Verlust, die uns die DC-10-Affäre kostete, haben sich gelohnt; wenn alles glatt läuft, ist man bald wegen Kleinigkeiten unzufrieden, aber nun haben wir alle erfahren, was wir als große, ohne viel Gerede zusammenarbeitende Gemeinschaft tatsächlich können, wenn wir gefordert sind.

Finanz-Generaldirektor Martin Junger allerdings lächelte ein bißchen sauer, als ich ihn auf die Rentabilität des «15-Millionen-Manövers» ansprach ...

Als Ergänzung zur zentralen Einsatzleitstelle gibt es in den schweizerischen Flughäfen und, in kleinerer Dimension, in ausländischen Stationen mit starker Swissair-Frequenz eine Art Neben-Nervenzentrale namens «Station Control». Hier laufen alle den Flughafen betreffenden Informationen zusammen, werden verarbeitet und an alle Stellen der Bodendienste weitergegeben über das PARS-System und das bescheidenere der DCS («Departure Control System»), Bildschirm-Computer, die bei jedem Abfertigungsschalter stehen und die Passagierlisten der abfliegenden Maschinen mitteilen.

Liebe durch den Magen

Die Swissair macht regelmäßig über alles mögliche Passagierumfragen, um die Hand am Puls der Kundschaft zu behalten. Ein Ergebnis unter anderen besagt, daß dem Passagier bei einer Fluggesellschaft die Pünktlichkeit das Allerwichtigste sei, gefolgt vom Sitz- und Kabinenkomfort. Im dritten Rang steht die Qualität der persönlichen Betreuung am Boden und an Bord und erst im vierten die Mahlzeiten.

Das mag überraschen und für die Verantwortlichen der Bordküche (auf Flug-Englisch «Catering» genannt) etwas enttäuschend sein. Catering-Chef Max Gautschi erklärte es mir auf einleuchtende Weise: Gäbe es beim Fliegen niemals Ärger mit Verspätungen und ihren oft sehr unangenehmen persönlichen und beruflichen Auswirkungen, dann würde das Kriterium Pünktlichkeit sicherlich an die letzte Stelle sinken. Und wenn man während acht Stunden Flug nur ein trockenes Sandwich und einen schlechten Kaffee bekäme, rückten die Mahlzeiten in die erste Wichtigkeitsstufe auf. Doch die Mehrheit der Passagiere fliegt in der Economy-Klasse Strecken von einer bis höchstens zwei Stunden, und dies zum Teil am Morgen oder am Nachmittag zwischen den Essenszeiten.

Wer auf Kurzstreckenflügen mittags oder abends den Hostessen zuschaut, mit welcher Flinkheit sie in einer ausgebuchten DC-9 nach dem Start hundert beladene Tabletts aus den «Trolley» genannten Wagen ziehen und auf die herunterzuklappenden Tischchen stellen müssen, damit der Gast überhaupt Zeit findet zu essen, bis kurz vor der Landung alles wieder eingesammelt und verstaut werden muss – er wird gewiss kein Luxusrestaurant erwarten oder verlangen. Aber weil, zumindest in Europa, dem Flugzeug im Unterschied zur Eisenbahn noch immer ein Hauch von Luxus anhaftet, läßt er sich auch nicht sonderlich beeindrucken durch das, was ihm da mit viel Aufwand unter schwierigen Voraussetzungen geboten wird. Die Swissair verwendet als einzige Fluggesellschaft auch in der Economyklasse der DC-9 bei mindestens einer Stunde Flugdauer normalerweise echtes Geschirr, Gläser und Besteck statt der sonst üblichen Wegwerfware aus Plastik, und ich habe öfter bemerkt, daß Passagiere, die Vergleichsmöglichkeiten haben, dies mit Wohlbehagen zur Kenntnis nehmen. Doch vermutlich registrieren sie es nicht unter «Essen», sondern unter «Service an Bord», ebenso wie das liebevolle Arrangement, in dem eine rote Tomatenspalte den weißen Reis und eine grüne Petersilie den rosa Schinken ziert.

Nur auf Langstrecken wird das Essen wichtig, weil man Muße hat, es zu genießen, und weil es einen Teil der langen Zeit angenehm ausfüllt. Da wird man in der Economyklasse mit Vorspeise und einer Auswahl von zwei warmen Menüs reichlich verwöhnt. Und in der ersten Klasse erreichen – in fast allen Fluggesellschaften – Luxus und Verschwendung ein Ausmaß, über das sich Puritaner entrüsten müßten – wenn nicht allfällige Puritaner als Erstklaßpassagiere eben auch bestechlich wären.

Aber wie verwöhnt sie auch werden – im allgemeinen nehmen die Menschen alles, was reibungslos funktioniert, als selbstverstänlich hin. Was aber geschieht eigentlich, damit es reibungslos funktioniert?

Die Bordküchen der Swissair produzieren etwa

sieben Millionen Mahlzeiten pro Jahr,

zu 70 Prozent in Zürich, zu 25 Prozent in Genf und Basel, den Rest in eigenen Catering-Anlagen in Karachi, Pakistan, und in Buenos Aires, Argentinien. Zwei von den sieben Millionen Mahlzeiten werden an alle möglichen andern Fluggesellschaften verkauft, fünf sind für die Swissair-Gäste bestimmt. Das kostet etwas über 100 Millionen Schweizer-Franken oder 6,5 Prozent der Einnahmen aus dem Flugscheinverkauf. Zu den viereinhalb Tonnen Catering-Material, die vor Antritt der Reise eine DC–10 an Bord nimmt, oder den fünfeinhalb Tonnen einer B–747 gehören außer dem Essen und Trinken auch Zeitungen und Zeitschriften, Servietten und Tischtücher, Wolldecken, Spielzeuge, Toilettenausrüstung, Bordapotheke u. a. Im Tagesdurchschnitt werden allein in Zürich 124 Tonnen für den Passagierkonsum an Bord in die Flugzeuge geladen.

Was es für sieben Millionen Mahlzeiten braucht, kann sich der Laie schwer vorstellen – auch wenn dabei Frühstücke und kleine Zwischenimbisse mitgerechnet sind. Beispielsweise 10 Millionen in den Catering-Bäckereien von Zürich und Genf gebackene Brötchen, 3,5 Millionen Eier, 700 000 Kilo Frischfleisch, 96 000 Kilo kaltes Fleisch, 20 000 Kilo Salm (Lachs), 18 000 Kilo Crevetten, 120 000 Stück Hummer, 1,2 Millionen

Stück Käse usw. Auch Flaschen braucht man nicht wenige: 4,5 Millionen mit alkoholfreien, fast 2 Millionen mit alkoholischen Getränken und 600 000 Dosen Bier (die Zahlen gelten für Zürich und Genf zusammen im Jahr 1979). Dazu kommen weltweit 7,3 Millionen Zeitungen und 200 000 illustrierte Zeitschriften.

Im Europaverkehr nehmen die Swissair-Maschinen normalerweise auch die Verpflegung für den Rückflug aus der Schweiz mit, sind also von fremden Küchen unabhängig. Auf Überseeflügen ist das nicht möglich wegen der Frischhaltung und wegen Platz und Gewicht. Außer gewissen, besonders heiklen Spezialitäten und manchmal einem Teil des Erstklaß-Essens werden die Mahlzeiten unterwegs oder an der Endstation eingekauft vom Catering einer andern Fluggesellschaft oder von einer privat-lokalen Firma, einem Hotel oder Restaurant – allerdings überall unter Überwachung der Qualität, der Hygiene und der ästhetischen Bereitstellung durch Swissair-Angestellte.

Verschiedene europäische Gesellschaften jedoch, die die Schweiz anfliegen, kaufen hier die Mahlzeiten für den Heimflug, trotz den teuren Schweizer-Franken. Das ist für das Swissair-Catering eine gute Einnahmequelle, aber es kompliziert auch den Betrieb beträchtlich: In den Abwaschanlagen – in Zürich allein waschen sie täglich 500 000 Einheiten (Teller, Tassen, Gläser, Gabeln, Löffel usw.) – dürfen nicht plötzlich englische Gläser und deutsche Gabeln mit schweizerischen durcheinanderkommen. Die Menüs, Tabletts, Trolleys ebenso wie die Weinsorten und Servietten sind verschieden, und vermutlich wären manche Schweizer in ihrem Nationalstolz tief verletzt, wenn sie in der Swissair ihren Kaffee aus einem KLM-Zuckersäckchen süßen müßten.

In Buenos Aires hat die Swissair 1979 mit den Aerolíneas Argentinas zusammen am Flughafen ein eigenes
Catering eröffnet, das unter Swissair-Management
steht und seine Produktion großenteils an dritte Fluggesellschaften verkauft. Ähnlich ist es in Verbindung
mit dem Flughafenrestaurant in Wien in Gemeinschaft mit der AUA, obwohl die Swissair dort selber
gar keine Mahlzeiten bezieht. In Cairo wird die Swissair zur Hauptsache von einem Restaurant und einer
Bäckerei-Konditorei versorgt, die der Tochterbetrieb
Reveca in der Stadt Cairo betreibt.

Das älteste eigene Catering im Ausland gibt es seit
1961 in Karachi, etwa auf halbem Weg zwischen der
Schweiz und Tokyo. Hier werden unter der Leitung
von drei Schweizern mit 96 Angestellten für die Swissair, die Lufthansa und die Scandinavian Airlines jährlich 250 000 Mahlzeiten gekocht und hergerichtet. Das
Trockeneis zur Kühlung im tropischen Klima wird per
Flugzeug von Hongkong und von Frankfurt be-
schafft, und weil die Qualität mancher am Ort erhält-
licher Rohmaterialien (Fleisch, Rahm usw.) nicht genügt, muß der größte Teil der Lebensmittel für die Küche eingeflogen werden.

Auch technisch und personell ist das Unternehmen
aufwendig und schwierig. Da dem Leitungswasser in
Karachi nicht zu trauen ist, braucht die Swissair eine
eigene Wasseraufbereitungsanlage mit Filter und Des-
infizierung und dazu auch noch eine Wasserdruck-
maschine, damit das in einen Wasserturm gepumpte
Wasser in der Küche stark genug fließt. Qualifizierte
Angestellte – 15 Köche, sechs Bäcker, zehn Chauffeu-
re und zwölf Supervisors (Überwacher) als Kader neben den Hilfskräften – sind schwer zu finden und müssen nicht nur einmal sorgfältig ausgebildet werden,
sondern immer wieder, in Kursen in der Schweiz und

in ständiger Auffrischungs-Schulung durch die Schweizer Vorgesetzten am Ort.

Für die unteren Angestellten, die großenteils vor ihrer Anstellung bei der Swissair fließendes Wasser kaum erlebt hatten, ist Hygiene ein anfänglich unverstehbares Kriterium. Mindestens einmal im Jahr kommt der Hygiene-Inspektor der Swissair, Josef Schmid, zu einem Schulungskurs mit Tonbildschau, Vorträgen und praktischen Übungen. Dank diesem intensiven Anstoß und unermüdlich täglichem «Nacherziehen» gelingt es den Vorgesetzten allmählich, die Leute ans Händewaschen, Duschen und an regelmäßiges Wechseln von Wäsche und Uniform zu gewöhnen.

Die Catering-Angestellten sind gewerkschaftlich organisiert und zudem vom Staat gegenüber dem ausländischen Unternehmen geschützt, weshalb es praktisch unmöglich ist, einen wegen Unfähigkeit zu entlassen. Dennoch sind sie nach Auskunft der Chefs im allgemeinen voll guten Willens, und wenn man den unglaublichen Kontrast sieht zwischen der lokalen Armut und dem Swissair-Luxus, wie er sich in den Catering-Abfällen manifestiert, erscheint das keineswegs selbstverständlich. Erst recht nicht angesichts der für die Angestellten unerreichbaren Schätze in den Kühl- und Tiefkühlräumen und all dem in Pakistan streng verbotenen Alkohol im Zollfreilager. Dafür bietet der islamischen Mehrheit der Stolz der Religion einen sozialen Halt: Sie sind über das niedere Gewerbe, Böden oder gar Toiletten zu putzen, erhaben – nur Christen und Hindi geben sich dafür her!

Daß es unter solchen Voraussetzungen den paar Schweizern des Catering gelingt, die einer internationalen Kundschaft entsprechende Swissair-Qualität an Mahlzeiten in die Flugzeuge zu zaubern, beweist ein beträchtliches Maß von Einfühlungsvermögen und Geduld in der Behandlung ihrer Pakistani.

Nachdem eine Maschine in Zürich oder Genf gelandet ist und auf der Abstellfläche vor dem Flufhafengebäude, dem «Tarmac», stillsteht, geschieht bis zu ihrem nächsten Start nach etwa einer Stunde alles mögliche in ihr und um sie herum.

Während links – bei der DC-9 auch hinten – die Passagiere aussteigen, nähern sich von rechts verschiedene Fahrzeuge und legen am Flugzeug an wie die kleinen Schiffchen an einem Ozeanriesen. Aus dem «Bauch» – vom Boden aus gesehen dem «ersten Stock», von der Kabine her betrachtet dem «Keller» – wird vorerst das Passagiergepäck ausgeladen, bei Großflugzeugen in großen Containern über eine mit Motorkraft hochgehobene Plattform, bei DC-9 einzeln über schräge Förderbänder. Gleichzeitig wird die Hebebrücke eines andern Gefährts bei der Tür rechts hinter dem Cockpit im «zweiten Stock» befestigt: Hier werden die Trolleys mit den leergegessenen Tabletts und dem schmutzigen Geschirr, die leeren Flaschen, gebrauchten Servietten usw. ausgeladen, um in die Sortier- und Waschanlagen des Caterings gebracht zu werden. Cockpit- und Kabinenbesatzung sind kurz nach den Passagieren ausgestiegen und fahren mit einem kleinen Bus zu den Crew-Räumen im Flughafen. Inzwischen holen kräftige Männer nach dem Gepäck auch die Fracht aus dem dicken Bauch und fahren sie zum Cargo-Gebäude, wo man alles nach den verschiedenen Zieldestinationen sortiert, zur Beladung eines andern Flugzeugs oder eines Lastwagens bereitstellt oder für die spätere Zollabfertigung einlagert.

Nun ist das Flugzeug praktisch leer. Doch schon rinnt Treibstoff in seinen Tank und sind die Techniker mit der Kontrolle beschäftigt. Die Putzequipe betritt die Kabine, reinigt die Toiletten, das «Galley» (den Ort, wo Essen und Trinken bereitgestellt und Kaffee gekocht wird) und die Aschenbecher, säubert mit dem Staubsauger die Sitze und den Boden und findet auch die vergessene Aktentasche.

Neue Fahrzeuge rollen heran. Sie laden im «zweiten Stock» die Trolleys mit den Mahlzeiten ein. Mineralwasser, Orangensaft, Wein, Champagner usw. – alles vom Catering für die bestimmte Flugnummer bereitgestellte Material. Gleichzeitig steigen die Hebebühnen des Cargowagens mit der herbeigebrachten Ware zum Eingang des «Kellers», in dem Kisten und Pakete verschwinden.

Erst dann, vielleicht zwanzig Minuten vor den Passagieren, besteigt die Kabinenbesatzung das Flugzeug. Besammelt allerdings hatte sie sich schon um einiges früher in den Crew-Räumen des Flughafengebäudes: dort hatte die Chefin oder der Chef ein kurzes «Briefing» über den bevorstehenden Flug, über Besonderheiten der Passagierliste und -wünsche, über Währungs- und Zollprobleme im anzufliegenden Land u. a. durchgeführt, und ein Vorgesetzter hatte eine wenige Minuten dauernde Routineprüfung mit Hilfe von Diaprojektionen über Notfall-Maßnahmen, Feuerlöschgeräte und dgl. abgenommen. Jetzt in der Kabine überprüfen die Hostessen und allfälligen Stewards zunächst die Sicherheitseinrichtungen und das Vorhandensein von allem dazugehörenden Material. Danach beginnen sie mit den ersten Vorbereitungen des Services. Nach der Liste wünscht eine Dame in der Economyklasse eine fettlose Diätmahlzeit – ist sie an Bord? Wenn nicht, könnte man sie eben noch telephonisch im Catering nachbestellen. Das gegen Austrocknen schützende Zellophan auf den Tellern mit kaltem Fleisch darf man jetzt entfernen, damit der Service nachher schneller geht. Die Gläser für den Begrüßungstrunk der Erstklaßpassagiere werden auf einem Tablett bereitgestellt, während die Kollegin die Bündel der «Swissair-Gazette» aufschnürt.

Nun steigen Pilot und Copilot, je nach Flugzeugtyp auch ein Techniker, an Bord und kontrollieren die wichtigsten Instrumente im Cockpit, während schon das Gepäck angefahren kommt und im «Keller» verladen wird.

Schließlich erscheinen die Passagiere, und wenn man nicht nach Anweisung des Station Control Centers noch auf Anschlußpassagiere warten muß, kann es alsbald losgehen, sobald die Leute ihr Handgepäck verstaut haben und die Erstklaß-Mäntel auf Bügeln aufgehängt sind. «Im Namen von Kapitän X und seiner Besatzung heiße ich Sie willkommen an Bord unserer …» auf deutsch, französisch und englisch sowie je nach Destination zusätzlich auch auf italienisch, spanisch, portugiesisch, arabisch oder japanisch. Die Anweisungen des Piloten an das Kabinenpersonal – die Notrutschen-Einrichtung bei den Türen auf Automatik stellen, unmittelbar vor dem Start sitzen und anschnallen – kommen jedoch ausschließlich englisch durch den Lautsprecher, auch wenn die gesamte Besatzung aus Deutschschweizern oder Französischschweizern besteht.

Luftfracht «nach Maß»

Den meisten Leuten, auch wenn sie öfter Fluggäste sind, erscheint Luftfracht wohl als eine eher luxuriöse Besonderheit für spezielle Fälle – wie das früher tatsächlich der Fall war. Man kann sich vorstellen, daß Orangen aus Israel oder Orchideen aus Singapore nicht mit Schiff und Eisenbahn nach Europa reisen, und man wird vielleicht die Strickjacke für die Tante in Montreal per Flugzeug schicken, damit sie sicher vor Weihnachten ankommt. Aber wer hätte geahnt, daß (wertmäßig) mehr als 20 Prozent der schweizerischen Importe per Flugzeug ankommen? Daß allein der Flughafen Zürich einen Luftfracht-Umsatz von täglich 500 bis 700 Tonnen bewältigt?

Zum Umsatz der Swissair tragen die Fracht 15 Prozent, die Luftpost 2 Prozent bei, was zusammen etwa das Achtfache des Reingewinns ausmacht. Der Milliarde ausgelasteter Passagier-Tonnenkilometer steht fast eine halbe Milliarde Tonnenkilometer Fracht und Post gegenüber (ein Tonnenkilometer als Rechnungseinheit bedeutet den Transport von einer Tonne Waren oder elf Passagieren mit ihrem Gepäck über einen Kilometer Distanz).

Der gewaltige Aufschwung des Luftfracht-Verkehrs begann mit dem Einsatz der Jet-Flugzeuge, die viel mehr Laderaum aufweisen als die alten Propellerflugzeuge, so daß mit erhöhtem Angebot und rationellerer Handhabung auch die Preise günstiger wurden. Doch die Entwicklung setzt sich mit dem Übergang zu immer neuen Flugzeugtypen weiter fort. Die DC-10 faßt mit 230 Sitzen nur 80 Passagiere mehr als die ältere DC-8, aber mit 15 Tonnen das Dreifache an Fracht. Der Übergang von der DC-9-32 zur A-310 («Airbus») bringt eine knappe Verdoppelung der Passagiersitze, aber eine Vervierfachung des Frachtladegewichts (von 1,5 auf 6 Tonnen).

Die Swissair ist über die Steigerung im Kurzstreckenverkehr nicht sehr glücklich. Das Überangebot an Frachtraum auf den dichtbeflogenen europäischen Linien muß in Verbindung mit der billigeren Konkurrenz von Schiene und Straße fast zwangsläufig zu einem ähnlichen Tarifzerfall führen, wie er im Passagierverkehr über den Nordatlantik eingetreten ist. Die Schweiz ist trotz ihrer starken Industrialisierung und Handels-Internationalität als Ursprungs- und Zielland der Luftfracht klein, und die 56 ausländischen Liniengesellschaften sowie mehrere spezielle Frachtgesellschaften werben um die Gunst der begrenzten Kundschaft. Die Swissair ist deshalb auf ein hohes Maß von

Transitfracht angewiesen, um ihre Kapazität einigermaßen ausnützen zu können. Doch während ein Passagier aus Hamburg vielleicht lieber über Zürich nach Barcelona fliegt als über Frankfurt oder Paris, weil das Umsteigen angenehmer ist oder er sich in der Swissair geborgener fühlt, ist der Kiste die Routenvariante gänzlich gleichgültig, weil sie den freundlichen Hostessen ohnehin nicht begegnet.

Und doch hat auch bei der Fracht wie im Menschentransport die Swissair ihre Chance durch die Qualität, um deretwillen eine gewisse Kundschaft gewillt ist, auf Discount zu verzichten. Qualität in diesem Fall heißt: Raschheit, Zuverlässigkeit und die Bereitschaft, sich eines Sonderfalles – wie die früher erwähnten Transporte von Tieren oder Wertsachen – mit der Sorgfalt «nach Maß» anzunehmen, die es im reinen Massenbetrieb nicht gibt, und zwar mit der Zunahme der Quantität immer weniger.

Ein Beispiel erzählte mir Frachtabfertigungschef René Pache am Flughafen Paris-Orly: Ein französischer Kunde bot der Swissair eine Sendung von fünf Tonnen nach einer Destination in Afrika, verlangte aber die gleichen 20 Prozent Ermäßigung, wie die Konkurrenz sie ihm angeboten hatte. Die Swissair lehnte ab, und der Kunde schimpfte kräftig über die Unfreundlichkeit und Geldgier der Schweizer. Doch wenn er eine kleinere, sehr dringende und wichtige Sendung auf den Weg schicken muß, kommt der Herr nach wie vor zur Swissair und zahlt den vollen Tarif. Vertrauen beruht auf Erfahrung und Ruf, und für manche Leute ist dieses Vertrauen immer oder doch in bestimmten Situationen seinen Preis wert, auch für harte, kostenbewußte Geschäftsleute. So kommt es öfter vor, daß kleine Sendungen unter 50 Kilo Gewicht von Paris nach Brüssel mit der Swissair über Basel reisen; bei andern Gesellschaften werden solche «Kleinigkeiten» als Teil eines Massentransportes behandelt, der sich allmählich auffüllt, bei der Swissair aber individuell und prompt, so daß sie trotz dem Umweg schneller und zuverlässiger am Ziel sind, und dies zum gleichen Preis, weil bei der Fracht die Luftdistanz vom Absender zum Empfänger gerechnet wird, unabhängig von der Route.

Auf solche Weise wird die Schweiz doch etwas größer, als sie scheint, und gewinnt vor allem für Überseestrecken ein beträchtliches Einzugsgebiet. Die Frachträume der innereuropäisch eingesetzten DC-9 sind zu einem guten Teil Zubringer für die DC-10, Jumbos und DC-8, die nach Nord- und Südamerika, Afrika, den Mittleren und den Fernen Osten fliegen. Wo ihre Kapazität nicht genügt, setzt die Swissair ihre einzige Fracht-DC-9 ein, die teils in regelmäßigen Kursen, teils auch ad hoc Waren abholt und nach Zürich und Genf bringt.

Nicht überall lohnt sich das: Bei guten und relativ nahen Straßenverbindungen übernehmen Lastwagen die Zubringung, wie das auch bei andern Gesellschaften üblich wurde. Der größere Teil der Fracht fällt im europäischen Ausland am Abend an. Für den letzten Kurs nach Zürich ist es da vielleicht schon zu spät, und auch der erste am nächsten Morgen erreicht womöglich auf dem Rückflug Zürich oder Genf nicht früh genug, daß man die Fracht noch in die interkontinentalen Maschinen umladen könnte, die in der Mittagszeit abfliegen. So wird z. B. ab Stuttgart ein großer Teil der Luftfracht am Abend mit Lastwagen auf den Weg geschickt und erreicht, trotz Nachtruhe unterwegs, Zürich morgens früh. Dasselbe geschieht mit Waren aus grenznahen Einzugsgebieten in Westösterreich, Süddeutschland, Ost-Südostfrankreich. Nicht weniger als 23 000 Tonnen Luftfracht für entferntere europäische und außereuropäische Ziele werden pro Jahr mit Swissair-Lastwagen zu den Flughäfen der Schweiz gebracht.

Es liegt auf der Hand, daß das Ansehen, das eine Fluggesellschaft beim Passagier genießt, auch dem potentiellen Frachtkunden Vertrauen einflößt – und umgekehrt. Werner Loepfe, der Chef des Swissair-Fracht- und Post-Marketings am Hauptsitz in Zürich, schätzt, dass 80 bis 85 Prozent seiner Cargo-Kunden Stammkunden sind. Stammkunden sind meistens Anhänger und verbreiten den Ruf, der sie selbst motiviert.

Zu diesem Ruf trägt seit 1977 eine neue Spezialität der Swissair einiges bei: der «Swissair Parcel Expreß» – abgekürzt SPEX.

Von 34 europäischen und nahöstlichen Städten und aus Lagos, Nigeria, führt die Swissair einen Expreß-Service für Pakete bis zu 10 Kilo Gewicht zu einem Einheitspreis von etwa 300 Schweizer Franken in jeweiliger Landeswährung nach über hundert Städten der USA durch. Sie garantiert, daß ein bis acht oder neun Uhr vormittags abgeliefertes Paket spätestens um zwei Uhr nachmittags Lokalzeit des folgenden Tages (bei einzelnen der hundert Städte um höchstens zwei bis drei Stunden später) beim Kunden abgeliefert wird. Andernfalls erstattet sie einen Teil der Kosten zurück. Bisher ist noch kaum ein Paket verlorengegangen, und die Verspätungen – meist durch Schnee- oder Sandstürme, Taifune, Hurricanes in den USA verursacht – betrugen drei pro tausend.

Die Swissair stützt sich dabei auf ihren Vormittagsflugplan, dank dem die Pakete aus den 34 angeschlossenen Städten alle rechtzeitig in Zürich sind, um bei individueller Expreß-Behandlung den Kurs SR 128 nach Boston um 11.55 Uhr zu erreichen und bereits um 14 Uhr lokaler Zeit in Boston anzukommen. Dort bringt ein beauftragter Agent die Pakete durch den Zoll und übergibt sie der privaten amerikanischen Paketfluggesellschaft Federal Expreß. Dieser Vertragspartner der Swissair fliegt alle Pakete nach Memphis, Tennessee, wo sie mit Hunderttausenden von Paketen aus dem Inland sortiert werden, und fliegt sie über Nacht mit 85 eigenen Frachtflugzeugen an ihre Ziele. Und von den mehr als hundert Flughäfen aus besorgt sie auch die Zustellung per Auto an die Adressaten in mehr als 10 000 Ortschaften.

Die Sache ist verhältnismäßig einfach, weil nur eine einzige Zollstelle zu passieren ist, weil die Langsamkeit der staatlichen amerikanischen Post das Entstehen eines tüchtigen privaten Paketflugunternehmens stimulierte und weil die Zeitdifferenz beim Westflug zumindest scheinbar die Schnelligkeit erhöht. In der andern Richtung – von den USA nach Europa und dem Nahen Osten – ist die Organisation erheblich schwieriger, weil in einer Vielzahl von Ländern unterschiedliche Zollformalitäten zu erledigen sind und Partner für die rasche Zustellung gefunden werden müssen. Aber die Swissair baut auch diesen Service sukzessive auf und plant ihn für ein wachsendes Netz innerhalb Europas.

Die Swissair ist die einzige Fluggesellschaft, die dergleichen bietet, und das erstaunt nicht: SPEX beförderte bisher nur wenige hundert Pakete pro Monat und brachte nach drei Jahren erst etwa eine halbe Million Franken jährlich ein. Bei einem Umsatz von zweieinhalb Milliarden gewiß eine Winzigkeit. Nur eine private Gesellschaft, die von einem recht typisch schweizerischen Detail-Denken durchdrungen ist, wendet für so wenig so viel an organisatorischer Sorgfalt auf.

Und doch dürften die geringen Ertragszahlen täuschen: Wohl die meisten SPEX-Kunden sind ab und zu auch Flugpassagiere und wollen von Athen, Brüssel, Istanbul aus ihre paketempfangenden Geschäftspartner oder Freunde in den USA besuchen. Für sie und für jeden, der von SPEX hört, verstärkt sich die Vorstellung von der Swissair als «erstklassig zuverlässige und pünktliche Gesellschaft mit individuellem Service». Umgerechnet in Reklamekosten, könnte solch ein indirekter Reklamewert leicht das Mehrfache des direkten SPEX-Ertrages ausmachen.

Zum Beispiel Swissair Athen

Weil bei der Swissair – im Unterschied zu den meisten andern Gesellschaften – fast der gesamte Verkehr die Landesgrenze überfliegt und weil nur etwa ein Viertel der Passagiere Schweizer sind, kommt den Vertretungen im Ausland eine entscheidende Bedeutung zu. Dort wird der größere Teil der Flugscheine und Frachtaufträge verkauft, dort beginnt die Mehrheit der Passagiere und Pakete ihre Swissair-Reise.

Es genügt deshalb bei weitem nicht, an den Flughäfen das nötige technische Personal zu stationieren und da und dort ein paar Fachleute, die für das Essen an Bord sorgen. Eine ganze Equipe von gut geschulten Angestellten für die eigenen Luftreisebüros im Stadtzentrum und am Flughafen, für die Entgegennahme telephonischer Reservationen, für das Berechnen komplizierter Tarife und für den aktiven Verkauf bei wichtigen Passage- und Frachtkunden, für die Werbung, den Kontakt mit Reiseagenturen und Amtsstellen usw. ist erforderlich, damit alles richtig klappt. Insgesamt sind das über 3000 Swissair-Mitarbeiter im Ausland.

Je nach der Größe der Stadt und der Möglichkeiten des Marktes sind die Gruppen sehr verschieden groß. In Moskau, wo ein freier Markt praktisch nicht existiert und selbst die Swissair-Flugscheine von der Aeroflot ausgestellt werden müssen, besteht sie aus sieben Leuten: zwei Schweizern (der Chef und der Station Manager als sein Stellvertreter), zwei russischen

Chauffeuren und drei russischen Sekretärinnen. In New York sind es mehrere hundert.

Die Swissair fliegt von der Schweiz aus 90 Städte in der Welt an, unterhält aber eigene Verkaufsbüros in zahlreichen zusätzlichen Städten von San Francisco bis Osaka, von Sidney bis Caracas. Dieser Swissair-«Globus» außerhalb der Schweiz ist in zehn Regionen eingeteilt, die je einer regionalen Stabsorganisation unterstellt sind: vier Regionen in Europa (Nord, West, Süd und Ost), zwei in Amerika (Nord und Süd), zwei in Afrika (Ost und West), eine für den Nahen Osten und eine für den Fernen Osten. Alle zwei bis drei Monate treffen sich die Chefs der Regionen untereinander und mit der Geschäftsleitung im Hauptquartier und besprechen die Markt- und Personalprobleme.

In Athen, einer der größten Außenstationen, sitzt die Ländervertretung für Griechenland und zugleich die Stabsstelle für die Region Nahost, die von Beirut hierher verlegt wurde.

Zur Region gehören außer Athen weitere zwölf von der Swissair angeflogene Städte, in denen allen eine lokale Vertretung installiert ist: Cairo, Khartoum, Istanbul, Ankara, Jeddah, Dharan, Abu Dhabi, Dubai, Kuwait, Bagdad, Damaskus und Teheran. Der Regionalchef – zur Zeit meines Besuches Mario Selva – muß einen großen Teil der Zeit außerhalb Athens in den andern zwölf ihm unterstellten Städten verbringen.

Wie alle Außenstationen, besteht Swissair Athen aus zwei Teilen: einem am Flughafen und einem in der Stadt. Insgesamt gibt es rund 200 Angestellte, von denen die Mehrheit am Flughafen beschäftigt ist. Denn hier besorgt die Gesellschaft praktisch alles – Passagierabfertigung, Fracht, Gepäckverlad u. a. – in eigener Regie, während gewöhnlich die nationale oder eine andere ausländische Fluggesellschaft, allenfalls ein lokaler «Handling Agent» im Auftrag der Swissair und lediglich unter ihrer Überwachung diese Aufgaben er-

71

ledigt. Da ein Teil der Fernost- und der Nahost-Kurse in Athen zwischenlandet und der Verkehr zwischen der Schweiz und Griechenland, besonders in der Touristensaison, an sich intensiv ist, landen hier pro Woche bis zu 60 Swissairmaschinen – DC–8, DC–9 und DC–10, so daß sich der große eigene Mitarbeiterstab lohnt. Von den fast 200 Angestellten sind elf Schweizer.

In der Stadt sind 62 Leute beschäftigt, einschließlich diejenigen der Stabsstelle der Region Nahost. Sie arbeiten in der Zentrale der telephonischen Reservationen, berechnen Tarife, machen Budgets und Bilanzen, schwärmen aus als Verkäufer und sitzen im Luftreisebüro am Hauptsitz und in einem kleinen Zusatzbüro im Hilton-Hotel. Von den Passagieren, die mit der Swissair Richtung Westeuropa und Amerika oder Richtung Nahost und Fernost von Athen wegfliegen, haben rund 50 Prozent den Flugschein hier gekauft – Geschäftsleute, Touristen, Studenten, Gastarbeiter und ausländische Vertreter internationaler Gesellschaften oder Filialen mit Sitz in Athen.

Da die meisten Kunden, selbst wenn die Swissair-Verkäufer sie direkt geworben haben, ihr Billett in Reisebüros kaufen, ist es wichtig, mit diesen die Zusammenarbeit und den guten Kontakt zu pflegen: Man bietet ihnen unentgeltlich Kurse für Tarifberechnungen, lädt ihre Vertreter zum Kennenlernen des Landes in die Schweiz ein und informiert sie laufend über alle Neuerungen, sei es die DC–9–81, die Eröffnung der Strecke nach Jakarta oder eine Erweiterung im Hotelreservationssystem «Horis». In den Reisebüros, die ich besuchte, hörte ich viel Lob über die Freundlichkeit der Swissair-Vertreter, die Zuverlässigkeit, die Zufriedenheit der Kunden – und dies nicht nur in Athen.

verschiedener Stufen und Funktionen, mit denen ich mich unterhielt, äußerten mehr oder weniger übereinstimmend gewisse Haupt-Gedankengänge, wie ich sie ähnlich auch in den andern Außenstationen hörte.

Sie merken, daß ihre Firma beim Kunden ein hohes Prestige besitzt, von dem sie als Mitglied der Swissair profitieren, indem ihnen Achtung und Vertrauen entgegengebracht wird. Wir müssen kaum jemanden überzeugen, daß das Produkt gut ist, das wir anbieten, sagen sie. Das Publikum weiß das. Wir brauchen lediglich die für den Kunden interessanten Möglichkeiten zu erklären, die er nicht kennt: Anschlußflüge, touristische Arrangements, Spezialbetreuung für Kinder oder für Gebrechliche und dergleichen. Und wenn wir doch einmal in die Lage kommen, unsere Firma anzupreisen, dann können wir es mit dem besten Gewissen tun, ohne hochstaplerisches Übertreiben. «Wir wissen, daß wir nicht mehr versprechen, als wir und die Kollegen halten, und wir sind stolz darauf.»

Die beruflichen und privaten Kontakte mit Landsleuten, die bei andern Fluggesellschaften arbeiten, ermöglichen Vergleiche. Man erzählt sich gegenseitig Erfahrungen, Vorkommnisse, Eindrücke. Das Ergebnis ist ambivalent: Die Swissair – womit sowohl die Chefs am Ort wie das ferne Hauptquartier gemeint ist – verhält sich in der Regel besonders fair, entgegenkommend und hilfsbereit, aber sie stellt auch an Leistung und Disziplin Anforderungen, die nicht jedermanns Sache sind. Allerdings: Wessen Sache sie nicht sind, hat sich meist einen andern Arbeitsplatz gesucht. Bei manchen meiner Gesprächspartner hatte ich, obwohl sie das nicht in Worten ausdrückten, den deutlichen Eindruck, daß sie sich gerade deshalb so stark mit ihrer Firma identifizierten, *weil* diese viel von ihnen verlangt – nicht, *obwohl* sie viel von ihnen verlangt. Das Bewußtsein des starken, aber auch wichtigen Einsatzes für die gemeinsame Sache erhöht das Selbstbewußtsein und den Sinn der Arbeit.

Wenige Monate nach meinem Besuch erlitt eine DC-8 der Swissair auf dem Flughafen Athen einen tragischen Unfall, als sie auf der schlüpfrigen Landepiste nicht schnell genug bremsen konnte. Von Generaldirektor Hellmuth Scherrer, der am Tag nach dem Unfall auf dem Rückflug von Tokyo in Athen gelandet war, erfuhr ich später, daß sich die Swissair-Angestellten in Athen – obwohl sie gewerkschaftlich organisiert sind – anerboten, auf die Bezahlung aller Überstunden im Zusammenhang mit dem Unfall zu verzichten!

Flugtarife: Wissenschaft oder Lotterie

Die Anforderungen an die Angestellten sind in der Tat sehr hoch. Die Swissair achtet peinlichst auf das Verhältnis zwischen Lohnsumme und Leistung in jeder Station und jeder Abteilung und ist äußerst zurückhaltend, zusätzliche Leute anzustellen, solange die Arbeit für den vorhandenen Stab insgesamt einigermaßen zumutbar ist. Keiner kann sich auch nur mit halbem «Dolce far niente» in einen Winkel drücken, ohne sehr schnell aufgescheucht zu werden.

Das fachliche Können, das von allen – außer einer Minderheit von Hilfskräften am Flughafen – verlangt wird, ist beträchtlich. Jede und jeder am Schalter eines Luftreisebüros oder am Reservationstelephon hat den PARS-Bildschirmcomputer vor sich und muß damit zügig und fehlerfrei umgehen können – ebenso wie die Cargo-Angestellten mit dem analogen System namens CARIDO («Cargo Reservation Information and Documentation System»).

«Am 2. Juni zwei Mal Economy von Cairo nach Genf

und von Genf nach Lissabon?» Ein paar Tasten – aber: gewußt, welche! –, und auf dem Bildschirm erscheinen die Informationen über den betreffenden Flug Cairo–Genf, mit ein paar andern Tasten diejenigen über die Maschine Genf–Lissabon. Wenn die Plätze verfügbar sind, müssen andere, viel zahlreichere Tasten betätigt werden, um den Computer mit der Buchung zu füttern, damit Sekunden später der Kollege in Nairobi oder Manila auf seinem Bildschirm feststellen kann, daß die zwei Sitze auf den zwei Flügen am 2. Juni besetzt sind. In andern Fällen, wenn es sich zum Beispiel um reduzierte Tarife handelt, muß vor der verbindlichen Buchung das Space Control Center in Zürich, das wie ein Cerberus über die höchstmögliche Rentabilität der verkauften Flugscheine wacht, um sein «Okay» gebeten werden.

Dann fragt der Passagier nach dem Preis – und selbst wenn er nicht fragt, muß der Angestellte ihn herausfinden, um den Flugschein auszustellen. Die internationalen Flugtarife mit Unmengen von Spezialberechnungen, Reduktionen, Änderungen zu bestimmten Perioden vom Tag X bis zum Tag Y usw. stehen klein gedruckt in einem Wälzer von der Größe des Pariser Telephonbuches. Alle Reservationsangestellten sollten fähig sein, darin die Tarife nachzuschlagen, wenn sie nicht derart extrem kompliziert sind, daß ein Chefexperte zu Hilfe gerufen werden muß. Als ich in der Swissair-Schule in Zürich einige Stunden an einem Tarifkurs teilnahm, erzählte der Lehrer, daß ein Passagier in drei Reisebüros in New York den Tarif einer bestimmten Flugroute erfragte und drei verschiedene Auskünfte erhielt!

Neu rekrutierte Angestellte werden vorerst lokal angelernt und später – und dann periodisch immer wieder – zu Fachkursen in die Schweiz geschickt (englischsprachig in Zürich, französischsprachig in Genf), doch werden sie auch neben der Arbeit laufend von ihren Vorgesetzten und von nebenamtlich tätigen Lehrern aus dem lokalen Kader fortgebildet. Die Verhältnisse in Athen sind allerdings insofern besonders, als hier ein spezieller vollamtlicher Ausbildungschef für die ganze Region Nahost seinen Sitz hat, der fünftägige Fachkurse in verschiedenen Fächern für Angestellte aus dem ganzen Gebiet durchführt, weil das eine bessere Anpassung an die regionalen Verhältnisse erlaubt, als sie in Zürich möglich ist. Trotzdem nehmen jährlich etwa hundert Angehörige der Swissair Athen an zusätzlichen Kursen aller Art in der Schweiz teil.

Jede Außenstation unterscheidet sich von allen andern im Lokalkolorit, in der Marktsituation und in der menschlichen Eigenart der Einheimischen und der abgeordneten Schweizer. Dennoch gibt das Beispiel Athen eine gewisse Vorstellung von dem 90teiligen «Eisberg»-Stück, das für das Funktionieren des Ganzen ebenso wichtig ist wie die zentrale Verwaltung, die Technik, Flugzeugbesatzungen usw.

Die Swissair-Töchter am Boden

Hinter dem Sammelnamen «Swissair-Tochtergesellschaften» – unter der Leitung von Peter Nydegger – verbirgt sich ein recht wirres und eher zufällig entstandenes Knäuel von Unternehmungen mit äußerst unterschiedlicher Bindung an die Swissair. Auf dieses «Knäuel» entfallen rund 4 Prozent des investierten Swissair-Kapitals, aber fast 8 Prozent des Umsatzes. Eine echte Diversifikation als Ausweitung des Unternehmens über den Lufttransport hinaus ist damit noch kaum erreicht, wohl aber teilweise eine Bereicherung des Angebotes an Dienstleistungen, die mit dem Flugwesen indirekt verbunden sind.

Von der «Swissair Photo und Vermessungen AG», einem Vorläufer und Sonderfall aus den dreißiger Jahren, abgesehen, begann die Entwicklung 1964. Das rapide Wachstum des internationalen Luftverkehrs durch die Hochkonjunktur und die Jet-Großflugzeuge hatte zu einem akuten Bedarf an neuen, großen Hotels in Zürich geführt, und für die Swissair als Zubringer war es fast lebensnotwendig, die eingeflogenen Gäste auch internationalem Standard gemäß unterbringen zu können. Drei Projekte entstanden: Hotel Atlantis, Hotel Zürich und Hotel International. Doch die dafür unentbehrlichen Banken waren nur bereit, Geld zu investieren, wenn auch die Swissair sich beteiligte. Sie tat es.

Mit der Zeit kamen andere Beteiligungen an Hotels in der Schweiz und im Ausland dazu, bis zur Zusammenfassung der verzettelten Aktivitäten schließlich zwei Gesellschaften gegründet wurden: die «International Hotel-Management Prohotel AG» mit Swissair-Kapitalmehrheit und die ausschließlich der Swissair gehörende «Interconvention Ltd» zur Durchführung von Kongressen und zum Aufbau des Hotelreservationssystems Horis. Später wurde alles in einer neuen Holdinggesellschaft «Swissair Touristik-Beteiligungen AG» vereinigt. Dazu gehört nun auch – unter nach wie vor unabhängiger Leitung – das Reisebüro Kuoni, seit die Swissair 50,1 Prozent der Aktien besitzt.

Mit dieser schon recht stattlichen Tochter hat die Swissair einiges vor: Gestützt auf große Erfahrung des Managements im Gastgewerbe und auf eine große Zahl anspruchsvoller Fluggäste, soll eine Kette von zehn bis zwanzig Swissair-Erstklaßhotels in der Schweiz und im Ausland entstehen. Die «Prohotel» will sich dabei nur geringfügig oder überhaupt nicht finanziell beteiligen, jedoch das Management übernehmen und Reservationssystem, Einkauf und Personalausbildung rationalisieren. Neben neuen Bauten werden der Kette auch renommierte alte Hotels angehören. Inzwischen hat die Swissair, mit der AUA als Partnerin, hälftig die Flughafen-Restaurants mit zugehörigem Catering in Wien übernommen.

Die *Reveca AG* ging ursprünglich hervor aus dem äußerst erfolgreichen Schweizer Restaurant an der Weltausstellung in Osaka 1966. Was kurzfristig in Osaka gut war, wurde nun am Flughafen Basel-Mülhausen billig (womit nicht die Preise des Essens gemeint sind), wo heute durch Zollgrenzen getrennt und mit gemeinsamer Küche ein schweizerisches und ein französisches Restaurant betrieben werden. Reveca-Restaurants gibt es u. a. in der Stadt Mülhausen, zwei Mal in Cairo (ein mit einem Coffeeshop gekoppeltes Erstklaß-Restaurant in der Stadt und ein anderes, verbunden mit einer berühmten Bäckerei-Konditorei, auf halbem Wege zwischen Stadt und Flughafen) und in Buenos Aires. Das argentinische Swissair-Lokal gilt als das beste Restaurant in Buenos Aires und gewann denn auch 1980 den von einer Zeitschrift verliehenen «Oscar de los Restaurantes». Mit dem Aufbau eines eigenen Caterings zusammen mit Aerolíneas Argentinas war es zuvor schon unter der Reveca-Flagge in Neuland vorgestoßen.

Das organisatorische und gastronomische Können der Swissair in Verbindung mit ihrer verwöhnten internationalen Flugkundschaft dürfte der Reveca noch einiges an Entwicklung ermöglichen. Da indessen auch diese Gesellschaft mehr auf Management bedacht ist als auf Kapitalmehrheit, und da sich «Prohotel» und «Reveca» gegenseitig in ihre «Jagdreviere» zu geraten begannen, wurden sie zu besserer Konzentration der Kräfte 1980 fusioniert.

Einige andere bodengebundene Töchter sind zu verzeichnen, deren Verbindung zum Flugunternehmen weniger evident ist: die Swissair Treuhand AG und die mit Grundstücken, Immobilien und deren Verwaltung operierende Avireal, der u. a. die UTO-Treuhand- & Verwaltungs AG, Zürich, die Monte Branco Ltdo in Rio de Janeiro sowie Anteile der Swiss Centers in New York und London gehören.

Adoptivtochter Balair

1925 wurde in Basel eine Fluggesellschaft namens Balair gegründet, die sich nach sechs Jahren mit der Zürcher Ad Astra Aero zusammen zur neuen Swissair vereinigte. 1948 entstand als Sektion Basel des Aero-Clubs der Schweiz eine neue Balair, die sich aber auf zu knausriger privater Kapitalbasis nicht als lebensfähig erwies. Darum wurde 1953 eine dritte, breiter abgestützte Balair ins Leben gerufen, deren Aktien nun mehrheitlich vom Kanton Basel-Stadt gezeichnet waren. Sie sollte auf dem neuen Flughafen Basel-Mülhausen Abfertigungs-, Revisions- und Reparaturdienste leisten, um den eigentlichen Fluggesellschaften – in erster Linie natürlich der Swissair – das Anfliegen Basels zum Gedeihen der städtischen Wirtschaft schmackhaft zu machen. Im ersten Jahr beschäftigte die neue Balair sieben Festangestellte und vier Aushilfskräfte und fertigte 20 Flugzeuge ab. Vier Jahre später kaufte sie eine Vickers Viking, um sich nebenher im Charter-Fluggeschäft zu versuchen.

Zu einem Aufschwung kam es jedoch erst ab 1959, als das Kapital mit 40prozentiger Swissair-Beteiligung auf vier Millionen erhöht wurde und gleichzeitig die bereits erstarkte Swissair dem «armen Verwandten» durch einen Zusammenarbeitsvertrag die Hand reichte und ihren Deutschlandchef Otto Gersbach als Chef-Manager der Balair delegierte. Nun stellten sich mit neuen Flugzeugen erste Erfolge ein: Sondereinsätze im Auftrag der UNO im einst belgischen Kongo, im Auftrag der Swissair Linienverkehr innerhalb der Schweiz und auf einigen kurzen Auslandstrecken, Charterflüge für Touristengruppen von Reisebüros.

Aber nachdem 1960 das Jet-Zeitalter begonnen hatte, war man schon wenige Jahre später auch im Charterverkehr mit Propellerflugzeugen hoffnungslos altmodisch. Die Swissair war bereit, eine Coronado zu vermieten, aber als größte Aktionärin veranlaßte sie gleichzeitig einen Führungswechsel: 1967 wurde Heinrich Moser, vormals Swissair-Chef Deutschland, zum neuen «Leitenden Direktor» ernannt.

1968 begann die Balair mit der gemieteten Coronado den Jet-Charterverkehr, den sie einige Jahre später mit eigenen neuen DC–9, DC–8 und schließlich Anfang 1979 einer DC–10 immer weiter ausbaute. Dazu war freilich eine neue Kapitalerhöhung erforderlich. Die Basler Regierung beschloß 1972, sich daran ebenso wie die andern Aktionäre zu beteiligen, doch wurde in Basel dagegen das Referendum ergriffen und in der dadurch erzwungenen Volksabstimmung der nötige Kredit abgelehnt. In dieser Notlage zeichnete die Swissair das fehlende Kapital und gewann deshalb mit 56,3 Prozent die Aktienmehrheit.

In der Praxis hat sich dadurch nicht viel geändert. Das Management der Balair ist von der Swissair unabhängig, und das Verhältnis der beiden Gesellschaften zueinander ist sowohl durch Zusammenarbeit wie durch Konkurrenz gekennzeichnet. Das Pilotenkorps der Balair ist voll in dasjenige der Swissair integriert, die auch ihre Flugzeuge wartet, aber die Angestellten der Balair am Boden und in den Flugkabinen sind keine Swissair-Angestellten und werden auch von der Balair selbst rekrutiert und ausgebildet.

Heute bietet die Balair neben den Ad-hoc-Charterflügen auch regelmäßige Kettenflüge an – ausschließlich durch Reisebüros –, und dies teilweise sogar auf swissair-beflogenen Strecken und zu günstigeren Tarifen. Dadurch ist sie – im Verkehr z. B. nach

Nairobi, Bangkok, Rio u. a. – ganz direkt zur Rivalin geworden. Die Vertreter der Reisebüros, die beides verkaufen, sind aber übereinstimmend der Ansicht, daß sich die Kundenschichten kaum überschneiden, um so weniger, je mehr die Swissair sich auf Geschäftsleute und andere zum Normaltarif individuell Reisende konzentriert, daß sich also zunehmend eine für beide Seiten nützliche Arbeitsteilung einspielt. Der Swissair ist zudem die befreundete einheimische Konkurrenz, von deren Gewinnen sie profitiert, lieber als die zahlreichen ausländischen Chartergesellschaften, von denen keine Rücksichten zu erwarten sind.

Der Anteil der Balair am schweizerischen Charterflugmarkt beträgt nur 42 Prozent. Ihr Geschäft macht sie im touristischen Verkehr innerhalb Europas, der aber von Frühling bis Herbst nur etwa 30 Wochen lang blüht. Die außereuropäischen Flüge ermöglichen es, obwohl sie an sich nicht rentieren, Personal und Flugzeuge ganzjährig einzusetzen.

Der ursprüngliche Hauptzweck der Balair-Gründung allerdings, in Basel und zugunsten der Basler Wirtschaft ein Gegengewicht zum stärkeren Zürich aufzubauen, ist bis heute kaum erreicht worden. Obwohl Basel Sitz der Balair geblieben ist, starten die weitaus meisten ihrer Flüge von Zürich und Genf, weil der Markt des Raumes Basel zu klein ist.

Phönix aus dem Konkurs: CTA

Das jüngste Swissair-Töchterchen, am 28. Oktober 1978 geboren, ist die CTA («Compagnie de Transport Aérien»), eine in Genf domizilierte Charter-Fluggesellschaft. Ihre Geburt war ziemlich dramatisch.

Es gab in Genf seit Ende der sechziger Jahre eine private Charter-Fluggesellschaft namens SATA. Mit drei

DC-8 und vier Caravelles verfügte sie am Schluß über ein beträchtliches Angebot an Plätzen, dem aber die Nachfrage nicht entsprach. Als 1978 ihr Bankrott unabwendbar wurde, hatte sie an die 60 Millionen Franken Schulden – abzüglich des Wertes der Flotte. In einem Interview mit der «Swissair News» sagte Mitte Oktober 1978 Adolphe Gehriger, Delegierter des Direktionspräsidenten der Swissair und «Vater» der neuen CTA: «Der unternehmerische und finanzielle Schiffbruch der SATA war seit längerer Zeit voraussehbar. ... Die Swissair wurde immer wieder als möglicher Retter in der Not genannt. Wir haben jedoch seit jeher betont, daß wir uns auf keinen Fall an einer Sanierung der hoffnungslos überschuldeten SATA beteiligen würden. Nur die *Neugründung* einer Chartergesellschaft mit einer soliden Basis könnte eine einigermaßen erfolgversprechende Lösung bieten.»

Als die SATA, die lange ihre Lage vertuscht hatte, ihr Ende eingestand, bat die Genfer Regierung die Swissair, Hand zu bieten zu einer Ersatzlösung für den Genfer Charter-Verkehr und für die Beschäftigung des Personals. So gründete die Swissair mit sechs Millionen Franken Grundkapital die CTA. Sie kaufte drei der noch relativ modernen Caravelles «Super SE-210» der SATA, stellte ihr als Betriebskapital ein Darlehen von sechs Millionen Franken zur Verfügung und delegierte Rolf Kressig als Chef und zwei weitere erfahrene Fachleute an die Spitze des Unternehmens. Die CTA konnte von den rund 300 Angestellten der SATA etwa ein Drittel übernehmen. Und zwei Tage nach der Gründung startete die CTA zu ihrem ersten Flug!

Die CTA war von allem Anfang an von Zürich aus beauftragt, einen echten Eigencharakter zu entwickeln und sich außer im Finanziellen in jeder Hinsicht als von der Swissair unabhängig zu verstehen. Im Unterschied zur Balair hat sie ihre eigenen Piloten und ihren eigenen technischen Dienst mit 29 Leuten in Genf –

u. a. weil die Swissair längst keine Caravelles mehr in ihrer Flotte hat.

Schon ein Jahr nach der Gründung wurden bei einer Kapitalerhöhung auf 10,5 Millionen Franken die französischschweizerischen Kantonsregierungen und Kantonalbanken an der CTA beteiligt. Später, wenn zur Erneuerung der Flugzeugflotte eine zusätzliche Aufstockung des Kapitals fällig wird, soll auch die Privatwirtschaft der Region nach Möglichkeit einbezogen werden, um die Firma in der Westschweiz zu verankern.

Die CTA führt ausschließlich Charterflüge durch, d. h. sie vermietet Flugzeuge mit Besatzung und Bordservice an Reisebüros zu festen Preisen und nach jedem distanzmäßig erreichbaren Ziel – Europa, Nordafrika, Cairo usw. Ihr Angebot umfaßt – im Gegensatz zur Balair – verschiedene Versionen der Kabineneinrichtung: Durch Umstuhlen kann sie binnen weniger Stunden eine «VIP»-Luxus-Ausstattung mit zehn bis zwanzig Erstklaß-Fauteuils, Tischchen und Sofas in eine ihrer Caravelles zaubern oder eine ausschließlich Erstklaßbestuhlung mit 48 Sitzen für Ausflugsreisen reicher Klubs – was immer die Kundschaft der Reiseagenturen wünscht.

Der gute Ruf der «Mutter» dürfte der neuen Tochter einigen Vertrauenskredit in die Wiege gelegt haben. Das CTA-Management strengt sich aber intensiv und offensichtlich erfolgreich an, den Ruf aus eigener Kraft zu festigen. Die Wachstumsziele sind realistischbescheiden, da man die Fehler der SATA vermeiden will: Mit der Balair zusammen will die CTA eine Beherrschung von 50 Prozent des schweizerischen Charterflugmarktes erreichen. Rolf Kressig glaubt, daß die CTA schon 1981, im dritten Betriebsjahr, einen Gewinn werde herauswirtschaften können.

Der längerfristige wirtschaftliche Nutzen dieser jüngsten Tochter für die Swissair läßt sich noch nicht abschätzen. Sicher aber war es politisch-psychologisch wichtig, nach dem Schiffbruch der SATA die spontane Bereitschaft zu zeigen, in Genf helfend in die Lücke zu treten: In der Öffentlichkeit und bei vielen Politikern in der französischsprachigen Schweiz neigt man dazu, die Swissair allzusehr als eine deutschschweizerische oder gar zürcherische Gesellschaft zu verstehen, obwohl sie das keineswegs ist. Diese Sicht mag dazu beitragen, dass Nachwuchsbewerbungen aus der Westschweiz, ganz besonders für die Pilotenlaufbahn, weniger zahlreich sind, als dem Bevölkerungsanteil entspräche. Die Führung möchte dieser Tendenz entgegenwirken, weil sich in Zürich auch manche Deutschschweizer im obersten Kader der Wichtigkeit des lateinischen Elements in diesem weltweit tätigen Unternehmen sehr klar bewußt sind. In diesen gesamtschweizerischen Zusammenhängen war die Gründung der CTA ein nicht unbedeutendes Signal, das man in Genf nicht übersehen hat.

3. Kapitel

Skizze eines halben Jahrhunderts

Wenn der Ausdruck für eine Fluggesellschaft nicht so
unpassend wäre, müßte man sagen: Die heutige, arri-
vierte, weltweit erfolgreiche Swissair ist «nicht vom
Himmel gefallen». Sie hatte ihre Geburt, von munte-
ren Kinderjahren gefolgt, erlebte eine sehr schwierige
Pubertätszeit, machte in ihrer Durchsetzperiode steile
Karriere und begann ihre Reifung und Konsolidie-
rung.

Die 50 Jahre Geschichte der Swissair auch nur einigermaßen vollständig zu erzählen würde allein Bände füllen und den Rahmen dieses Buches ganz und gar
sprengen, das sich zur Hauptsache mit der Gegenwart
beschäftigt. Ich beschränke mich deshalb auf einige
besonders wichtige und interessante Hauptelemente
des Werdeganges, die den keineswegs gradlinigen Weg
markieren, der zum heutigen Ergebnis geführt hat.

26. März 1931:
Mittelholzer + Zimmermann = Swissair

Während des Ersten Weltkrieges waren Flugzeuge
erstmals der Ära des Kuriosums und der Sensation
entwachsen und – allerdings im verderblichen Sinn –
zu etwas «Nützlichem» geworden. Unmittelbar danach fing das an, was man «Luftverkehr» nennt: Man
gründete Unternehmen für den kommerziellen Transport von Passagieren von einem Ort zum andern. So
geschah es 1919 u. a. in Zürich: Einige Flugbegeisterte

gründeten eine Luftfahrtgesellschaft, die sich nach dem Zusammenschluß mit zwei andern 1920 «Ad Astra Aero» nannte und deren Leitung bald Walter Mittelholzer übernahm, ein großer und später weltberühmter, unternehmungslustiger und begeisterter Pilot.

Damals und noch recht lange danach waren die Piloten als kühne Abenteurer und Könige der Lüfte die eigentlichen Herren der Fluggesellschaften. Es brauchte zwar, weil man ja ein paar relativ teure Flugzeuge kaufen mußte, Aktionäre und einen Verwaltungsrat, Leute, die sich ihre sportliche Fliegereibegeisterung als eine Art «Hobby» leisteten. Aber es gab keine eigentliche Verwaltung, kaum eine Bodenorganisation oder einen kommerziell organisierten Verkauf. Mit einem Flugzeug im rasenden Tempo von 140 Stundenkilometern nach Genf oder Stuttgart zu fliegen, statt wie vernünftige Leute die Eisenbahn zu benutzen, war ein aufregendes Erlebnis für wenige Waghalsige.

Anton Matt, bis zu seiner Pensionierung im Herbst 1980 Vizedirektor im Departement Technik und dienstältester Swissair-Angestellter, ging in den späten zwanziger Jahren in Dübendorf zur Schule, neben dem damaligen Zürcher Flugplatz und Sitz der Ad Astra Aero. Als Schulbub verdiente er sich in der Freizeit am Flugplatz etwas Taschengeld durch Koffertragen und andere Handreichungen. Am 30. März 1930, kurz nach Schulentlassung und zwei Tage vor Beginn des auf den Sommer beschränkten Flugbetriebes, wurde er von der Ad Astra angestellt.

Er erzählt: Die Ad Astra bestand einschließlich Piloten aus etwa 35 Leuten. Ich verkaufte Flugscheine, fertigte Passagiere ab, trug Koffer, flog bei Rundflügen an schönen Sonntagen neben dem Piloten mit. Wenn sich bei tiefer Wolkendecke eine Maschine näherte, mußte ich mich auf die Mitte der Graspiste stellen und auf den Motorenlärm lauschen; sobald mir schien, das noch unsichtbare Flugzeug befände sich nun über dem Platz, hatte ich zu winken, damit der Zuständige per Morsefunk den Piloten anweisen konnte, jetzt durch die Wolkendecke auf den Flugplatz hinunterzustoßen. Nach dem Winken mußte ich blitzschnell davonrennen, bevor das Flugzeug erschien. Der Flugbetrieb dauerte bis Ende Oktober. Im Winter wurde ich im Materialmagazin beschäftigt, und im nächsten Frühjahr übernahm mich die neugegründete Swissair.

1925 hatte eine Initiantengruppe in Basel ebenfalls eine Fluggesellschaft gegründet: die Balair. Gründungskapital 100 000 Schweizer Franken. Sie kaufte ein Flugzeug mit vier Passagiersitzen, das bereits im Oktober einen Flug von Basel über Freiburg nach Mannheim durchführte. 1926 berief sie Balthasar Zimmermann, Instruktionsoffizier der schweizerischen Fliegertruppen, als Direktor. Bis 1930 erweiterte die Balair ihre Flotte auf sechs dreimotorige Fokker zu zehn Plätzen und flog im Jahr über 4000 Passagiere auf der Inlandstrecke Basel–St. Gallen–Zürich und auf den beiden internationalen Linien Genf–Zürich–München–Wien und Genf–Basel–Mannheim–Frankfurt–Köln–Essen–Amsterdam. Zusätzlich beförderte sie Post von Basel nach Cherbourg und Le Havre, den Häfen, wo die großen Ozeandampfer nach Amerika starteten.

Seit dem 9. März 1920 gab es in der Bundesverwaltung in Bern ein Eidgenössisches Luftamt, damit beauftragt, in dem wuchernden Gestrüpp von Segelflugklubs, Ballonklubs, Sportflugklubs sowie bald auch kommerziellen Fluggesellschaften durch Vorschriften und Kontrollen Ordnung zu schaffen. Der Chef dieses Luftamtes, Oberst Arnold Isler, der neben Mittelholzer und Zimmermann zum Pionier-Dreigespann des schweizerischen Flugverkehrs gezählt werden muß, legte 1930 der Ad Astra Aero und der Balair nachdrücklich nahe, die Doppelspurigkeit im internationalen Flugverkehr aufzugeben und sich zwecks Rationalisierung zusammenzuschließen. Die Verwaltungsräte und die beiden Direktoren ließen sich überzeugen. Und da beide Gesellschaften ungefähr gleich stark waren, ging keine in der andern auf, sondern beide in der am 26. März 1931 gegründeten neuen «Swissair».

Die Namenswahl war genialer, als es wohl damals irgend jemand ahnte. Zu jener Zeit dominierte in der Fliegerei noch keineswegs die englische Sprache. Der heutige Airlines-Jargon von «Check-in» und «Boarding» bis «Maintenance» und «Catering» war unbekannt, und niemand konnte voraussehen, daß schon zwei Jahrzehnte später ein Name wie etwa «Schweiz-Luft» oder «Rütliflug» oder «Helvetair» als interkontinentales Markenzeichen wenig geeignet wäre.

Der Kompromiß zwischen der Zürcher Ad Astra Aero und der Basler Balair besagte: Zürich wurde Sitz der Swissair, aber dafür wurde der Verwaltungsratspräsident der Balair, Alphons Ehinger, der Erfinder des neuen Firma-Namens, Swissair-Präsident, der Ad-Astra-Chef, Edwin Schwarzenbach, Vizepräsident. Das vereinigt-neue Unternehmen verfügte über ein Aktienkapital von 800 000 Franken, 13 Flugzeuge mit insgesamt 86 Passagierplätzen, zehn Piloten und ein Personal von insgesamt 64 Angestellten.

Das große Glück, unter dem die Swissair startete, waren ihre beiden Direktoren. Einerseits hatten sie als begeisterte Flugpioniere die gleiche «Wellenlänge» in natürlicher Kameradschaft, andererseits ergänzten sie sich in ihrer Verschiedenheit auf ideale Weise. Mittelholzer neigte mehr dem rein Fliegerischen zu, das er als hoch begabter Kameramann mit seinen Luftphotos, Luftfilmen und Fliegerbüchern zu propagieren verstand, während Zimmermann sich für die technischen und unternehmerischen Entwicklungen interessierte und – im damaligen bescheidenen Rahmen – die

NOTARIELLES PROTOKOLL

über

die Fusion

der

A d   A s t r a - A e r o   Schweiz. Luftverkehrs A.-G.

in Zürich.

Der unterzeichnete öffentliche Notar des Kreises Zürich (Altstadt) hat der Dienstag, den 17. März 1931, nachmittags 4½ Uhr , im Hotel Baur au lac in Zürich 1, stattgefundenen ordentlichen Generalversammlung der Aktionäre der

A d   A s t r a - A e r o   Schweiz.Luftverkehrs A.-G.

in Zürich

als Urkundsperson beigewohnt und über deren Verhandlungen gemäss den Vorschriften des Schweiz. Obligationenrechtes gegenwärtiges Protokoll erhoben :

I.

Der Präsident des Verwaltungsrates, Herr Oberst Edwin Schwarzenbach, Fabrikant in Rüschlikon, eröffnet und leitet die Versammlung. Als Protokollführer wird Herr E. Lips in Zürich bezeichnet und als Stimmenzähler die Herren Mahler und Kracht in Zürich gewählt.

Der Vorsitzende konstatiert die statutengemässe Einberufung der heutigen Generalversammlung und dass an derselben neun Aktionäre anwesend sind, welche zusammen 17898 Aktien repräsentieren, die zur Abgabe von 13477 gültigen Aktienstimmen berechtigen.

II.

Im Auftrag des Verwaltungsrates beantragt der Vorsitzende die Fusion der Gesellschaft mit der

" B a l a i r " Basler Luftverkehr A.-G. in Basel.

Diesen Antrag erhebt die Generalversammlung einstimmig zum Beschluss.

Amtliches Protokoll des Beschlusses der Ad-Astra-Aero-Generalversammlung vom 17. März 1931, der Fusion mit der Balair zuzustimmen. Neun Tage später folgte auf Grund der Beschlüsse beider Gesellschaften die Gründung der Swissair.

Oben: Dübendorf, der Flugplatz Zürichs, zur Zeit der Swissair-Gründung.
Unten: Eine Lockheed Orion über dem Greifensee bei Zürich. Schon 1932
setzte die Swissair zwei dieser rasend schnellen Flugzeuge (250 bis 270
km/h) ein und wurde damit zur schnellsten und technisch modernsten
Fluggesellschaft Europas.

Oben: Nelly Diener, 1934 die erste Flughosteß Europas.
Unten: Eine DC–3 Dakota wird von einem Traktor über verschneite Stra-
ßen vom alten Flugplatz Dübendorf zum neu eröffneten Flughafen Zürich-
Kloten befördert.

Eröffnung der Fernostlinie Zürich–Tokyo über Beirut–Karachi–Bombay–
Bangkok–Manila mit DC-6B Ende April 1957, der kühnste und weiteste
Sprung auf dem Weg zum globalen Unternehmen.

Am 2. Mai 1947 begann die Swissair «probeweise» von Genf nach New York zu fliegen. Eine DC–4 über Manhattan (Photomontage).

Im Juni 1979 zwang nach einem tragischen Unfall einer DC–10 in Chicago
die amerikanische Luftfahrtbehörde sämtliche DC–10-Flugzeuge der Welt
zwei Wochen lang auf den Boden. Etwa ein Drittel der Transportkapazität
der Swissair stand blockiert in Zürich-Kloten.

Hauptakteure des ersten halben Jahrhunderts der Swissair: Walter Mittelholzer (oben links); Balthasar Zimmermann (oben rechts); Arnold Isler, Eidgenössisches Luftamt (Mitte links); Verwaltungsratspräsident Alphons Ehinger (Mitte rechts); Eduard Amstutz, Delegierter für Zivilluftfahrt (unten links); Verwaltungsratspräsident Rudolf Speich.

Hauptakteure des ersten halben Jahrhunderts der Swissair (Fortsetzung):
Direktionspräsident Walter Berchtold (oben links); Generalsekretär Heinz
Haas (oben rechts); Verwaltungsratspräsident Rudolf Heberlein (Mitte
links); Verwaltungsratspräsident Ernst Schmidheiny (Mitte rechts); der
heutige Verwaltungsratspräsident Fritz Gugelmann (unten links); der heutige Direktionspräsident Armin Baltensweiler (unten rechts).

Begabung besaß für das, was man heute «Management» nennt.

Der Sturz in die Krise

Vorerst ging es mit beträchtlicher Dynamik bergauf. Schon 1931 fuhr Zimmermann – natürlich mit dem Schiff – nach den USA, um die dortige technische Entwicklung im Flugzeugbau zu studieren. Er erkannte als einer der ersten in Europa, daß die Zukunft des kommerziellen Luftverkehrs – im Unterschied zu Sport- und Hobbyfliegerei – in der Konkurrenz zu Schiene und Straße nur durch eine entscheidende Überlegenheit im Reisetempo gesichert werden konnte. Für einen nüchtern rechnenden Geschäftsmann wog bei 140 Stundenkilometern über relativ kurze Distanzen der Zeitgewinn, durch die zweimalige Fahrt zwischen Stadtzentrum und Flughafen beeinträchtigt, den Mehrpreis im Verhältnis zur Eisenbahn nicht auf. In Amerika nun fand Zimmermann fertig entwickelt ein Flugzeug, das eine durchschnittliche Reisegeschwindigkeit von 250 bis 270 Stundenkilometern leistete: die Lockheed-Orion. Zwar hatte sie statt den dreien der Fokker nur einen Motor, nur vier Passagierplätze und keinen Funk – aber sie war doppelt so schnell.
Mit der Einwilligung des Luftamtchefs Isler – die Swissair wurde damals vom Staat subventioniert und konnte dergleichen nicht allein entscheiden – kaufte Zimmermann zwei Lockheed-Orion, die ersten in Europa. Er führte sie selber in der Schweiz dem staunenden Publikum vor und setzte sie 1932 auf der Strecke Basel–Zürich–München–Wien erstmals kommerziell ein. Das erforderte erheblichen Mut, aber dank diesem Mut stand die Swissair in Europa technisch an der Spitze.

Noch etwas anderes hatte Zimmermann an Fortschrittlichkeit von den USA gelernt, womit er die Swissair auf ganz andere – und sehr zukunftsträchtige – Weise in Europa an die Spitze brachte: 1934 setzte die Swissair als erste Gesellschaft uniformierte Hostessen zur Betreuung der Passagiere an Bord ein.

1935 kam die Douglas DC–2 auf den Markt, ebenso schnell wie die Lockheed-Orion, aber zweimotorig – das heißt: sicherer – mit 14 Passagierplätzen – also wirtschaftlicher – und wiederum mit Funk ausgerüstet. Mit diesem neuen Wunderflugzeug ging nun die Swissair – und mit ihr gleichzeitig auch andere Gesellschaften – zum Ganzjahresverkehr über. Zwei Jahre später brachte die neue DC–3 eine Vergrößerung der Kabine auf 21 Sitzplätze, jedoch keine wesentlichen technischen Fortschritte. Man munkelte aber damals, daß die Engländer eine viermotorige Maschine entwickelten, und dieses Gerücht machte der Swissair einigen Kummer: Ihre Strecke Zürich–London war in beiden Richtungen der Kern ihres finanziellen Erfolges, zum Ärger der Engländer, die ihn mit einem noch mehr Vertrauen erweckenden Flugzeug wohl zunichte machen könnten. Zimmermann plante deshalb eine weitere Reise nach den USA, um dort das technisch Neueste zu erkunden, das gegebenenfalls der englischen Konkurrenz gewachsen wäre.

Doch im Mai 1937 kam Mittelholzer in der Steiermark bei einem Unfall als Bergsteiger ums Leben, und im Oktober starb Zimmermann an einer im Ausland aufgelesenen Infektionskrankheit.

Die Swissair verlor im gleichen Jahr ihre beiden führenden, genialen Köpfe, ohne jedoch den Kinderschuhen der Pionierzeit, die von der Begeisterung außergewöhnlicher Persönlichkeiten lebt, schon ganz entwachsen und in ihren kommerziell-administrativen Fundamenten wirklich gefestigt zu sein. Weder die beiden Führer noch gar der Verwaltungsrat waren um das Heranbilden von Führungsnachwuchs besorgt gewesen.

Der bisherige Buchhalter Eugen Groh, den Zimmermann schon zur Balair geholt hatte, wurde als kaufmännischer Direktor eingesetzt, und als technischen Direktor berief man den bisherigen Leiter der internschweizerischen Fluggesellschaft Alpar, Henri Pillichody.

Die Weltgeschichte verwehrte – oder ersparte – diesen Nachfolgern die Nagelprobe auf ihre Fähigkeiten: 1939 brach der Zweite Weltkrieg aus, und nach einer Übergangszeit, in der die Swissair noch München, Berlin und, vom Tessiner Flugplatz Magadino aus, Rom und Barcelona anflog, versank der Flugbetrieb in den kriegsbedingten «Winterschlaf». Herr Pillichody schied 1942 aus und ging nach New York, und Eugen Groh gelang es mit viel Geschick, auf kleinster Sparflamme das Unternehmen mit wenigstens einem Kern von Spezialisten (1941 gab es insgesamt 93 Swissair-Angestellte) über die Runden zu bringen. Er konnte es dank Wartungsaufträgen der schweizerischen Luftwaffe und außerdem dank der deutschen Lufthansa, die ihre von der Wehrmacht in Holland erbeuteten DC-3 der KLM unter Bezahlung mit hochwertigem, von der Schweizer Industrie dringend benötigtem Stahl der Swissair zur Revision anvertraute.

Der Staat als Retter in der Not

Inzwischen war, vier Jahre nach Mittelholzer und Zimmermann, der langjährige Chef des Luftamtes und große Förderer der Swissair, Oberst Isler, gestorben. Bundesrat Celio, der damals als Nachfolger des neuen Außenministers Pilet-Golaz das Post- und Eisenbahn-Departement übernahm, versuchte Eduard Amstutz, einen früheren Mitarbeiter von Isler, zum

91

Nachfolger zu machen. Amstutz war seit vier Jahren Professor für Flugzeugstatik und Flugzeugbau an der Eidgenössischen Technischen Hochschule und wollte diese Tätigkeit nicht fahren lassen. Er willigte jedoch ein, nebenamtlich als «Delegierter für Zivile Luftfahrt» im Auftrage der Regierung die Planung für die Nachkriegszeit zu leisten.

Professor Amstutz sah voraus, daß die kriegsbedingte gewaltige technische Entwicklung der Militärflugzeuge in den Jahren nach Kriegsende der zivilen Luftfahrt zu einem Aufschwung verhelfen werde. Darauf mußte sich nach seiner Auffassung die wirtschaftlich und touristisch hochgradig vom internationalen Verkehr abhängige Schweiz so gut wie möglich vorbereiten.

Als dringendste Aufgabe betrachtete er den Ausbau der Flughäfen, die nach Länge und Beschaffenheit der Pisten, Abstellflächen für Flugzeuge und Abfertigungs- und Lagerhallen weit hinter dem zurückgeblieben waren, was schon vor dem Krieg im Ausland begonnen hatte. Der Flughafen von Genf ließ sich in Cointrin, wo er war, ausbauen, die Behörden waren aufgeschlossen, und bei Kriegsende verfügte Genf über einen weit moderneren und leistungsfähigeren Flughafen als Zürich. Dübendorf jedoch als Standort des Zürcher Flugplatzes war für den nötigen Ausbau zu eng, so daß anderswo in der Umgebung – die Gegend von Kloten erwies sich als geeignet – etwas Neues und auch in der Zukunft Erweiterungsfähiges aufgebaut werden mußte. Gegen das «viel zu ehrgeizige Projekt» jedoch sträubten sich sowohl die Zürcher Behörden als auch der Verwaltungsrat der Swissair unter Präsident Alphons Ehinger und Vizepräsident Edwin Schwarzenbach. Erst als die wesentlich aufgeschloseneren Berner Behörden die Projektstudie für einen schweizerisch-zentralen Großflughafen im Berner Mittelland in der Gegend von Utzenstorf in Auftrag gaben, wurden die Zürcher aus Angst mutig genug,

um schließlich im Herbst 1944 dem Projekt Kloten zuzustimmen.

Als zweite Hauptaufgabe sah Eduard Amstutz den
Ausbau der Swissair zur nationalen Fluggesellschaft in
der Perspektive der Nachkriegszeit. Als Delegierter
der Regierung flog er im Herbst 1944 über Spanien,
Dakar, Brasilien, Mittelamerika nach Chicago, wo
eine internationale Konferenz die Basis einer neuen
Ordnung für die Zivilluftfahrt der Nachkriegszeit aus-
arbeitete. Er stellte dort fest, daß nicht nur die Amerikaner, sondern auch die Vertreter europäischer Fluggesellschaften – die Engländer, Skandinavier, Holländer, Belgier u. a. – längst aus der Lethargie erwacht
waren, in der die Swissair im isolierten Binnenländ-
chen noch immer verharrte, und eifrig die Zukunft
planten. Für den Ausbau eines Unternehmens braucht
es u. a. eine tragfähige Kapitalbasis. Das Aktienkapital der Swissair (heute 448,4 Millionen) betrug 1,2 Millionen Franken, ein Sechzigstel des Preises einer heutigen DC–10 und nur um die Hälfte mehr als bei der
Gründung.

1946 wurde unter dem Präsidium von Eduard Amstutz eine Kommission zur Schaffung einer schweizerischen Luftfahrtgesellschaft gebildet, der neben Vertretern der Behörden auch führende Persönlichkeiten
der Privatwirtschaft angehörten, u. a. Dr. Heinrich
Homberger als Vertreter des Vororts des Schweizerischen Handels- und Industrievereins und die beiden
späteren Verwaltungsratspräsidenten der Swissair
Rudolf Heberlein und Ernst Schmidheiny. Diese
Kommission forderte die Erhöhung des Aktienkapi-
tals der Swissair auf 20 Millionen Franken, während
der Verwaltungsrat nur einer Aufstockung auf 2 Millionen zustimmen wollte: In seiner Mehrheit glaubte er
keineswegs daran, daß die kleine Schweiz neben den
Großmächten und den traditionell seefahrenden Nationen im Luftverkehr eine ebenbürtige Rolle spielen

könnte, sondern sah die künftige Funktion der Swissair lediglich im Zubringerdienst von der Schweiz zu den großen interkontinentalen Flughäfen Europas.

Die Kommission Amstutz mit ihrer sehr viel kühneren Konzeption setzte sich durch, und der Umstand, daß die Sozialdemokraten eine staatliche Mehrheitsbeteiligung oder sogar eine Verstaatlichung der Swissair anstrebten, mag es ihren Gegnern erleichtert haben, die Privatwirtschaft zu großzügigem Handeln zu mobilisieren. Die öffentliche Hand (Bund, Bundesbahnen, einige Kantone, Gemeinden und Kantonalbanken) gab sich mit einem Drittel zufrieden, während zwei Drittel der Aktien von privaten Firmen und Einzelnen gezeichnet wurden*.

Diese Neuregelung kam jedoch erst 1947 zustande – seit Kriegsende waren bereits zwei Jahre mit eher lahmen Swissair-Flügeln verstrichen. In diesen zwei Jahren hatte die Swissair ihre Vorkriegsflugtätigkeit wieder aufgenommen. Der Flieger-Instruktionsoffizier Gottfried von Meiß wurde neben dem kommerziellen Direktor Groh als Technischer Direktor eingesetzt. Man kaufte vier DC-4 und begann Skandinavien, Athen und später als erste außereuropäische Destination Cairo anzufliegen. Doch die beiden Direktoren verstanden sich wenig, eine klare Unternehmungskonzeption fehlte, während gleichzeitig Konkurrenten wie die Holländer und die Skandinavier mit vollen Segeln in die Nachkriegsentwicklung hineinsteuerten.

---

* Da die staatlichen Aktienbesitzer bei späteren Kapitalerhöhungen nur teilweise mitmachten, sank ihr Gesamtanteil im Laufe der Zeit auf heute 22,2 Prozent. Die Swissair ist also heute zu 77,8 Prozent privat.

Aber das Schlimmste stand erst noch bevor. Die neuen Aktionäre wählten Dr. Rudolf Speich, ein Mitglied des alten Verwaltungsrates, zum neuen Präsidenten, einen bedeutenden Bankmanager, der dem Luftverkehr gegenüber vorsichtig und wenig dynamisch eingestellt war. Eduard Amstutz wurde als Delegierter der Regierung Vizepräsident.

Ein Teil des neuen Verwaltungsrates – u. a. Professor Amstutz – befürwortete energisch die Eröffnung der Fluglinien Zürich–New York und Genf–New York. Präsident Speich und andere widersetzten sich hartnäckig. Als Kompromiß begann am 2. Mai 1947 ein «versuchsweise» provisorischer Flugbetrieb zwei Mal pro Woche mit DC–4 von Zürich nach New York. Da es sich nur um ein Provisorium handelte, schickte die Swissair keinen eigenen Vertreter nach New York, sondern beauftragte dort die holländische KLM mit dem Swissair-Verkauf. Noch 1950, als New York schon fest zum Streckennetz gehörte, waren die Swissair-Flugzeuge von der Schweiz nach Amerika zu 89 Prozent besetzt, flogen aber fast leer (Auslastung 18,5 Prozent) zurück, schwerlich weil vier Fünftel der Abflugkunden in Amerika blieben – man konnte nämlich zum gleichen Preis auch mit der KLM über Amsterdam nach Zürich fliegen. Am 19. September 1949 sanktionierte eine außerordentliche Aktionärsversammlung gegen heftigen Widerstand den Beschluß, New York fortan regelmäßig und definitiv anzufliegen (aber erst 1951 begann der Aufbau einer eigenen Außenorganisation in New York unter Dr. Hugo Mayr, der dann 23 Jahre lang die Swissair Nordamerika leitete).

Doch vier Tage zuvor, am 15. September 1949, wurde das englische Pfund um 30 Prozent von Fr. 17.35 auf 12.15 abgewertet. Das Pfund war damals neben dem

Dollar die mit Abstand wichtigste internationale Währung, in der – außer in Amerika – alle Flugtarife berechnet wurden. Der Englandverkehr allein trug zu den Einnahmen der Swissair 40 Prozent bei. Die Erträge pro angebotenen Tonnenkilometer sanken vom vorherigen Durchschnitt von Fr. 1.62 bis im Dezember 1949 auf 90 Rappen – mit der einzigen Ausnahme des Nordatlantikverkehrs. Man errechnete für das fast vergangene Jahr ein mutmaßliches Defizit von fünf Millionen Franken und budgetierte für das nachfolgende eines von zehn Millionen.

Katastrophenstimmung breitete sich aus, verstärkt durch den Umstand, daß dem Unternehmen eine klare, zielbewußte und entscheidungsfähige Führung fehlte. Man stritt im Verwaltungsrats-Ausschuß und in wechselnd gebildeten Arbeits- und Studiengruppen, man faßte Beschlüsse und erteilte an die ihrerseits ratlose Direktion Aufträge, die wenig später widerrufen wurden – in einer allgemeinen Konfusion, die als das extreme Gegenbeispiel erscheint zu der oben geschilderten Reaktion der Swissair 30 Jahre später auf die Stillegung der DC–10–Flotte. Es wurden Angestellte entlassen, eine Weile erwog man die Preisgabe der USA-Flüge, und es wurde ernsthaft geplant, mindestens einen Teil der Flugzeuge zu verkaufen, um mit einem reduzierten Flugprogramm die Defizite zu verringern.

Im Laufe der ersten Monate 1950 kristallisierte sich aus dem ganzen Wirrwarr eine Lösungskonzeption heraus, die zwar die Unabhängigkeit der Swissair praktisch beseitigt hätte, die aber als das kleinste und folglich tragbare Übel erschien: Der schweizerische Staat sollte der Swissair die noch nicht abgeschriebenen Flugzeuge abkaufen und an sie vermieten zu einem Zinssatz, der den finanziellen Möglichkeiten des Unternehmens angepaßt würde. Und im Sinne der Expansion – statt der zuvor geplanten Verkleinerung –

sollte der Staat auch gleich zwei neue Langstreckenflugzeuge DC–6 B kaufen, welche die Swissair dann für den Nordatlantikverkehr mieten würde.

Die Regierung machte sich diesen Plan zu eigen und beantragte dem Parlament auf Gesuch der Swissair vorerst einen Kredit von 15 Millionen Franken für die beiden inzwischen bestellten DC–6 B. Und noch bevor dieses Begehren in den Räten behandelt war, folgte bereits ein zweiter Kreditantrag von 17,5 weiteren Millionen zur Übernahme von vier DC–4 und vier CV–240 der Swissair in Bundeseigentum. Das Parlament reagierte – in Kenntnis der späteren Entwicklung beurteilt – mit erstaunlicher Weisheit: Es stimmte dem Kauf der beiden neuen Flugzeuge zu, lehnte aber die Übernahme der bestehenden Flotte ab. Außerdem forderte es als Voraussetzung für jede zusätzliche staatliche Hilfe an die Swissair ein angemessenes Opfer der Aktionäre. Der geschäftliche Sinn des Opfers erscheint fragwürdig, aber es wurde gebracht, und es erzielte seine Wirkung in der Öffentlichkeit: Reduktion des Aktien-Nominalwertes um 30 Prozent von Fr. 500.– auf 350.–, gegen relativ wenige Befürworter der Liquidation beschlossen von einer großen Mehrheit der Aktionäre, die trotz aller Krise ihren Glauben an das Unternehmen nicht verloren hatten und darauf hofften, daß die Swissair mit den zwei neuen DC–6 B doch wieder aus dem Sumpf aufsteigen könnte – nicht zuletzt weil sie nun einen vertrauenswürdigen echten «Captain» gefunden hatte.

Endlich ein Chef

Professor Amstutz hatte schon 1948, nach der Erhöhung des Swissair-Kapitals und der Erneuerung des Verwaltungsrates, seine Aufgabe als «Delegierter für Zivile Luftfahrt» abgeschlossen. Er blieb aber als Ver-

treter des Bundes und Vizepräsident im Verwaltungsrats-Ausschuß mit dem Unternehmen unmittelbar verbunden. Er und andere Mitglieder des Verwaltungsrates stellten – lange vor der schweren Krise – immer
wieder fest, daß sich das Fehlen einer Führungsspitze
in der Geschäftsleitung schwerwiegend negativ aus-
wirkte und praktisch den Ausschuß des Verwaltungsrates, der dafür gänzlich ungeeignet war, dazu zwang,
als Pseudoführung Entscheidungen im Management-
bereich zu treffen. Doch niemand vermochte Präsident Dr. Speich einen allseits überzeugenden Kandidaten für die Leitung der Geschäfte vorzuschlagen.
Im Sommer 1949, erzählt Eduard Amstutz, fuhr er
mit zwei andern besorgten Kollegen des Verwaltungsrates erneut zu einem privaten Gespräch zu Dr.
Speich. Zum ersten Mal wurden, wie sie den Anwesen-
den gerade einfielen, Namen genannt, diskutiert und
verworfen. Doch einer lenkte die Aufmerksamkeit auf
eine zuvor nicht beachtete Gruppe: die führenden Leute anderer Verkehrsunternehmen. Nun fiel der Name
Dr. Walter Berchtold, Chef der Kreisdirektion Zürich der Schweizerischen Bundesbahnen und ehemali-
ger Handelsredaktor der «Neuen Zürcher Zeitung».
Der Vorschlag gefiel allen. Walter Berchtold wurde
kurz danach angefragt. Er ließ sich mit der Antwort
Zeit, willigte aber schließlich ein.
Inzwischen begann mit der Pfundabwertung die geschilderte Krise. In der düsteren Lage plante Dr.
Speich seinen Rücktritt als Präsident und überredete
Berchtold, die Geschäftsleitung als «vollamtlicher
Verwaltungsratspräsident» zu übernehmen. Als sich
aber dann die Lösung einer staatlichen «Sanierung»
abzeichnete und die Swissair, mitten in den Verhandlungen mit der Regierung, sich vor der Öffentlichkeit
und dem Parlament exponieren mußte, ließ sich umgekehrt Dr. Speich überreden, ein weiteres Jahr Präsident zu bleiben, weil sein Rücktritt und die Übergabe

der Verantwortung an einen Außenstehenden in diesem kritischen Augenblick einen sehr schlechten Eindruck gemacht hätten. So wurde Dr. Berchtold, von der Aktionärsversammlung in den Verwaltungsrat gewählt, zum «Delegierten» und zugleich zum Direktionspräsidenten ernannt. Im Juni 1950 hatte die Swissair endlich einen Chef.

Von den Kriegsjahren zwischen dem Weggang von Pillichody und der Berufung von Meiß' abgesehen, als Eugen Groh die nicht fliegende Fluggesellschaft allein führte, war Dr. Berchtold der erste Chefmanager des Unternehmens. Wegen der Geburt der Swissair aus einer Fusion hatte sich die Doppelführung Zimmermann-Mittelholzer ergeben, die dank harmonischer Freundschaft und natürlicher Arbeitsteilung im noch winzigen und zudem aufstrebenden Betrieb problemlos funktionierte. In der jetzigen Krise jedoch waren Autorität und persönliche Führungs- und Entscheidungskompetenz eine unumgängliche Notwendigkeit, um das Vertrauen der Angestellten, der Passagiere, der Geschäftspartner, der Öffentlichkeit wiederherzustellen.

Walter Berchtolds «Dienstreglement»

Rückblickend kann man feststellen, daß die Talsohle ungefähr erreicht war, als Berchtold das Steuer übernahm. Das konnte man aber im Juni 1950 keineswegs wissen, und erst recht nicht, als der Kreisdirektor der zuverlässigen, wohlangesehenen staatlichen Bundesbahnen seinen guten Posten zugunsten eines höchst fragwürdigen Abenteuers aufgab. Die früher erwähnte, bis heute für viele führende Swissair-Leute charakteristische Geisteshaltung, auf risikolos Sicheres zu verzichten zugunsten einer durch neuartig schwierige Aufgaben anreizenden Herausforderung: in dieser kühnen Entscheidung von Walter Berchtold findet sie ihre maßgebende und auf die ganze «Familie» Swissair ausstrahlende Ausprägung.

Berchtold fand freilich nicht nur Passiven vor, sondern auch gewichtige Aktiven: fähige Piloten, die mit den technisch erstklassigen Flugzeugen umzugehen wußten; pflichtbewußte und zuverlässige Mechaniker und Techniker; einen harten Kern von dynamischen Angestellten in mittleren Positionen, die in ihrer Begeisterung für die Fliegerei und die Swissair-Möglichkeiten darauf warteten, zielgerichtet geführt zu werden; eine alte Tradition der Gastfreundschaft gegenüber einem internationalen Kundenkreis; und nicht zuletzt den Rückhalt einer schweizerischen Wirtschaft als eines potentiellen Kunden, der in der beginnenden Nachkriegskonjunktur den Kontakt mit der Welt in zunehmendem Maße suchte und reisen mußte.

Aber auch die Passiva waren gewichtig. Seit Jahren hatte es, vor allem unter der disharmonischen Doppelführung 'Groh-von Meiß, wenig innere Disziplin und keine zukunftsorientierte Firma-Politik gegeben, und der dadurch übermäßig gewordene Einfluß der Verwaltungsrats-Spitzen hatte die Dynamik des Unternehmens mehr gebremst als beflügelt. Es war, als hätten jahrelang Abstinente das Wirtshaus geleitet: es galt erst wieder bei den Kellnern und bei den Gästen den Sinn für einen «guten Tropfen» zu wecken.

Darin freilich fand der neue Direktionspräsident glücklicherweise bald Unterstützung: 1951 folgte dem zurücktretenden Verwaltungsratspräsidenten Speich Rudolf Heberlein nach, eine starke Persönlichkeit, die sich mit außergewöhnlicher Dynamik und Willenskraft für das Unternehmen einsetzte und eine eiserne Disziplin forderte.

Walter Berchtold war weder ein Pilot noch ein Techniker. Ihn interessierte, wie er mir erzählte, in erster Linie die Menschenführung. Während der Kriegszeit

100

hatte er auf diesem Gebiet Erfahrungen gemacht: Wie er als Oberleutnant eine Rekrutenbatterie leitete, um Hauptmann zu werden, überwachten ihn nacheinander zwei verschiedene Instruktionsoffiziere. Der erste überließ ihm die volle Führungskompetenz, obwohl er sein Verhalten genau beobachtete, und beschränkte sich darauf, abends unter vier Augen wenige Minuten lang seinen pädagogischen Kommentar abzugeben und die Geschehnisse zu besprechen. Sein Nachfolger während der zweiten Hälfte der Schule jedoch redete in Gegenwart der untergebenen Offiziere oder sogar der Rekruten dem Oberleutnant in jede Einzelheit hinein. Beim ersten hatte er gelernt, zu entscheiden und zu führen, Verantwortung zu tragen und den Kontakt mit den Untergebenen zu entwickeln; beim zweiten fühlte er sich in seiner Führung gelähmt.

Gestützt, wie er sagt, auf das Dienstreglement der Schweizer Armee und geprägt von jenen gegensätzlichen Erfahrungen, ging Berchtold an seine Führungsaufgabe heran. Er forderte zwar Disziplin und unbedingtes Befolgen von Befehlen und Vorschriften, aber zugleich suchte er die Selbständigkeit seiner Mitarbeiter innerhalb des hierarchischen Rahmens möglichst zu fördern.

Dazu allerdings war eine klare und sinnvolle Struktur der obersten Führung notwendig. Wenn wie bis dahin die zwei gegensätzlichen Aufgaben, einerseits durch Investition Verkehr und Markt auszuweiten und andererseits als Finanzchef zu sparen, in einer Person vereint waren, konnte der oberste Chef kaum erfolgreich Kompetenzen delegieren. Die Reorganisation der Swissair, die Anfang 1952 in Kraft trat, gliederte das Unternehmen in vier Departemente: Verkehr und Verkauf, Finanz, Operation, Technik. Dazu wurde ein ebenfalls dem Direktionspräsidenten direkt unterstelltes Generalsekretariat geschaffen, zu dessen Aufgabenbereichen der Personaldienst, Rechtswesen, Organisation, Presse u. a. gehörten (diese Struktur wurde später mehrfach reorganisiert). Die vier Departementschefs und der Generalsekretär bildeten mit dem Direktionspräsidenten die oberste Geschäftsleitung.

Das rasante Wachstum

Schon 1950, noch bevor sich die neue Direktion voll auswirken konnte, wurden dank einem allgemeinen Konjunkturaufschwung die Erträge besser als erwartet. Ende Juni 1951 traf die erste der beiden vom Staat gekauften DC–6B in Zürich-Kloten ein und ermöglichte vom 21. August an einen schnelleren und, dank Druckkabine, in größerer Flughöhe erheblich komfortableren Verkehr nach New York. Die Vergrößerung der Flotte erlaubte eine Ausweitung des Streckennetzes und der Frequenzen. Die Swissair begann Gewinne zu machen, und schon nach fünf Jahren vermochte sie dem Bund die 15 Millionen für die zwei neuen Flugzeuge voll zurückzuzahlen. Von weiterer Bundeshilfe war nicht mehr die Rede.

Allerdings gab es nochmals einen schweren Rückschlag: 1954 mußte eine Swissair-Maschine auf dem Flug nach London im Ärmelkanal bei Folkestone notwassern – weil man vergessen hatte, den Treibstofftank aufzufüllen! Das Vertrauen der Öffentlichkeit in die unbedingte Zuverlässigkeit der Swissair war schwer erschüttert. Aber eine Art international verbreitetes positives Vorurteil kam ihr zugute: Wenn bei einem schweizerischen (oder auch deutschen) Unternehmen etwas schiefgeht, dann reagiert das Ausland etwa so: Erstaunlich, daß dergleichen selbst dort passiert! Geschieht dasselbe beispielsweise in Italien, nennt man es gleich «typisch italienisch». Solche Klischees, die man Nationen anhängt, sind höchst ungerecht, aber sie sind meist in langen Zeiträumen entstanden und außerordentlich zählebig. Der Unfall von Folkestone vermochte das Vertrauen in die tüchtigen Schweizer nicht auf die Dauer zu beeinträchtigen und wurde relativ bald vergessen – allerdings auch deshalb, weil er einmalig blieb.

Innerhalb der Swissair selbst wirkte der Unfall als heilsamer Schock. Er war ein Alarmsignal, das jedem die Notwendigkeit der von Verwaltungsrats- und Direktionspräsidenten geforderten Disziplin drastisch aufzeigte. Die Reglementierung des Betriebes durch Pflichtenhefte und Vorschriften-Handbücher wurde verschärft, das Netz der Kontrollen und Doppelkontrollen engermaschig geknüpft, die spezifischen Verantwortungen auf allen Ebenen präziser fixiert.

Im Mai 1954 eröffnete die Swissair den neuen Südamerika-Dienst mit der Linie Zürich–Genf–Lissabon–Dakar–Recife–Rio de Janeiro–São Paulo, die drei Jahre später über Montevideo nach Buenos Aires und 1962 bis Santiago de Chile verlängert wurde.

1957 folgte die Fernoststrecke bis Tokyo. Die meisten europäischen Fluggesellschaften eröffneten diese Linie von über 13 000 Kilometern in Etappen, erst eine Weile nur bis Bombay oder Delhi, als nächstes bis Bangkok, allenfalls bis Hongkong oder Manila und erst dann, wenn diese Etappen eingespielt und gesichert waren, bis Japan. Die Swissair schickte 1956 einige kleine Equipen nach Beirut, Karachi, Bombay, Bangkok, Manila und Tokyo, um die Einrichtungen der Flughäfen zu studieren, Dispatch, Abfertigung, Cateringmöglichkeiten vorzubereiten, ein Büro in der Stadt zu suchen und vor allem die Chancen des Marktes zu untersuchen. Bloß ein halbes Jahr später landeten bereits die Flugzeuge. Das kommerzielle Risiko war allerdings bedeutend geringer, als es heute wäre: Pro Woche eine DC–6 B mit 62 Plätzen war leichter rentabel ausgelastet als eine heutige DC-10 mit 237 Plätzen!

Der Erfolg gab der Kühnheit des Vorgehens recht, und schon im Juli desselben Jahres begann die Swissair einen zweiten wöchentlichen Fernostkurs über Kalkutta (statt Bombay) und Hongkong (statt Manila) nach Tokyo. In Hongkong gab es zu jener Zeit, wie der dortige Swissair-Vertreter erzählte, jährlich insgesamt 4300 Landungen mit 120 000 Passagieren – 20 Jahre später waren es 25 000 Landungen mit über zwei Millionen Passagieren.

Von da an verging bis 1971 und dann erneut ab 1974 kein Jahr ohne Erweiterung des Flugnetzes um eine bis vier neue Strecken, ganz abgesehen von der Erhöhung des Platzangebotes auf vielen bereits beflogenen Routen. Mit der Linie Zürich–Warschau begann 1960 die Ausweitung nach Osteuropa, mit derjenigen nach Accra 1962 die «Eroberung» Afrikas.

Flug-«Außenminister» Haas

Diese Expansion freilich war nicht so einfach zu bewerkstelligen, wie es hinterher im Überblick der Erfolge erscheint. Bevor man sich entschloß, eine bestimmte Stadt neu anzufliegen, mußten das Potential des Marktes, das bereits bestehende Angebot der Konkurrenz, die politischen Risiken u. a. sorgfältig untersucht werden – in erhöhtem Maße von 1960 an, weil die neuen Jet-Flugzeuge teurer und größer waren und an die Rentabilität höhere Anforderungen stellten. Oftmals mußten lange und zähe zwischenstaatliche Verhandlungen, unter Beteiligung der Swissair vom staatlichen Luftamt geführt, erfolgreich abgeschlossen werden, und meistens war auch ein Poolabkommen mit der nationalen Fluggesellschaft des anzufliegenden Landes nötig, bevor Betriebs- und Verkaufsorganisation überhaupt grünes Licht bekamen. Und in der Folge war es in vielen Ländern auch erforderlich, jeden zusätzlichen Flug pro Woche und jede Erhöhung des Platzangebotes durch Einsatz eines größeren Flugzeugtyps auszuhandeln.

Regisseur dieser Art von internationalen Beziehungen und in den wichtigen Fällen auch persönlicher Unterhändler war bis zu seiner Pensionierung im Sommer 1978 Generalsekretär Dr. Heinz Haas. Haas, der als Vertreter des Eidgenössischen Finanzdepartements der Kommission Amstutz angehört hatte, übernahm noch vor Beginn der Direktion Berchtold die Leitung der Swissair für die französischsprachige Schweiz in Genf und wurde dann auf die erwähnte Reorganisation hin zum Generalsekretär in der neuen Geschäftsleitung berufen – 38jährig. Im Zeichen des Wachstums wurde er bald zu einer Art «Außenminister», wesentlicher Inspirator der geographischen Diversifizierung des Streckennetzes, gefürchteter und beliebter Verhandlungspartner vieler Ministerien und Fluggesellschaften in vielen Ländern in enger Zusammenarbeit mit dem Luftamt, und schliesslich nach der Pensionierung von Walter Berchtold stellvertretender Direktionspräsident unter Armin Baltensweiler. (In dieser Funktion folgte ihm 1978 Hans Schneider, während der Posten Generalsekretär nicht mehr besetzt und die «Außenminister»-Aufgaben an Generaldirektor Scherrer, Chef Marketing, übergeben wurden.)

Die Swissair hat in den sechziger und frühen siebziger Jahren ihr Streckennetz besonders intensiv in Afrika und im Mittleren Osten ausgedehnt. Sie fliegt heute nach 18 afrikanischen und zehn mittelöstlichen Städten (wenn man Cairo zum Mittleren Osten rechnet). Sie ist in diesen Regionen mit ihren Verbindungen eine der größten, teilweise die größte Fluggesellschaft überhaupt, und sie vermag nicht wenige Passagiere in vielen andern Teilen der Welt dadurch zu gewinnen, daß sie von Genf und Zürich aus mit den günstigsten Anschlüssen ihr afrikanisches Reiseziel erreichen.

Dabei ist aber die Swissair auch in Afrika kaum je die einzige ausländische Gesellschaft, die im Zuge ihres Wachstums in neuen Zielstädten und -ländern landen möchte. Selbstverständlich müssen die Fluggesellschaften z. B. von Nigeria oder Ghana London anfliegen, der Staat kann deshalb den British Airways die Landerechte keinesfalls streitig machen. Genauso sind die Landerechte zwischen UTA und Air Afrique Tauschobjekt. Nach Zürich oder Genf jedoch muß man nicht unbedingt fliegen, und über wirtschaftlich-politische Machtmittel verfügt die Schweiz kaum. Diese Nachteile müssen mit größerem Verhandlungsgeschick, mit dem Aufbau besserer und freundschaftlicherer Beziehungen und oft auch ganz unverblümt mit harten Schweizer Franken ausgeglichen werden. Die Swissair war dank einer weitblickenden Planung in vielen Fällen früher zur Stelle als die Konkurrenz, und sie profitiert zweifellos auch vom Ruf der Schweiz als eines neutralen Kleinstaates, der nie Kolonien besaß und vor dem sich niemand politisch zu fürchten braucht.

Zu schnell für die Seele

Ein Bekannter erzählte mir einmal seine Erfahrung in Nepal. Mit zwei gut trainierten Freunden und drei Sherpas war er ein paar Stunden mit nur kurzen Rastpausen gestiegen, bis sich die Sherpas auf den Boden setzten und sich weigerten, weiterzugehen: «Wir sind zu schnell gegangen», sagte ihr Sprecher, «die Seele ist noch nicht da, wir müssen auf sie warten.»
1960 wurde ich von der Air France zum Jet-Eröffnungsflug Paris–Tokyo über den Nordpol bzw. Grönland–Alaska eingeladen. Abflug am Morgen, Ankunft – bei acht Stunden Zeitdifferenz – abends auf der andern Seite der Welt. Ich mußte ein paar Tage

auf die Seele warten. Inzwischen sind zwei Jahrzehnte seit Einführung der Jet-Flugzeuge vergangen, und mit der Überschallgeschwindigkeit der Concorde kommt man beim Flug nach Westen früher jenseits des Ozeans an, als man in Europa abgeflogen ist. Der Verstand hat sich gewöhnt. Geschäftsleute fliegen für zwei, drei Tage in andere Kontinente und beginnen die Rückreise, bevor die Seele sie eingeholt hat. Brauchen sie sie nicht?

Die Sache ist weniger harmlos, als man es wahrhaben will. Die Überforderung durch die Technik erzeugt Angst, wenn auch meist verdrängte Angst, und je rasender die Reise abläuft, desto mehr muß die Fluggesellschaft diese Angst der Leute, denen die Seele abhanden kommt, durch ihre professionelle «Bemutterung» auffangen, die ein Gefühl von fliegendem Heim und in 10 000 Metern Höhe bei fast 1000 Stundenkilometern eine Illusion der Geborgenheit vermittelt. Doch die Hostessen und Stewards sind ihrerseits der Belastung durch das Tempo und die großen Zeitdifferenzen, oft hin und zurück innerhalb von zwei, drei Tagen, ausgesetzt und können die vom Kunden geforderte Seele nur bewahren, wenn auch sie im Schoß der Firma ein sicheres Zuhause spüren. Auf irgendeine Weise muß das ständige Seelendefizit wenigstens teilweise ausgeglichen werden.

Aber auch die Entwicklung der Swissair erreichte ab Mitte fünfziger Jahre «Jet-Geschwindigkeit». Mehrmalige Verdoppelung des Produkts innerhalb von fünf Jahren. Neue Außenstationen, neue Flugzeuge, neue Techniken, neue und immer größere Flughäfen und im Inland und Ausland unentwegt neue Angestellte. Die Leute in unteren und mittleren Kaderpositionen, meist nach dem Krieg eingetreten und zwischen dreißig- und vierzigjährig, machten unter 120prozentigem Einsatz ihrer Kräfte vielfach Blitzkarrieren in einem allgemeinen Sog des unersättlichen Bedarfs. Kam

die Seele noch mit? Hielt die innere Solidität dieses
«Schiffchens» dem Tempo seiner Fahrt stand?
Die Antworten auf diese Frage sind natürlicherweise
nicht einheitlich. Es gibt Leute, die von übermäßigem
Leistungsdruck und Verlust an menschlicher Substanz
reden, aber solche Stimmen sind erstaunlich selten.
Wenn man heute – nach einigen Jahren des gemächli-
cheren Wachstums, aber nicht geringerer Anforderungen – die Atmosphäre des Unternehmens erlebt und
wenn man beobachtet, wie bewußt und mit wieviel
Aufwand in der allgemeinen Schulung und besonders
in der Management-Schulung den Gefahren eines See-
lenverlustes entgegengewirkt wird, gewinnt man den
Eindruck, die Swissair sei mit dem Tempo bemerkens-
wert gut zu Rande gekommen. Das erklärt sich wohl
zu einem guten Teil daraus, daß an der Spitze ein Steu-
ermann stand, der bei aller Dynamik doch ein nüch-
terner, bedächtiger Schweizer blieb, treu seinem
«Dienstreglement» und trotz allen Flugzeugen geistig
mit den Füßen am Boden, für seine Untergebenen eine
Art «Vater», unter dessen strenger, aber zuverlässiger
Führung man sich sicher fühlte. Dank ihm und seinen
engsten Mitarbeitern hielt die innere Organisation mit
dem rasanten Wachstum der Quantität Schritt. Die eisern durchgesetzten Führungsprinzipien, von denen
später die Rede sein wird, schufen eine solide und zugleich flexible Struktur, die sich damals ebenso be-
währte wie später, als die Swissair nach einer langen
Schönwetterperiode wieder in Stürme geriet.
1960, als das Zeitalter der Jet-Flugzeuge begann, hatte
Berchtold den Ingenieur Armin Baltensweiler zum
Stellvertretenden Direktionspräsidenten gemacht:
Dieser hatte einige Jahre als Vertreter der Swissair in
Kalifornien die Entwicklung der neuen Flugzeuge ver-
folgt und verstand im Gegensatz zum einstigen Intellektuellen Berchtold genau, was da vorging. Er sollte
und konnte dem Chef die komplizierten Probleme der

108

Flugzeugplanung, -bestellung, -wartung und alles, was damit zusammenhing, abnehmen.

Elf Jahre später, als Berchtold pensioniert wurde, trat Armin Baltensweiler seine Nachfolge an. Und wiederum, wie einst mit Mittelholzer und Zimmermann und dann mit Amstutz und Berchtold, hatte die Swissair ausgesprochen Glück, indem zum richtigen Zeitpunkt der richtige Mann das Steuer übernahm.

Baltensweiler: ruhig Blut in Turbulenzen

Als Bub aus einem Glarner Dorf, im engen Tal zwischen hohen Bergen aufgewachsen, begegnete Armin Baltensweiler zwölfjährig bei einem Flugmeeting in Mollis den beiden legendären Flugpionieren, die wenig später die Swissair aus der Taufe hoben, und half dem Ad-Astra-Chef Mittelholzer, sein Flugzeug zum Start zu stoßen. «Ad Astra» – zu den Sternen –, was für ein Traum! Überwindung der Schwerkraft, die den Menschen an der Scholle festklebt, weite Welt hinter den Bergen, die nah und bedrückend die Sicht verwehren, Blick von oben herab auf Dörfer und Äcker, Schulkameraden und sogar schneebedeckte Bergriesen!

In der Kantonsschule der «Großstadt» Zürich tat er sich eher schwer, erzählt er. Er mußte, ohne den Rückhalt der Familie, lernen, selbständig zu sein, und sich zu harter Disziplin zwingen, um durchzuhalten. Nach seinem Studium an der Eidgenössischen Technischen Hochschule in Zürich wurde er an deren Institut für Flugzeugstatik angestellt und später in der Forschungsabteilung der Flugzeugwerke Emmen, die damals den N-20 entwickelten (der nicht erfolgreicher wurde als der unglückliche P 16). Im Militärdienst wurde er als Pilot ausgebildet – einer seiner Vorgesetzten hieß Adolphe Gehriger, mit dem Übernamen «Pirat», und gehört seit längerem der Direktion der Swissair an. 1948 wollte Baltensweiler nach den USA auswandern, aber ein Freund, Leiter der Pilotenausbildung, überredete ihn, zur Swissair zu kommen, die ihn in der Abteilung Operation anstellte und der gerade ihre schwerste Krise bevorstand.

Während seiner ganzen Swissair-internen Karriere in Zürich und in Amerika blieb Baltensweiler bis zur Übernahme der obersten Leitung in den Bereichen Flugoperation, Technik, Flugzeugbau. Aber in seinem Charakter ist er kein Technokrat, auch wenn er einem oberflächlichen ersten Blick im Vergleich zum musisch veranlagten Intellektuellen Berchtold so erscheinen mag, sondern wie dieser vor allem ein Menschenführer und ein im Wirtschaftlich-Kommerziellen äußerst sattelfester Manager – freilich in einem andern Stil.

1950 war nach einer Periode der Führungslosigkeit, Desorientierung und Ängstlichkeit ein Chef vonnöten, der mit quasi militärischen Methoden Ordnung schaffte, ein «disziplinierter Draufgänger», der die dynamischen fünfziger- und sechziger Jahre zu nutzen verstand, ohne sie aus der Kontrolle zu verlieren.

Als 1971 Baltensweiler die Leitung übernahm, hatte sich das «Klima» der Umwelt geändert. Schon Ende der sechziger Jahre fiel auf den vorherigen allgemeinen Fortschrittsoptimismus der erste Reif: Den Studentenkrawallen folgten Flugzeugentführungen und Terrorakte, in den Flughäfen wurden Sicherheitskontrollen eingerichtet, und in den Flugzeugen mußten Polizisten in Zivil mitfliegen. Die Öffentlichkeit begann sich gegen den Fluglärm aufzulehnen, die Ideologie des wirtschaftlichen Wachstums überhaupt wurde in Frage gestellt – die Unbefangenheit, mit gutem Gewissen einfach den raschen Erfolg anzustreben, war gebrochen.

Bald nach dem Wechsel von Berchtold zu Baltensweiler kam der erste «Ölschock» mit massiven Erhöhungen der Treibstoffpreise und einer allgemeinen wirtschaftlichen Rezession. Dann folgten der Zusammenbruch des für unantastbar gehaltenen Systems der festen Währungswechselkurse und der Wertzerfall des Dollars, der die Swissair beinahe so hart traf wie 1949 die Abwertung des englischen Pfundes: 55 Prozent ihrer Ausgaben müssen in Schweizer Franken bezahlt werden, während 65 Prozent der Einnahmen in fremden Währungen erfolgen, die über den Dollar berechnet werden oder selber im Verhältnis zum Franken beträchtlich an Wert eingebüßt haben. Später begann bei fortdauernder massiver Zunahme der Treibstoffpreise der Tarifzusammenbruch auf dem Nordatlantik.

In derart stürmischer Großwetterlage war ein nüchtern urteilender, kühl abschätzender «Captain» nötig, der weder in pessimistischer Stimmung den Mut verliert noch in unbekümmertem Ehrgeiz die Sturmwarnungen übersieht. Baltensweiler ist recht typisch schweizerisch in seiner zurückhaltend-bescheidenen Art, er setzt sich weder privat noch als Redner vor versammeltem Personal oder an einer internationalen Konferenz mit rhetorischer Brillanz in Szene. In seiner Sachlichkeit mit klarem Kopf ist er aber innerlich nicht weniger engagiert und ehrgeizig für seine Firma als sein Vorgänger oder irgendeiner seiner 15 000 Mitarbeiter. Er hat lediglich den Kurs um einige Grade geändert.

Man könnte, sehr vereinfacht, sagen: Die Swissair wurde unter dem Zwang der Umwelt um eine Nuance introvertierter: Vorsicht – nicht Stagnation! – im äußeren Wachstum, mehr Aufmerksamkeit für die Verbesserung und Stärkung der *inneren* Qualität, als Grundlage jener äußeren Qualität, auf der die Swissair seit langem ihren Erfolg aufgebaut hat; ein gemäßigtes Wachstum des Produktes von – immerhin! – jährlich 6 bis 8 Prozent, wo es langfristig kalkuliert verantwortbar erscheint; die technisch besten und modernsten

Flugzeuge, aber zugleich auch die beste Ausbildung und das beste Management auf allen Stufen, um wirksam der Entpersönlichung des Flugbetriebes begegnen zu können.

Das heißt: Was in den Eroberungszügen von zwei bis zweieinhalb Jahrzehnten geschaffen wurde, soll verdaut, konsolidiert, als gesunde Basis der weiteren Entwicklung gesichert werden.

4. Kapitel

Mensch und Apparat

Ein modernes Verkehrsflugzeug besteht, vom Rumpf bis zu den kleinsten Schräubchen und Drähten, von den Computerbestandteilen im Cockpit bis zu den Pneus und den Lampen über den Passagiersitzen, aus einigen zehntausend Teilen. Sie alle müssen zuverlässig und mit größter Präzision zusammenwirken, damit das Flugzeug tut, was der Pilot will, und seine Aufgabe zu jedermanns Zufriedenheit erfüllt. Das Unternehmen Swissair besteht aus über 15 000 menschlichen Einzelteilen, von der Geschäftsleitung bis zu den Reservationsmädchen am Telephon in New York, dem Bäckereigehilfen im Zürcher Catering, dem Gepäckverlader in Athen. Sie müssen unter sich und mit einem riesigen Instrumentarium von Flugzeugen, Autos, Computern, Fernschreibern, Telephonen, Radargeräten usw. reibungslos ineinandergreifen als ein großer, komplizierter Apparat, um die Swissair zu dem zu machen, was sie ist.

Diese Teilchen jedoch sind nicht aus Metall, sondern aus Fleisch und Blut. Sie lachen und weinen, sind von Energie erfüllt und deprimiert, streng und gutmütig, jung und alt, weiblich und männlich, üben Hunderte von verschiedenen Berufen aus und gehören mindestens 70 Nationalitäten an. Mehrheitlich sind sie in ihrer Tätigkeit konfrontiert mit Kunden aus einer noch größeren Anzahl von Ländern höchst unterschiedlicher Sitten, Religionen, Traditionen, mit Fluganfängern und Flugroutiniers, mit Schüchternen und Arroganten, Bescheidenen und Anspruchsvollen. So muß

113

das Unternehmen in seiner durchrationalisierten und technisierten Organisation einerseits wie eine perfekte Maschine laufen und andererseits doch menschlich, gefühl- und sogar liebevoll sein, ohne daß das «Menscheln» zur Launenhaftigkeit und Unzuverlässigkeit oder der Perfektionismus zur Unmenschlichkeit wird.

Personalpolitik – Theorie und Praxis

«Eine Unternehmung ist nicht nur eine technische und wirtschaftliche, sondern auch eine soziale Einheit. Ferner ist der im Betrieb arbeitende Mensch nicht nur ein Produktionsfaktor, sondern eine individuelle Persönlichkeit. Eine Personalpolitik ... hat ... davon auszugehen, daß Einsatzwille, Leistung und Verhalten nicht nur von rationalen, sondern auch von irrationalen Beweggründen (Gefühlen, Einstellungen, Erwartungen) abhängen. Die Personalpolitik berücksichtigt somit auch psychologische Gesichtspunkte.»
Die Sätze stehen in einem 30 Seiten starken firmainternen Büchlein «Personalpolitik der Swissair». Von seiner Existenz erfuhr ich in den USA. Der Amerikaner Richard Egan, Personalchef der Swissair New York, hatte zuerst bei zwei andern Luftfahrtgesellschaften gearbeitet. «Die Personalpolitik bei uns», sagte er, «ist ganz anders als alles, was ich sonst kenne.» Er begründete es u.a. damit, daß in den gedruckten personalpolitischen Richtlinien nicht bloß Vertragskommentare, Disziplinregeln und ähnliches stehen, sondern soziologische, psychologische und philosophische Anweisungen für den Umgang mit Menschen.
«Papier ist geduldig», sagte ich. Aber das ließ er nicht gelten; das Papier wird in Kursen an Hand praktischer Beispiele und Problemfälle durchdiskutiert, es setzt verbindliche Maßstäbe, und wenn einer dagegen ver-

stößt, kann es ihm der Vorgesetzte oder der Untergebene unter die Nase halten.

Als ich an einem dreitägigen Managerkurs der Swissair teilnahm, von dem später noch die Rede sein wird, berichtete ein Teilnehmer in der Gruppendiskussion: Erst zwei Tage zuvor hatte er zufällig, weil er eine fachliche Information einholen wollte, erfahren, daß einer der zweihundert ihm unterstellten Leute seit sechs Wochen wegen einer Herzkrise im Spital lag. «Wenn ich etwas dermaßen Schwerwiegendes innerhalb der mir anvertrauten Gruppe nicht weiß, dann stimmt wohl in meiner Mitarbeiterführung etwas nicht», sagte er selbstkritisch. Niemand widersprach. Man erörterte gemeinsam, wo der Fehler steckte. Es stellte sich heraus, daß der unmittelbare Vorgesetzte des Patienten über die Krankheit seines Mitarbeiters von Anfang an Bescheid gewußt, aber seinen Chef nicht informiert hatte, weil es dazu keine Gelegenheit gab und er annahm, er interessiere sich nicht besonders dafür. Keine Gelegenheit: Der Chef kommt mit seinen direkten Untergebenen zu Sitzungen zusammen, an denen Sach- und Fachprobleme diskutiert und entschieden werden, aber das gemütliche, offene Gespräch, in dem man ohne den Zwang des beruflich Dringlichen Freuden und Sorgen, Neuigkeiten und allenfalls sogar etwas Klatsch austauschen könnte, ist längst dem Zeitdruck zum Opfer gefallen, ja es erscheint als Luxus und Zeitverschwendung.

Nach dem himmelblauen Büchlein «Personalpolitik» wird die Leistung der Mitarbeiter um so besser, je befriedigender die zwischenmenschliche Atmosphäre ist. In der alltäglichen Praxis hindert aber sehr oft die Forderung nach höchster fachlicher Leistung und rationeller Organisation die Entfaltung jener Atmosphäre – zumindest über die unverbindliche Freundlichkeit hinaus.

Das Problem ist nicht einfach zu lösen. Aber die Dis-

kussion über das erwähnte Beispiel und das Kaderse-
minar als solches zeigten, daß die Maßstäbe möglichst
menschlicher Personalführung, auch wenn man das
Ideal nie völlig erreicht, sehr ernst genommen werden.
Geschäftsleitung und Personalabteilung wenden erstaunlich viel Energie, Zeit und Geld auf, um die theoretischen Leitsätze möglichst in lebendige Wirklichkeit
umzusetzen.

Millionengeschäft Arbeitsfrieden

In manchen Ländern sind Streiks bei den nationalen
Fluggesellschaften häufig. Während der Streikdauer
muß das Unternehmen seine Passagiere an die Konkurrenz abgeben, soweit diese Platz zur Verfügung
hat. Manchmal gefällt solchen umgebuchten Gästen
die Konkurrenz, die sie auf diese Weise kennenlernen,
besser als die bestreikte Firma, so daß sie dieser auf
die Dauer als Kunden verlorengehen. Wenn bei einer
Fluggesellschaft Streiks – und die für den Passagier
damit verbundenen Unannehmlichkeiten und Verspätungen – sich häufen, können sie den Ruf des Unternehmens erheblich beeinträchtigen. «Die XY ist unzu-
verlässig», sagt der Passagier, «bei der weiß man nie,
ob sie nicht plötzlich streikt und mich einfach sitzen
läßt.»
Umgekehrt gehört es mit zum «Image» der Swissair,
daß es bei ihr niemals einen Streik gibt. Dadurch verliert sie nicht nur keine Kunden, sondern sie gewinnt
auch nicht wenige dazu, sowohl kurzfristig durch Um-
buchung wie langfristig durch Vertrauensgewinn. Ein
Streik auf dem gesamten Streckennetz würde die
Swissair pro Tag schätzungsweise fünf Millionen
Franken kosten. Zehn Tage würden genügen, den gesamten Reingewinn des Jahres 1979 zunichte zu machen. Der Arbeitsfrieden trägt also recht markant zum

finanziellen Erfolg bei, der nicht zuletzt auch in Form von Sozialleistungen den Arbeitnehmern zugute kommt.

Außerhalb der Schweiz sind die Swissair-Angestellten in manchen Ländern im Rahmen größerer Verbände gewerkschaftlich organisiert. Das kostet manchmal Zeit für Verhandlungen, die sich ohne Gewerkschaftsfunktionäre reibungsloser durchführen ließen. Aber zu eigentlichen Konflikten kommt es kaum je, denn eine Kluft zwischen Arbeitnehmern und Firma oder zwischen Einheimischen und Schweizern gibt es nirgends, so daß die Einflüsse von externen Funktionären gering bleiben. In einer Reihe von Ländern sind unter allen Luftfahrtangestellten diejenigen der Swissair die einzigen oder fast die einzigen, die keiner Gewerkschaft angehören: Sie stellen durch Vergleiche mit andern fest, daß sie von ihrem Arbeitgeber durch gleichsam «familien-interne» Vereinbarungen mindestens ebenso gute Arbeitsbedingungen erhalten, wie sie die Gewerkschaften bei andern Unternehmen durch Streit oder durch Streik zu erkämpfen vermögen.

In der Swissair Schweiz gibt es fünf Gewerkschaften. Das fliegende Personal ist in den drei Verbänden «Aeropers» (Piloten), «Kapers» (Kabinenpersonal) und «FEV» (Bordtechniker) zusammengeschlossen. Da sie praktisch nur aus Swissair-Angehörigen bestehen, unterliegen sie keinen Einflüssen von außen oder höchstens durch ihren Kontakt mit ausländischen Schwesterverbänden.

Das Bodenpersonal in der Schweiz gehört zu je etwa 15 Prozent dem Schweizerischen Kaufmännischen Verein (SKV) und dem Verband des Personals Öffentlicher Dienste (VPOD) an. Diese beiden Gewerkschaften mit Schwerpunkt außerhalb der Swissair sowie die drei firma-internen Verbände Aeropers, Kapers und FEV sind die Verhandlungspartner des Arbeitgebers zum Abschluß der Gesamtarbeitsverträge. Dabei sind

117

alle Arbeitnehmer, auch die wenigen nur Angelernten, grundsätzlich Angestellte im Monatslohn. Die übliche und sozial bedeutsame Unterscheidung zwischen «Arbeiter» und «Angestellten» bzw. «blue collar worker» und «white collar worker» existiert hier nicht.

Die im Vergleich zu vielen – auch europäischen – Ländern ausgeglichenen sozialen Verhältnisse der Schweiz und ihre jahrzehntelange Tradition friedlicher Zusammenarbeit zwischen den Arbeitspartnern gibt den wenigen, die in der Wirtschaft klassenkämpferische Gegensätze schaffen möchten, im allgemeinen wenig Durchschlagskraft. Deshalb kommen weder vom SKV noch vom anderswo relativ kämpferischen VPOD her aggressive Einflüsse in den Swissair-Organismus hinein, um so weniger als ihre Stellung mit gemeinsam weniger als einem Drittel des Personals als Mitgliedern eher schwach ist. Vor allem aber: Das gesamte Bodenpersonal bis einschließlich Dienststellenchefs (total etwa 8800 Angestellte) ist dem Management gegenüber vertreten durch die rein intern gewählte Personalkommission (PEKO) als unmittelbaren Partner des Personaldienstes.

Anwalt der unteren Angestellten

Die 53 gewählten Mitglieder der Personalkommission sind größtenteils zugleich Mitglieder der Verbände. So gehört Präsident Paul Siegenthaler dem VPOD an, Vizepräsident Armin Lüthy dem SKV. Doch als Vertreter auch der gewerkschaftlich unorganisierten Mehrheit der Angestellten müssen sie sich von der externen Gewerkschaftspolitik fernhalten und dürfen keine Weisungen von VPOD oder SKV entgegennehmen.

Die Aufgaben und Zuständigkeiten der PEKO sind in einem Reglement festgehalten, das vom Direktionspräsidenten und dem Personalchef als Arbeitgebervertretern und von den Vorsitzenden der SKV-Gruppe Swissair und der VPOD-Sektion Luftverkehr als Vertretern der Arbeitnehmer unterschrieben ist. Darin steht unter Ziffer 1.2.: «Die PEKO hat den Zweck, das Vertrauensverhältnis und gute Einvernehmen zwischen den leitenden Stellen und dem Personal der Swissair zu fördern. Sie setzt sich für die Anliegen des Personals und für betriebliche Verhältnisse, die den menschlichen Bedürfnissen gerecht werden, ein. Sie sucht dabei durch Verständigung und gute Zusammenarbeit mit der Unternehmungsleitung den Interessenausgleich zum Wohle der Unternehmung und des Personals.»

Ich fragte Präsident Siegenthaler und Vizepräsident Lüthy, ob sie sich gefühlsmäßig mit der Swissair als solcher indentifizierten oder sich in einem Interessengegensatz zwischen Personal und Management empfänden. Die Antwort: Sowohl als auch. «Wir sind die Anwälte für die Schwächeren der unteren Ränge gegen die mächtigeren Vorgesetzten. Aber wir glauben auch, daß die Zufriedenheit des Personals bessere Leistung bewirkt und im Interesse des Unternehmens liegt. Wir sind für die Swissair, doch darunter verstehen wir alle Angestellten.» So ähnlich drückt sich Personalchef Rolf Krähenbühl aus. Die beiden PEKO-Chefs bestätigen denn auch, daß sie mit Vertretern des Personaldienstes – besonders in den informellen, intimen Begegnungen – auf der Basis völligen Vertrauens reden und konkrete Probleme besprechen können.

Die Aufgaben der PEKO gliedern sich in drei Hauptbereiche:

Erstens: Allgemeine Sachfragen, wie z.B. Überstunden-Regelung, Möglichkeit von Freiflügen, Kantinenverpflegung, Ferienablösungen usw.

Zweitens: Persönliche Einzelprobleme, wie sie zwischen Untergebenen und ihrem Chef entstehen, Konflikte, die der Vermittlung bedürfen oder der unparteiischen Abklärung von Fehlern, ihren Ursachen und ihrer Wichtigkeit: Einmal bauscht der Vorgesetzte eine kleine und seltene Nachlässigkeit eines Mitarbeiters übermäßig auf, ein andermal reagiert ein Untergebener überempfindlich trotzig auf eine kritische Bemerkung seines Chefs. Es liegt auf der Hand, daß besonders autoritäre Vorgesetzte die Einschaltung der PEKO zugunsten eines Unterstellten speziell wenig schätzen und dazu neigen, sie als unzulässige Einmischungen zu verstehen, daß sie aber gerade bei solchen Chefs am nötigsten ist.

Drittens: Fachfragen, mit denen sich verschiedene Fachausschüsse beschäftigen, z. B. Arbeitsplatzprobleme oder Aufgaben besserer Unfallverhütung in einer bestimmten Abteilung, technische Verbesserungen der Ladevorrichtungen, häufigere Pausen für Leute, die den ganzen Tag den Computerbildschirm vor den Augen haben und ähnliches.

Eine wichtige zusätzliche Funktion der PEKO liegt in der Information. Laut Reglement ist das Management verpflichtet, über alle Pläne und Maßnahmen, welche Personalinteressen berühren, die PEKO rechtzeitig zu orientieren, so daß sie sich gegebenenfalls noch einschalten kann. Umgekehrt jedoch informiert auch die PEKO sowohl das Personal als auch die Führung. Auf diese Weise wird der Entstehung von Gerüchten vorgebeugt, und Vorgesetzte erfahren früh genug von allfälligen Mißstimmungen. In der Regel werden Konflikte innerhalb eines Unternehmens oder Unternehmensteiles nur dadurch gewichtig, daß sie sich unterschwellig unerkannt anstauen, bis sie als emotionsgeladener Kampf offen ausbrechen – oft zum großen und verständnislosen Erstaunen eines Chefs, der davon nichts gemerkt hatte. Wenn der Kontakt zwischen «unten» und «oben» durch ein beidseits akzeptiertes Vertrauensorgan institutionalisiert ist, geschieht dergleichen nicht.

Die PEKO hat grundsätzlich nur beratende und keine entscheidende Kompetenz. Es gibt somit keine Mitbestimmung der Arbeitnehmer, sondern nur ein Mitspracherecht. Weil es aber bewußte Politik, gleichsam «Philosophie» der Führung ist, die innere Solidarisierung aller Mitarbeiter mit den Interessen des Unternehmens zu erreichen und den Erfolg gerade durch solch freiwillige Einsatzbereitschaft zu suchen, bedeutet Mitsprache in der Praxis recht viel, wahrscheinlich wesentlich mehr als ein formelles Recht, an Entscheidungen der obersten Leitung teilzunehmen, die einer ohnehin nicht ohne großen Überblick und Sachkompetenz beurteilen kann.

Swissair auch in der Freizeit

Daß ein sehr modernes und erfolgreiches Unternehmen reichlich ausgestattete Sozialeinrichtungen, wie Pensionskasse, Krankenkasse, Versicherungen aller Art, bietet, versteht sich von selbst. Besonders erwähnenswert scheint es mir, daß die Swissair als eine der ersten Firmen in der Schweiz schon Anfang der siebziger Jahre in Zusammenarbeit mit der Stiftung für das Alter damit begann, Kurse zur Vorbereitung auf die Pensionierung durchzuführen; denjenigen, die jahrzehntelang in ihrer Arbeit aufgehen und dann von einem Tag zum andern nicht mehr tüchtig sein und in der Leistung den Sinn ihres Dasein finden dürfen, rechtzeitig eine gewisse Übergangshilfe zu bieten, ist eines der brennenden Probleme unserer alternden Leistungsgesellschaft.
Für die Angestellten aller Altersklassen gibt es zudem ein ganzes System von Freizeit-Organisationen, in denen auch Pensionierte weiterhin mitmachen können. Sie sind formell von der Firma unabhängig, gehören

aber faktisch doch zur Swissair und werden teilweise von ihr in verschiedenen Formen unterstützt.

Die Entwicklung begann schon bald nach dem zweiten Weltkrieg, als Angestellte einige Klubs gründeten. 1953 bildeten die Klubs einen Dachverband. Heute gehören dazu allein in Zürich 35 verschiedene Freizeitklubs mit insgesamt 3800 aktiven Mitgliedern. Ähnliche, wenn auch kleinere Organisationen gibt es auch in Genf und in Basel.

Trotz der finanziellen Hilfe verwalten sie sich selbständig in eigener Initiative und werden nicht von der Firma geführt. Jeder Klub ist rechtlich als Verein organisiert, der seinen Vorstand wählt, und jeder Klub schickt entsprechend seinem Mitgliederbestand eine kleinere oder grössere Anzahl Vertreter an die Versammlung des Dachverbandes, die ihrerseits einen Zentralvorstand wählt.

Die meisten der größeren Klubs sind Sportklubs. Für sie wurde 1970 in der Nähe des Zürcher Flughafens (zwischen Kloten und Bassersdorf) eine große Freizeitanlage für drei Millionen Franken fertiggestellt, an deren Kosten die Firma fast die Hälfte beisteuerte – die andern etwas mehr als 50 Prozent finanzierten die Klubs selber. Die Swissair subventioniert jedoch zusätzlich die Freizeitorganisationen mit insgesamt fast 150 000 Franken jährlich, damit die Mitgliederbeiträge der Klubs bescheiden bleiben können. Außer den Sportklubs (Fußball, Basketball, Eishockey, Tennis, Golf, Handball, Kegeln, Boccia, Radsport, Auto-Moto, Ski u. a.) gibt es auch einen Kunstzirkel, einen Englisch-Klub, Klubs für Philatelisten, für Jodeln, Schach, Judo, Sportfliegen, Radioamateure, Schmalfilmer usw. und nicht zuletzt auch die Swissair-Musik mit 69 Mitgliedern, die jeweils die Vorweihnachtsansprache des Direktionspräsidenten und diejenige des Chefs der Technischen Betriebe in einer der großen Flugzeugwerften am Zürcher Flughafen laut und schwungvoll blasend einleitet und schon zu erfolgreichen Gastspielen ins Ausland geflogen ist.

Die Dachverbände betreiben in Zürich, Genf und Basel eigene Verkaufsläden für das Swissair-Personal. Der Reingewinn, den sie trotz Discountpreisen erzielen, kommt den Freizeitaktivitäten zugute.

Solche Aktivitäten sind natürlich keine Besonderheit der Swissair, sondern sind ähnlich auch in vielen andern Ländern entstanden. Die Freizeitorganisationen von 17 europäischen Luftfahrtgesellschaften haben sogar einen gemeinsamen Verband gegründet und führen internationale Wettkämpfe und Turniere durch.

Doch nicht nur in der Freizeit sind viele Swissair-Angestellte aktiv oder als Passivmitglieder gleichsam unter den Fittichen der Firma, sondern – zumindest in Zürich – auch zu Hause. Werner Segesser, der Zentralpräsident der Freizeitorganisationen, gründete im November 1960 auch eine als «SILU» abgekürzte

Siedlungsgenossenschaft Luftverkehr

Die Swissair war damals nicht nur in ihrem Streckennetz, sondern auch und ganz besonders personell im Raum der Zentralverwaltung und des Flughafens Zürich in starker Expansion begriffen. Doch Wohnungen waren für die zahlreichen Neuangestellten in zumutbarer Distanz vom Arbeitsort kaum zu finden. Dem Arbeitgeber blieb nichts anderes übrig, als selber bei der Wohnungsbeschaffung mitzuwirken.

Bis heute wurden für 646 Wohnungen in 54 Häusern über 50 Millionen Franken investiert, teils Pensionskassen-Kapital, teils Swissair-Gelder, wovon 2,5 Millionen Franken «à fonds perdu», als Geschenk. Es gibt drei Kategorien solcher Wohnungen: Erstens unsubventionierte Wohnungen zu kommerziell berechnetem Zins – sie werden mehrheitlich, aber nicht ausschließlich an Angestellte der Swissair vermietet. Zweitens durch Zuschüsse an die Baukosten verbilligte Wohnungen, die für Mitarbeiter mittlerer Lohnstufen reserviert sind. Drittens Sozialwohnungen, die der Kanton Zürich und die Swissair zu je 15 Prozent subventionieren; sie bieten weniger Komfort als die übrigen, sind aber äußerst preisgünstig und werden nur Mitarbeitern der untersten Lohnstufen vermietet, die sie denn auch räumen müssen, wenn ihr Einkommen über eine festgelegte Grenze steigt.

Der Vorstand der Genossenschaft besteht aus Vertretern der Swissair (Personaldienst, Pensionskasse, Baudienst und Rechtsdienst), der beiden Gewerkschaften VPOD und SKV und theoretisch des Kantons Zürich, der aber keinen Delegierten mehr abordnet. Der Präsident wird auf Vorschlag der Swissair von den Genossenschaftern gewählt.

Ich fragte Herrn Segesser, den Präsidenten sowohl der Freizeit-Dachorganisation wie der Baugenossenschaft SILU, ob nicht eine gewisse geistige Inzucht und eine Isolierung von der Gesamtbevölkerung drohe, wenn Angestellte sowohl bei der Swissair arbeiten als auch anschließend zur Swissair Fußball oder Tennis spielen gehen und schließlich zum Abendessen und Schlafen in eine Swissair-Wohnung zurückkehren. Er verneinte das: In den Freizeitklubs ebenso wie in den Siedlungen treffen sich Swissair-Angestellte, die einander meist am Arbeitsplatz nicht begegnen und ganz verschiedenen Abteilungen und Berufstätigkeiten angehören.

Es gab aber auch Gesprächspartner, die meine Bedenken bestätigten. Gerade weil die Mitarbeiter der Swissair in extremem Ausmaß «mit der Firma verheiratet» sind und ohnehin Gefahr laufen, sich übermäßig mit dem Beruf zu identifizieren und ihr Privatleben dabei zu vernachlässigen, brauchen sie um so nötiger in der Freizeit und in der Nachbarschaft die Begegnung mit Menschen anderer Unternehmen, mit Beamten oder

Freiberuflichen, die Konfrontation mit «gewöhnlichen» Leuten, in der das Fachsimpeln aufhört und die «Swissair-Süchtigkeit» jeweils nach Feierabend und am Wochenende wieder ein bißchen abgebaut werden könnte.

Die Freizeitorganisationen und die SILU sind aus bestimmten Gegebenheiten heraus entstanden und bieten zweifellos gewichtige Vorteile, die niemand verringern möchte. Doch die Minderheit, die von beidem profitiert und deshalb aus dem intensiven Strahlungsbereich ihrer Firma kaum mehr herauskommt, gerät vielleicht doch in eine Grenzzone, wo das Gleichgewicht zwischen Persönlichkeit und Gemeinschaft gefährdet ist.

In die Wüste geschickt

Aber die Swissair hat viele Gesichter. Während einige in einem Übermaß an Geborgenheit eingepackt sind, riskieren andere die Einsamkeit.

Viele junge Schweizer bewerben sich um Auslandposten. Sie werden auf der Basis ihrer Qualifikationen durch schriftliche Tests und mündliche Prüfungen ausgewählt, und neuerdings will das Entscheidungsgremium auch die Gattinnen kennenlernen, denen als «Mrs. Swissair» im Ausland eine wichtige Rolle auferlegt ist. Der schließlich erfolgreiche Bewerber kann jedoch nicht bestimmen, wohin man ihn schickt, wenn auch spezielle gesundheitliche oder familiäre Probleme berücksichtigt werden. Im Prinzip muß er bereit sein, für die Firma jede Ausland-Aufgabe zu übernehmen, die frei wird.

Doch nicht alle 90 Swissair-Destinationen sind für einen versetzten Schweizer das reine Vergnügen, sei es als Techniker oder Stationsmanager am Flughafen, sei es als Verkaufschef, Landesvertreter oder Buchhalter im Stadtbüro. Man träumt von Rio de Janeiro, von Wien und von Rom. Aber dann wird man vielleicht nach Saudiarabien in die Wüste geschickt, wenn auch mit wohlwollendem und leicht mitleidigem Schulterklopfen: Machen Sie das Beste daraus – auch eine schwierige Lehrzeit ist interessant.

An vielen Orten gibt es harte Probleme des Klimas, der politischen Unsicherheit, der bürokratischen Behinderungen, der irritierend andersartigen Mentalität der Einheimischen, Schwierigkeiten der Versorgung mit den Gütern des täglichen Gebrauchs, der Schulen für die Kinder – Probleme, denen man nur mit viel Pioniergeist und Zähigkeit gewachsen ist. Und wenn einer auf seinem ersten Auslandposten in Barcelona eine Spanierin geheiratet hat und nun einige Jahre später nach Bombay, sechs Jahre danach nach Stockholm und dann vielleicht nach Lagos versetzt wird, dann bringt das für die Frau und später für die heranwachsenden Kinder erhebliche Unannehmlichkeiten, mit denen zwangsläufig auch der Mann konfrontiert ist, selbst wenn er sich in seiner Arbeit wohlfühlt. Die Sprache am neuen Ort ist fremd, die lokalen Gewohnheiten sind unbegreiflich, und vor allem: Die Freunde fehlen. Und doch: Auch die unbeliebten und strapaziösen Posten müssen besetzt werden.

Die Swissair versetzt heute im Durchschnitt die ins Ausland delegierten Landesvertreter (Chef der Organisation in einem Land) etwa alle sechs Jahre, die übrigen etwas schneller. Bei extrem schwierigen Posten wechselt man nach Möglichkeit häufiger, in besonderen Fällen spezieller Eignung und wertvoller Sprachkenntnisse auch langsamer. Die Chefs der zehn Regionen, die über Charakter, Eignung, Familienverhältnisse und persönliche Probleme ihrer untergebenen Auslandvertreter am besten Bescheid wissen, besprechen die fälligen Rotationen an ihren regelmäßigen Konferenzen mit den Leuten am Hauptsitz, vor allem mit Auslandchef Peter Oes, der als vorheriger Personalchef zwar nicht Ausland-, aber Menschenerfahrung besitzt. Sie bemühen sich, den richtigen Mann auf den richtigen Platz zu stellen, wo er ja am meisten leisten wird. Aber das kann nie so gelingen, daß jedermann zufrieden ist.

Der Pilot und sein Roboter

Auf eine ganz andere Art, aber nicht weniger isoliert als manche Auslandvertreter sind die Piloten. Die Leute des fliegenden Personals insgesamt haben wenig Kontakt sowohl untereinander als auch mit den Bodenorganisationen. Die etwa 900 Piloten und Copiloten und 200 Bordtechniker sitzen zu zweit (ohne Bordtechniker in den DC-9) oder zu dritt (mit Bordtechniker in den Langstreckenflugzeugen) im Cockpit, lediglich durch Funk verbunden mit der Einsatzleitstelle in Zürich und mit den Bodenstationen und Flughäfen.

Formell ist der «Captain» allein verantwortlicher Chef des gesamten Flugzeuges mit allem, was drin ist. In der Praxis befehligt er die Kabinenbesatzung kaum: Auf den Kurzflügen ist deren Tätigkeit durch den Zeitdruck beim Servieren der Mahlzeiten so genau und ohne Spielraum programmiert, daß sich Cockpit- und Kabinenleute kaum zu sehen bekommen, und in den Langstreckenflugzeugen ist ein «Maître de Cabine» als Vorgesetzter der Hostessen und Stewards eher ein Kollege des Piloten als sein Untergebener.

Doch auch im Cockpit selbst sind die einstigen stolzen und bewunderten Herren der Fliegerei längst nicht mehr unumschränkte Herrscher. Der computergesteuerte, im voraus programmierte «Automatische Pilot» hat den Steuerknüppel weitgehend ersetzt, und die meisten operationellen Entscheide, wie Wahl der Flugroute und Flughöhe, werden dem Piloten von der Einsatzleitstelle oder den Bodenstationen befohlen. Die neueste Technologie erlaubt, wenn Flugzeug und Flughafen damit ausgerüstet sind, auch bei tiefem Nebel ein gefahrloses, vollautomatisch computerisiertes Landen. Die manuelle Steuerung wird überflüssig, und die Tätigkeit des Kommandanten beschränkt sich mehr und mehr auf die Überwachung der Instrumente, des Gesamt-Flugablaufes und der konkreten Programmierung einzelner Flugphasen. Nach wie vor liegen wichtige Entscheidungskompetenzen und damit auch Verantwortungen beim Kommandanten. Aber mit der unverkennbaren Veränderung des Berufsbildes muß sich – je nach Temperament mit unterschiedlichem Erfolg – jeder Pilot auseinandersetzen. In der «Aeropers»-Zeitschrift schrieb 1979 der Swissair-Pilot Jürg Schmid in einem Aufsatz «Siegeszug der Elektronik?» u. a.: «...kann die These nicht von der Hand gewiesen werden, daß an Stelle der angepriesenen Humanisierung oft eine Verödung der Arbeitswelt stattgefunden hat. Die berufliche Autonomie wird verringert, und die Begeisterungsfähigkeit nimmt dementsprechend ab. Als Folge davon ist eine Passivierung des Einzelnen zu beobachten.»

Den verantwortlichen Chefs sind diese Probleme wohlbekannt: Sie haben sie am eigenen Leibe erlebt. Generaldirektor Robert Staubli, dem Operation und Technik unterstellt sind, war über 30 Jahre als Swissair-Pilot tätig; der Direktor der Operation, Cpt. Willy Walser, und der Chef der Ausbildung des Cockpitpersonals, Flugkapitän Hanspeter Suter, sitzen immer wieder auch im Cockpit und bewahren mit den Piloten und ihren Problemen in der Praxis einen engen Kontakt. Sie bemühen sich, mit verschiedenen Mitteln, u. a. durch zweitägige Seminarien, dem Gefühl der Isoliertheit der Piloten entgegenzuwirken, sie in Vorträgen, Diskussionen und zwangloser Geselligkeit mit dem Management des Bodenpersonals und mit den

Problemen des Gesamtunternehmens besser vertraut zu machen; und sie versuchen auch, die Captains dazu zu ermuntern, die Zusammengehörigkeit der Flugzeugbesatzung während der Ruhetage im Ausland vermehrt zu pflegen durch gemeinsames Abendessen, einen Opernbesuch, einen Ausflug.

Aber die Möglichkeiten der Integration sind eng begrenzt schon allein durch die Tatsache, daß das fliegende Personal fliegt. Zusätzliche Urlaubstage für vermehrte Gruppentreffen und Seminarien würden eine Erhöhung des Personalbestandes erfordern. Und das scheitert weniger am Geld als am Mangel an qualifiziertem Pilotennachwuchs.

Immerhin hat die große Einsatzbereitschaft (auch) der Piloten und Bordtechniker in der DC-10-Krise im Sommer 1979 gezeigt, daß sie dem Unternehmen als Ganzem keineswegs entfremdet sind. Und ich fand in den Gesprächen mit Piloten in der Luft und am Boden nie Unzufriedenheit oder Gleichgültigkeit gegenüber der Firma, wenn auch nicht immer die gleiche Begeisterung wie meist bei den Leuten des Bodenpersonals. Doch die technische Entwicklung wird sich nicht umkehren, sondern fortschreiten. Der einst in den Fluggesellschaften zentrale Traumberuf ist in der heutigen großen Familie einer unter vielen, wenn auch nach wie vor einer der wichtigsten.

Glamour über den Wolken

Als ein Traumberuf erscheint auch die Tätigeit einer Hosteß und eines Stewards bzw. - wie es neuerdings geschlechtsneutral heißt - eines «Flight Attendant» in der Flugzeugkabine. Die Leute am Boden betrachten die Kollegen in der Luft oft mit etwas Neid, in der Vorstellung, sie dürften hauptsächlich in Nairobi, Bangkok oder Rio de Janeiro bei den Swimmingpools von Erstklaßhotels an der Sonne liegen. Umgekehrt schauen die «Fliegenden», die über die Strenge ihrer Arbeit Bescheid wissen, manchmal mit einer Nuance von Herablassung auf das Bodenpersonal, ohne recht zu wissen, was die rund 13 000 Erdgebundenen alles tun müssen, bis die Passagiere an Bord kommen.

In alle Welt reisen zu dürfen ist die Sehnsucht vieler Menschen. Doch der lange Anfang der Karriere als Flight Attendant besteht aus Kurzstreckenflügen, an deren Ende nicht Sightseeing in Paris oder Ferien in Lissabon warten, sondern ein schneller Imbiß am Flughafen vor dem Rückflug, dem meist am selben Tag weitere Flüge folgen mit mehr oder weniger gehetztem, möglichst freundlich lächelndem Service in kurzer Zeit. Die späteren Langstreckenflüge sind interessanter, und da wird die Arbeit ab und zu durch ein bis zwei (ausnahmsweise auch drei) Tage «exotische» Ferien belohnt; aber sie sind auch besonders anstrengend wegen schroffen Klimawechsel und wegen der Zeitverschiebungen, die den Organismus aus dem Rhythmus bringen. Der Luftdruck in der Kabine entspricht einer Höhe von immerhin 2200 Metern (400 Meter über dem Oberengadin), und der rasante, auf dem Europanetz mehrmals täglich zu ertragende Höhenwechsel bedeutet eine zusätzliche Strapaze. Dafür ist freilich der Beruf interessant und abwechslungsreich, er ist dank dem Prestige der Firma und den adretten Uniformen angesehen, und auf langen Strecken bietet er auch ab und zu die Chance zu interessanten Kontakten mit Passagieren jeder denkbaren Art und Nationalität.

Die eigentliche Problematik des Berufs liegt jedoch nicht so sehr in der Arbeit selbst, die die meisten durchaus befriedigt, als vielmehr in der damit verbundenen Lebenssituation: Die unregelmäßige Arbeitszeit, die Abwesenheit von zu Hause während rund 20 Tagen pro Monat und die Zusammenarbeit mit stän-

dig wechselnden Kollegen isoliert die Menschen allmählich. Der enge Kontakt der Zusammenarbeit, wie
er sonst in der Swissair besteht, bleibt flüchtig und un-
verbindlich. Zwar sind alle Flight Attendants in Gruppen von 15 bis 20 unter Führung von (weiblichen und
männlichen) Gruppenchefs organisiert, die die Ausbildung ihrer «Schäfchen» überwachen und sich um ihre
individuellen Probleme kümmern. Doch der Einsatz
erfolgt nicht in diesen permanenten Gruppen. Oft kennen die Hostessen und Stewards, wenn sie sich vor einem Flug oder vor Beginn einer mehrtägigen Rotation
von Kurzstreckenflügen besammeln, niemand unter
den Kollegen, denn bei einem Personalbestand von
über 1600 führt nur der Zufall dieselben öfter in der
gleichen Besatzung zusammen. Auch der Vorgesetzte
an Bord, «Purser» oder «Maître de Cabine», ist jedes-
mal jemand anders.

Unter diesen Umständen entstehen auch private
Freundschaften schwer, und bestehende drohen dem
Lebensrhythmus, der mit dem Leben der Erdgebundenen nicht synchron ist, zum Opfer zu fallen. Die
scheinbare Weltkenntnis bleibt zwangsläufig ober-
flächlich, weil sie weitgehend auf die hauptstädtischen
Kulissen beschränkt bleibt und durch einen gewissen
Luxus von den Realitäten der Fremde mehr oder weniger abgeschirmt wird. Wenn diese aus Hektik, Ver-
wöhntsein und Unverbindlichkeit gemischte Daseins-
form lange dauert, kann es einer Hosteß oder einem
Steward später schwerfallen, in eine stabile und ver-
gleichsweise eintönige Existenz in echter Bindung an
Menschen und Umwelt zurückzufinden.

Obwohl nun die einstige «Altersgrenze» von 36 Jahren
für weibliche Flight Attendants aufgehoben ist und
Frauen die gleiche Karrieremöglichkeit bis zum «Maître
de Cabine» haben wie Männer, bleiben doch die meisten Hostessen nur fünf bis sieben Jahre in ihrem Beruf, worauf sie heiraten oder in eine Beschäftigung am

Boden wechseln. Die Männer harren im Durchschnitt länger aus, aber auch sie suchen meist früher oder später eine andere Arbeit mit stabilerer Lebensweise. Daraus ergibt sich ein hoher Bedarf an Nachwuchswerbung und Nachwuchsschulung – vielleicht zum (finanziellen) Nachteil der Firma, vermutlich aber zum menschlichen Vorteil des Personals.

Kampf gegen Verfettung

Die paar hundert Swissair-Angestellten, mit denen ich sprach, stimmten fast ausnahmslos darin überein, daß ihre Firma zwar erstklassig sei und in jeder Hinsicht gute Arbeitsbedingungen biete, umgekehrt aber auch sehr hohe Leistungsanforderungen stelle. Das erklärt sich leicht aus zwei Grundprinzipien der Unternehmungsführung: dem Bremsen des Personalwachstums und dem Willen zur höchsten Qualität. In gewissem Sinn widersprechen sich diese Prinzipien und relativieren sich dadurch, aber beide erhöhen den Druck auf das gesamte Personal.

Das Streckennetz der Swissair und ihr Angebot an Sitzen und Frachtraum wachsen nicht mehr in dem atemraubenden Tempo der sechziger Jahre, aber sie wachsen doch. Größere Flugzeuge ersetzen kleinere, da und dort wird die Anzahl Flüge pro Woche oder pro Tag erhöht, eine neue Strecke eröffnet, die technische Ausrüstung verbessert oder erneuert. Zur Bewältigung vermehrter Arbeit verlangen die betroffenen Stellen im Inland und Ausland mehr Arbeitskräfte. Derzeit macht die zu über 80 Prozent in Schweizer Franken ausgezahlte Lohnsumme knapp 40 Prozent der Swissair-Ausgaben aus. Die nimmermüden Statistiker haben jedoch ausgerechnet, daß sie binnen weniger Jahre auf 50 Prozent klettern müßte, wenn allen Wünschen nach Personalvermehrung stattgegeben würde. Die

Produktivität – durchschnittlicher Ertrag pro Arbeitskraft – würde dadurch sinken, nachdem sie lange Zeit dank den vielen technischen Verbesserungen stark gestiegen war. (So hatte von 1970 bis 1980 das Produkt an Tonnenkilometern um 104 Prozent, das Personal nur um 17 Prozent zugenommen!)

Deshalb besteht die Swissair mit fast geiziger Strenge darauf, neue Personalpositionen nur dann zu bewilligen, wenn ihre Notwendigkeit und Rentabilität beweisbar sind. Und gleichzeitig führt sie immer wieder peinlichst sorgfältige Untersuchungen im ganzen Apparat durch über Möglichkeiten der Personaleinsparung. Zwar wird grundsätzlich niemand aus Spargründen entlassen, auch «überflüssige» Angestellte nicht. Aber man versucht, in gewissen Fällen einen Pensionierten nicht zu ersetzen oder einen Angestellten aus entbehrlicher Tätigkeit weg in einen Arbeitsbereich zu versetzen, der in seinem Wachstum eine Personalverstärkung braucht. Es handelt sich, mit andern Worten, darum, die nötigen Verstärkungen womöglich durch innere Personalreseven zu beschaffen statt durch Neuanstellungen.

Diese Sparübungen werden nach Art von militärischen Manövern mit Code-Namen bezeichnet wie «Gurteng» oder als bisher letzte 1979 OVA («Overhead Value Analysis»). Die Operation OVA brachte, wie sich am Ende herausstellte, eine relative Personaleinsparung von zwei Prozent ein. Martin Junger, Chef Planung und Finanzen, errechnete, daß dies innerhalb von fünf Jahren einer Lohnsumme von 54 Millionen Franken entspricht.

Es geht indessen nicht allein ums Geld. In einem so großen Unternehmen ist es unvermeidlich, daß da und dort «tote Winkel» entstehen, insbesondere in der Bürokratie am Hauptsitz: Da produziert einer regelmäßig bestimmte Statistiken, die vor Jahren ein inzwischen pensionierter Vorgesetzter verlangte und die einmal sinnvoll waren, die aber längst niemand mehr braucht – leere Routine geht weiter, ohne daß es jemand merkt. Oder: zwei Sekretärinnen haben je die Hälfte ihrer Arbeit an den Computer einer andern Abteilung verloren, so daß eine von beiden die übriggebliebene Aufgabe allein erfüllen könnte, doch beschäftigen sich nun beide in ihrer überschüssigen Arbeitszeit, um fleißig zu sein, mit dem Sammeln und Einordnen von Material, das dann ungelesen in Gestellen verstaubt. Wenn sich dergleichen häuft, entstehen die bürokratischen «Fettpolster», wie sie von den staatlichen Beamtenapparaten mancher Länder bekannt sind und im Extrem zu völliger Ineffizienz der Verwaltung führen.

Die OVA genannte Leistungsanalyse beauftragte deshalb jeden Chef, in seinem Verantwortungsbereich die allfälligen Leerläufe aufzuspüren. Daß dabei nur zwei Prozent überschüssiges «Fett» entdeckt wurden, spricht für die Straffheit und «Fitneß» des Swissair-Körpers. Vielenorts, insbesondere in den meisten Auslandstationen, ließ sich auch bei unbarmherzigster Durchleuchtung keine Entbehrlichkeit auch nur einer Viertelssekretärin oder eines halben Reisebüroangestellten finden. Und doch hat jeder Chef unter dem Zwang der Leistungsanalyse wohl einen etwas klareren Überblick über die Tätigkeit seiner Untergebenen gewonnen und bewußter das Sinnvolle vom Sinnlosen, das Wichtige vom Entbehrlichen zu unterscheiden gelernt, weil er angespornt war, die Routine in Frage zu stellen und die zweckmäßigste Arbeitsorganisation neu zu suchen.

OVA hat in der Swissair weit herum einiges Unbehagen erzeugt. Doch hinterher bestritten nur wenige ihren Sinn; und auch die Betroffenen, die zunächst in ihrer natürlichen Trägheit unliebsam aufgeschreckt wurden, finden wohl langfristig mehr Befriedigung in einer offenkundig sinnvollen, nötigen und deshalb auch lebendigen Arbeit als in einem verkappten toten Winkel.

Swissair – «Swiss Army»

Der andere Hauptgrund für den starken Leistungsdruck besteht in den strengen Forderungen nach Disziplin, den anspruchsvollen Qualitäts-Normen und der ständigen Kontrolle ihrer Einhaltung. Weil das Prestige, das daraus resultiert, die Angestellten selber auszeichnet und weil sie sich umgekehrt auf die Loyalität der Firma verlassen können, ertragen sie den Leistungsdruck ohne Murren, ja sogar mit Stolz und Begeisterung, aber doch manchmal auch mit einem Stoßseufzer. Einer nannte, wenn auch scherzhaft, die Swissair «the Swiss Army» – und wenn man an die Führungsprinzipien von Walter Berchtold denkt, dem «Vater» der Swissair-Ordnung der fünfziger und sechziger Jahre, dann ist sein Vergleich gar nicht so abwegig.

Ein Beispiel für die Qualitäts-Normen: Bei der Passagierabfertigung am Flughafen sollen mindestens 90 Prozent der Passagiere nicht länger als drei Minuten warten müssen, bis sie drankommen. Kontrollen mit der Stoppuhr zu verschiedenen Tageszeiten zeigen, wie viele Schalter in welchen Stunden besetzt werden müssen, und sie ergeben auch, wie lange ein Angestellter durchschnittlich pro Abfertigung braucht. Wenn die Normen nicht eingehalten und die Warteschlangen länger werden, forscht man erst nach den Ursachen, bevor man neue Leute anstellt. Vielleicht hat wirklich die Zahl der Passagiere zugenommen. Oder der Anteil derjenigen hat sich vergrößert, deren nichtschließende Koffer mit Schnüren schlecht zugebunden sind und die auch noch fünf Taschen und drei Körbe als Handgepäck anschleppen, um den armen Menschen hinter dem Schalter vollends zur Verzweiflung zu bringen. Es kann aber auch an der ungenügenden Ausbildung einzelner Angestellter liegen oder an deren ungenügender Einsatzbereitschaft. Falls sich das bei mehreren herausstellt, muß man untersuchen, ob ihr Chef sie falsch behandelt. Erst wenn eindeutig bewiesen ist, daß sich die vorgeschriebene Norm anders nicht einhalten läßt, stellt man eine neue Arbeitskraft an – vielleicht auch nur halbtags für bestimmte Stoßzeiten.

Täglich 5000 Anrufe in New York

Ein anderes Beispiel für Normen: Kunden, welche die telephonische Reservationszentrale anrufen, sollen zu mindestens 90 Prozent nicht länger als 30 Sekunden warten müssen, bis die Swissair sich meldet, gleichgültig ob in Zürich, Johannesburg oder Helsinki. Auch das wird kontrolliert, und die Messungen zeigen, wie viele Angestellte zu welcher Tages- oder Nachtzeit für den Telephondienst erforderlich sind.

Wenn jemand im kanadischen Vancouver, in Los Angeles oder in Philadelphia die Nummer «Swissair Reservation» anruft, wird er durch das spezielle WATS-System («Wide Area Telephone Service») automatisch mit der Zentrale in der Nähe des New-Yorker J.-F.-Kennedy-Flughafens verbunden, in der die telephonischen Reservationen aus ganz Nordamerika (außer Mexico) zusammenlaufen. Das ergibt im Tagesdurchschnitt 5000 Anrufe, die von 91 Festangestellten und 18 Teilzeitangestellten beantwortet werden, unter denen einige auf Stammkunden, auf Gruppenreisen, auf Französisch- oder Deutschsprechende u.a. spezialisiert sind. Der Vorgesetzte kann auf einem Computerbildschirm, der jede halbe Minute neue Informationen liefert, genau ablesen, wie viele Gespräche im Gang sind, wie viele Anrufer auf Antwort warten und wie viele schon länger als 30 Sekunden warten mußten. Er kann auch jedem Gespräch zuhören und kontrollieren, in welchem Ton, mit welcher fachlichen Präzision und wie zügig oder zeitvertrödelnd Miss X und Mister Y mit den Kunden umgehen.

Zuständig für diese Kontrolle der Qualität ist in erster Linie Miss Marian Singer. Sie ist mit der Personalschulung betraut, deren Ergebnisse sie kennen muß, um sie gegebenenfalls zu ergänzen. Sie unterrichtet auch die Neuangestellten und betreut sie, wenn sie noch als Anfänger nach einer Grundausbildung mit den Kunden konfrontiert werden. Als ich die Zentrale der Telephonreservation besuchte, liefen wegen der DC-10-Krise alle Drähte heiß und war an Schulung nicht zu denken. Doch im Normalfall werden immer wieder, wenn die Zeit es erlaubt, einige Leute in den Schulungsraum geholt und über Neuerungen im PARS-Computer, in den Tarifen, im Streckennetz usw. instruiert.

Die Leistungskontrolle durch Mithören der Telephongespräche ist aber zugleich auch die Basis der häufigen Qualifikationen. Gute und schlechte Beobachtungen werden regelmäßig auf dem Personalblatt jedes Angestellten notiert, Fehler werden unter vier Augen besprochen, und in bestimmten Abständen kriegt jedermann sein «Zeugnis».

«Bedeutet es für Ihre Leute nicht eine unerträgliche Belastung, wenn sie bei keinem Telephongespräch wissen können, ob nicht Sie gerade mit streng gespitzten Ohren zuhören?» fragte ich.

Miss Singer schüttelte den Kopf: «Die Angestellten *wollen* beobachtet und qualifiziert werden, weil sie sich auf diese Weise geführt, beachtet und anerkannt fühlen. Vielleicht haben sie manchmal ein bißchen Angst vor Kritik, aber ich verurteile sie ja nicht, sondern erkläre und begründe, und das verstehen sie als Hilfe, zu lernen, es besser zu machen und dann gelobt

137

zu werden.» Angestellte, die ich danach fragte, bestätigten das. «Unsere Leistung wird wichtig genommen. Und wenn ich die Arbeit gut mache, wird das auch bemerkt und anerkannt.»

In dem früher erwähnten Büchlein «Personalpolitik» steht unter dem Titel «Qualifikation»: «Das leistungsfördernde Aufgehen der Angestellten in ihrer Arbeit und ihre Befriedigung im Betrieb sind weitgehend davon abhängig, ob dem legitimen Bedürfnis nach Sicherheit, durch Anerkennung und Orientierung über das Einschätzen ihrer Leistung, entsprochen wird. Der Vorgesetzte hat deshalb seinen Unterstellten immer wieder in geeigneter Weise seine Bewertung ihrer Arbeit bekanntzugeben. Diese laufenden Bewertungen sind periodisch durch eine Gesamtbilanz zu ergänzen. Die formelle Qualifikation bildet die Grundlage für die Förderung der Angestellten und die Kaderplanung. ... Dem richtig geführten Beurteilungsgespräch kommt größte Bedeutung zu; es wird in jedem Fall zum Förderungsgespräch.»

Kurz nach der Unterhaltung mit Marian Singer erzählte mir Reservationschef James Donnelly: In der amerikanischen Fluggesellschaft, bei der er zuvor gearbeitet hatte, war er auf allen Papieren nur «Nr. 66» gewesen. Sein Name existierte nicht, und niemand scherte sich darum, ob sich «Herr 66» Mühe gab oder nicht. Bei der Swissair gibt es keine Anonymität, fuhr er fort. Jeder ist mit seiner Persönlichkeit ein Glied in einer Kette, und auf jedes Glied kommt es an. «Die Telephonistin weiß, daß sie wichtig ist, und sie spürt, daß Miss Singer und ich es wissen. Als wir vor vier Wochen in diese umgebauten und neu ausgestatteten Räume umziehen konnten, lud Reynold Schwab, der oberste Chef Swissair Nordamerika, zur Feier und zum Trost für die lästige Bauzeit höchstpersönlich alle Angestellten zu einem Buffet-Dinner mit Wein ein und dankte in einer kleinen Rede allen für ihre Geduld und ihre

Leistung. Ich könnte mir dergleichen in keiner andern Gesellschaft vorstellen, von der ich eine Ahnung habe.»

Anständigkeit lohnt sich

«Die betriebliche Sozialpolitik richtet sich nach folgenden Zielen und Gesichtspunkten: ... Übernahme sozialer Verpflichtungen aus ethischen Gründen (Beistand für Mitarbeiter, die von Schicksalsschlägen betroffen wurden; Beratung, Darlehen, Hilfen à fonds perdu usw.; Weiterbeschäftigung von langjährigen Mitarbeitern, die infolge von Krankheit oder aus ähnlichen Gründen nicht mehr die volle Leistung erbringen; Anstellung von Behinderten und nicht voll Leistungsfähigen).»
So steht es in denselben Personalpolitik-Richtlinien, die zuvor zitiert wurden. Sind solche ethischen Prinzipien mehr als ein wohlklingendes Lippenbekenntnis? Stehen sie nicht im Widerspruch zu der kalten und mit Härte durchgesetzten Forderung, daß Kosten rentabel sein müssen, einer Forderung, nach der sich letztlich jedes gewinnerstrebende Privatunternehmen zwangsläufig richtet?
Der heutige Swissair-Chef für Ägypten, Fritz Ledermann, erzählte mir in Cairo: Als er noch in Buenos Aires stationiert war, wachte eines Morgens seine Frau, eine einstige Swissair-Hosteß, mit einer Lähmung auf, die als eine Art Querschnittlähmung erschien. Er schickte einen Telex nach Zürich und bat um einen Freiflug für die kranke Gattin in die Schweiz. Zürich reservierte für sie zwei Erstklaßsitze in der nächsten Maschine, damit sie liegen könne, und die Swissair bezahlte, soweit sie nicht von der Versicherung gedeckt waren, den größten Teil aller Kosten für Operation und Spital. Inzwischen ist Frau Leder-

mann wieder gesund. «Das vergesse ich der Swissair nie», schloß er seine Erzählung.

Der langjährige, kürzlich verstorbene Stationsmanager am Flughafen Wien, der Österreicher Alfred Pfitzner, wurde 1978 schwer krank. Nach Monaten konnte er zur Arbeit zurückkehren, doch war aus gesundheitlichen Gründen eine Weiterführung seiner vorherigen Tätigkeit ausgeschlossen. «Die meisten Firmen würden so einen angeschlagenen älteren Herrn», sagte er, «mit achselzuckendem Bedauern und freundlichem Dankeschön vorzeitig pensionieren.» Doch die Swissair Wien schuf für ihn einen besonderen Posten, für den er sich charakterlich als liebenswürdiger Gentleman mit tadellosen Manieren bestens eignete: Er pflegte den Kontakt zu wichtigen Kunden, betreute sie vor dem Abflug oder nach der Ankunft, stand ihnen helfend bei, beschaffte ihnen Rat und Information.

Wegen des libanesischen Bürgerkrieges mußte die zuvor große Swissair-Station Beirut zuerst verkleinert und schließlich aus dem Streckennetz gestrichen werden. Keiner der libanesischen Angestellten wurde auf die Straße gestellt. Man bot ihnen Posten in andern Swissair-Stationen des Mittleren Ostens an, und soweit sie Beirut nicht verlassen wollten oder konnten, zahlte man sie so lange, bis es gelang, für sie in einer andern, möglichst schweizerischen Firma am Ort eine entsprechende Anstellung zu finden.

Die Polin Lucyna Weglarz erzählte mir am Ende unseres Gespräches in Warschau, als ich sie nach ihren Reisen in den Westen fragte, von ihrem Amerika-Abenteuer: Sie hat Freunde in Miami, die sie dank ihres Freifluganrechts als Swissair-Angestellte besuchte. In Miami wurde ihr auf der Straße die Handtasche mit Paß, Geld und Flugschein geraubt. Sie ging zur lokalen Swissair-Vertretung. Deren Angestellte war nicht lange zuvor in Warschau gewesen und erinnerte sich an ihr Gesicht. Sofort gab sie ihr Geld und schickte

Fernschreiben nach Warschau und Zürich. Nach Anweisung aus Zürich erhielt sie am nächsten Tag einen neuen Flugschein und ein Bargeld-Darlehen. In New York mußte Frau Weglarz zwei volle Wochen warten, bis das polnische Generalkonsulat ihr als Paßersatz eine Wiedereinreiseermächtigung ausstellte und sie abreisen konnte. Als sie in Zürich ankam, war die Swissair-Maschine nach Warschau ausgebucht, doch statt sie warten zu lassen, schrieb die Kollegin am Transitschalter sie kurzerhand auf den Flug nach Wien und von dort mit der AUA nach Warschau um. So viel Hilfsbereitschaft in ihrem Pech hätte sie sich nicht träumen lassen, kommentierte sie ihre Erfahrungen.

Es gibt aber nicht nur so offenkundig unverdiente Notlagen, sondern auch hintergründigere, die in die berufliche Leistung hinein wirken und bei den meisten Firmen zu Entlassung und persönlichem Schiffbruch führen.

Der Finanzchef der Mittelostregion, Rudi Meier in Athen, stellte auf Grund von Rapporten und Klagen fest, daß der Buchhalter in X versagte. Er flog hin und ließ vorerst zuhörend den betreffenden Einheimischen und dann seinen Schweizer Chef ausgiebig zu Wort kommen. Es ergab sich, daß der Buchhalter, wegen des Weggangs seines Vorgängers etwas voreilig befördert, fachlich überfordert war und sich deshalb in einer schweren persönlichen Notlage befand. Im Laufe des dreitägigen Besuches fand Rudi Meier die Möglichkeit einer Umorganisation, die dem Buchhalter ohne Gesichtsverlust eine Funktion zuwies, der er gewachsen war.

Im Stadtbüro in Tokyo kam ein japanischer Angestellter monatelang immer wieder zu spät zur Arbeit, und jedermann merkte, daß er zu viel trank. Verkaufschef Joseph Wägeli besprach sich vorerst mit dem japanischen Vorgesetzten des «schwarzen Schafes» und dann mit diesem selbst. Es bestätigte sich, daß er in ei-

141

ner schweren persönlichen Krise steckte: Familienprobleme, Wohnungswechsel, Geldnot. Japanchef Rudolf Müller (inzwischen zum Regionalchef für Südamerika befördert) und sein Assistent Wägeli (inzwischen nach London versetzt), beide mit bewundernswertem Gespür für die delikaten Probleme japanischer Eigenart, halfen mit einem zinslosen Swissair-Darlehen, ohne daß irgend jemand von den Kollegen des in Schwierigkeiten Geratenen davon erfuhr. Und sie halfen, wie mir scheint, mit etwas noch viel Wichtigerem: mit Verständnis und Loyalität.

Natürlich wurden sowohl der Buchhalter wie der Japaner nach Überwindung ihrer Krise zu besonders tüchtigen, ergebenen, eifrigen Swissair-Mitarbeitern.

Das sind ein paar von den vielen Geschichten, die ich hörte. Und selbstverständlich wissen – außer von der streng vertraulichen aus Tokyo – viele andere Angestellte des Unternehmens davon auch. Ein junger Mann, der erst wenige Monate bei der Firma angestellt war, machte einmal die Bemerkung, die Swissair lasse ja ihre Leute nicht im Stich. «Woher wissen Sie das?» fragte ich. «Haben Sie entsprechende Erfahrungen gemacht?» – «Nein», antwortete er, «nicht ich persönlich. Aber man hört ja doch von den Kollegen dieses und jenes.»

Die erwähnten ethischen Prinzipien der Personalpolitik basieren sicherlich nicht auf einer Rentabilitäts-Kalkulation – sie ließe sich kaum auf eine Weise anstellen, die für die Finanzabteilung zwingend wäre. Trotzdem glaube ich, daß die Anständigkeit der Gesinnung, die hinter viel Strenge und schweizerischer Nüchternheit immer wieder fühlbar wird, sich in der Realität irgendwie bezahlt macht. Sie bietet nicht nur ein Gegengewicht zum Druck der Anforderungen, sondern sie bewirkt auch, daß viele Mitarbeiter sich etwas mehr einsetzen, als sie unbedingt müßten, und zwar nicht nur für den kommerziellen Erfolg im engen

142

Sinn, sondern auch für die ihnen anvertrauten Mitarbeiter. Und jenes «Extra» an Sich-Kümmern, das sie von ihrem nahen oder fernen Arbeitgeber erfahren, geben sie an ihre Kunden weiter. Das ist einer der Gründe, warum viele Passagiere, ohne die Hintergründe zu kennen, auf die Swissair schwören.
Aber ...

Auch seltsame «Vögel» fliegen

Annähernd zwei Drittel des Swissair-Personals haben in der täglichen Arbeit im Luftreisebüro, in der Telephonreservation, bei der Abfertigung, als Verkäufer und im Flugzeug mit Passagieren zu tun. Die Abkürzung für «Passagier» im Telexverkehr und im Computer heißt PAX. Auf lateinisch bedeutet das «Friede». Ob die Erfinder der Abkürzung wohl daran gedacht haben?
Die überragende Mehrheit der Passagiere ist tatsächlich friedlich und bietet von Reservation und Kauf des Flugscheins bis zum Verlassen des Flugzeuges keine besonderen Probleme. Aber es gibt auch andere. Und leider genügt ein «anderer» auf fünfzig «normale», um den betroffenen Angestellten das Leben zeitweise recht sauer zu machen.
Das fängt an bei den früher erwähnten «No-shows»: Sie haben ihren Sitz reserviert und verlangen selbstverständlich, daß er ihnen zur Verfügung steht, falls sie erscheinen. Das tun sie nicht, machen sich aber dennoch nicht die Mühe eines Telephonanrufs, um dies im voraus mitzuteilen und ihren Sitz für einen andern Passagier rechtzeitig freizugeben.
Andere buchen ihren Flug samt zugehörigen Hotelreservationen drei Mal um und beanspruchen die dienstfertige Freundlichkeit der Dame oder des Herrn am Schalter (oder am Telephon) eine halbe Stunde lang

oder länger, weil sie sich nicht entschließen können, was sie eigentlich wollen, oder weil sie sämtliche privaten Hintergründe der geplanten Reise dem armen Menschen mitteilen müssen, der beruflich zum geduldigen Zuhören verpflichtet ist.

Manchmal werden Passagiere beim Abfertigungsschalter am Flughafen wütend und grob, weil die oder der Angestellte sich eine Minute lang mit einem kleinen Problem des Passagiers beschäftigte, der vor ihnen in der Reihe stand. Oder sie schimpfen auf die Fluggesellschaft, weil sie mit viel Übergepäck anrückten und nun dafür zahlen müssen. Oder sie machen den Angestellten verantwortlich, weil sie – selbstverständlich mit den besten Ausreden – viel zu spät kommen und nicht mehr akzeptiert werden.

Im Flugzeug benimmt sich diese Sorte Menschen entsprechend. Eine vormalige Hosteß, derzeit Lehrerin an der Swissair-Schule, erzählte von zwei Passagieren, die sich für den dreißigminütigen Flug von Paris nach Genf um einen Fensterplatz nicht nur mit bösen Worten, sondern schließlich mit den Fäusten stritten, bevor es der Besatzung gelang, einen Waffenstillstand herbeizuführen. Eine andere Hosteß wurde wegen eines geringfügigen Irrtums von einem Passagier als «Kuh» tituliert, und in der Erstklaßlounge eines Jumbos schlug einer den Steward regelrecht zusammen, als dieser zwei streitende Betrunkene trennen wollte.

Die Angestellten einer Fluggesellschaft sind dazu verpflichtet, bestimmte Dienstleistungen zu erbringen, jedoch von der Art des Gastgebers und nicht der Dienstboten. Leider aber gibt es vereinzelte Passagiere, die ihren Flugschein als Freibrief mißverstehen, ihren von zu Hause oder aus dem Büro mitgebrachten Ärger, ihre Aggressionen und Ressentiments oder ihre Wut über die eigenen Fehler an denen abzureagieren, die sie bedienen müssen. Mehrmals wurde mir der Ausspruch von Passagieren, die sich zu Swissair-

Angestellten rüpelhaft benommen hatten, rapportiert: «Ich zahle Ihren Lohn.» Dasselbe könnte jeder Autofahrer dem Tankstellenwart, jeder Käufer einer Konservenbüchse einem Angestellten der Herstellerfirma sagen. Es verrät den recht hilflosen Versuch von Leuten, die meist selber auch Angestellte sind, sich sozial über die in bestimmter Situation Schwächeren zu erheben.

Was soll man tun mit solchen Gästen? Ist immer und unbedingt der Kunde König? Muß sich ein Angestellter einfach alles leer schluckend gefallen lassen, weil das Geschäftsinteresse der Firma einen Krach und den Verlust eines womöglich einflußreichen Kunden verbietet?

Ein Gesprächsbeispiel machte in der Swissair die Runde. Passagier: «Sie sind einer der stupidesten Menschen, denen ich je begegnet bin.» Angestellter: «Und Sie sind einer der liebenswürdigsten Gentlemen, die ich kennenlernte. Aber – vielleicht haben wir beide nicht recht.» So elegant schlagfertig ist nicht jeder. Und obwohl der arrogante Kunde danach kaum mehr zurückschlagen oder sich beschweren konnte, dürfte wohl seine Wut noch gewachsen sein, weil er sich als Verlierer und vor den lachenden Umstehenden blamiert fühlte.

Ein einfaches Rezept gibt es offenkundig nicht. Man kann mit den Passagieren keine Charaktertests durchführen oder bei der Sicherheitskontrolle neben dem Handgepäck auch die Seele durchleuchten, bevor man sie akzeptiert. Und ebenso wenig kann man von den Angestellten fordern, daß ihnen nie und unter keinen Umständen die Galle hochkommt und reflexartig ein böses Wort entfährt. Wohl aber kann man versuchen, durch psychologische Schulung bei den Angestellten – leider nicht bei den Problem-Passagieren! – das Verständnis dafür zu fördern, was für verborgene Gründe gewisse Kunden zu ihrem unerfreulichen Verhalten

treiben. Denn wer diese Gründe halbwegs durch-
schaut, läßt sich weniger provozieren und vermag eine
Konfrontation eher abzubauen, mit Gelassenheit und
mit TACT.

5. Kapitel

Schulung ganz groß

Im Swissair-Schulhaus in Zürich-Kloten besuchen jährlich etwa 6500 Kursteilnehmer über 500 Kurse von 60 verschiedenen Typen. Außer im flugzeugtechnischen Bereich, der eine eigene Schule betreibt, und der nicht-fachlichen Management-Schulung, wird hier alles gelehrt und gelernt, was Swissair-Angestellte irgendwo in der Welt können müssen. Zur Hauptsache geht es dabei um das «Handwerk»: Mahlzeiten servieren, Tarife berechnen, mit dem PARS-Computer umgehen, Flug- und Frachtscheine verkaufen, ein Flugzeug fliegen usw. Aber die überwiegende Mehrheit der Schüler, die hier Anfänger-, Wiederholungs- und Fortbildungskurse verschiedener Länge absolvieren, müssen im Beruf nicht nur mit Tabletts, Flugscheinen oder Computern umgehen, sondern zugleich auch mit Kunden. Sie sollten auch dies auf eine Art und Weise tun, daß die menschlichen Pannen – die neben den technischen vorkommen – möglichst selten und geringfügig bleiben, so daß die weltweite Kundschaft nicht nur mit den Flugzeugen, sondern ebenso mit den Angestellten der Gesellschaft möglichst ausnahmslos zufrieden ist oder gar mit Begeisterung dafür Propaganda macht. Kann man das lernen?

Vier Tage Unterricht in TACT

In einem Schulzimmer sitzen wir 19 Schüler aus elf Ländern und 15 Stationen zwei Lehrern gegenüber,

Katharina Seelhofer und Max Wey. Die Schüler gehören allen möglichen Swissair-Berufen an, von Passagierabfertigung bis District Management, Frachtverkauf bis Luftreisebüro (ich gehöre als einziger Kursteilnehmer nicht zur Swissair, werde aber in kurzer Zeit völlig kollegial in die Gruppe aufgenommen). Was wir während vier Tagen mit Hilfe von Tonbildschau, Filmen, Lehrerkommentaren, Übungen, Diskussionen und Rollenspielen lernen, nennt sich TACT – «Transactional Analysis in Customer Treatment». Oder anders gesagt: Verstehen, wie sich der zwischenmenschliche Kontakt in der Kundenbehandlung wirklich abspielt.

1967 veröffentlichte ein Amerikaner, Thomas A. Harris, ein Buch, das rasch zum Bestseller wurde: «I'm OK – You're OK: a practical Guide to Transactional Analysis» (deutsch «Ich bin o.k. – Du bist o.k.» bei Rowohlt, 1973). Auf der Basis dieses Buches entwickelte die American Airlines für ihre Angestellten im Passagierdienst einen Schulungskurs in Psychologie der Kundenbehandlung, den später die Lufthansa und von der Lufthansa die Swissair erwarb und an die eigenen Bedürfnisse anpaßte. Die Swissair führt den Kurs in drei Sprachen durch: auf deutsch (in Zürich), auf französisch (in Genf) und für Mitarbeiter aller übrigen Sprachen auf englisch (in Zürich).

Harris – und seinen Erörterungen folgend auch der TACT-Kurs – geht von zwei sehr einfachen Grundprinzipien aus.

Erstens: In der Seele jedes erwachsenen Menschen sind viele vergessene, d. h. unbewußte Kindheitserlebnisse gespeichert, die in manchen Situationen, je nach Charakter schwächer oder stärker, sein Verhalten beeinflussen, ohne daß er selbst es weiß. Das geschieht auf zweierlei Art: Entweder fällt der Erwachsene in die Rolle des hilflosen Kindes zurück, das trotzt oder sich unterwirft, Glück oder Angst empfin-

148

det, um Liebe bettelt oder Strafe erwartet. Oder aber der Erwachsene beginnt in unbewußter Erinnerung an das, was die Eltern taten und sagten, Vater oder Mutter zu «spielen», um sich dadurch die Autorität anzueignen, die er als Kind passiv und neidvoll erdulden mußte. Harris spricht deshalb vom «Erwachsenen-Ego», der bewußten, denk- und urteilsfähigen Person der Gegenwart, und den beiden von der Vergangenheit bestimmten Ausweich-Formen, dem «Kind-Ego», das sich klein macht, und dem «Eltern-Ego», das sich groß macht.

Zweitens: Der Mensch kann sich selbst, wie er in seiner unperfekten Eigenart ist, entweder akzeptieren oder ablehnen, und gleichermaßen kann er einen Partner akzeptieren oder ablehnen. Daraus ergeben sich vier Kombinationen: 1. Ich akzeptiere mich («ich bin okay») und dich («du bist auch okay»). 2. Du bist zwar okay, ich aber bin nicht okay. 3. Ich bin okay, aber du nicht. 4. Weder du noch ich sind okay. – Je nachdem lebt ein Mensch im Frieden mit sich und seinen Mitmenschen, oder er hat Minderwertigkeitsgefühle, er ist zu seinen Partnern überheblich, oder er befindet sich sowohl mit sich selbst wie mit der Umwelt in einem verzweifelten Krieg.

Harris nimmt an, daß die meisten Menschen in ihrer Kindheit vorwiegend vom Gefühl beherrscht waren, die Erwachsenen seien «okay», sie selbst aber «nicht okay». Kommt nun beim Erwachsenen in einer bestimmten Lage jenes Kindheitsgefühl hoch – ohne daß ihm der Ursprung klar ist –, dann empfindet er sich in einer unangenehmen Situation der Minderwertigkeit, auf die er entweder mit Hilflosigkeit oder Trotz reagiert («Kind-Ego») oder die er dadurch zu meistern sucht, daß er schnell in die Rolle von Vater oder Mutter schlüpft und den Partner schimpfend und schulmeisternd zum Kind degradiert («Eltern-Ego»).

Auf diesen einfachen – hier noch zusätzlich vereinfachten – Elementen baut der TACT-Kurs auf. Die Tonbildschau zeigt z. B. eine Frau, die bei der Passagierabfertigung hinter zwei Männern warten muß und dann, wie sie drankommt, die Angestellte am Schalter wütend zurechtweist, sie hätte sich viel zu lange und ganz rücksichtslos mit den beiden Männern beschäftigt. Anschließend sieht man ein kleines Mädchen – die Passagierin als Kind –, das in einer Bäckerei hinter zwei, drei Mal so großen Männern warten muß, hilflos dem endlosen Geschwätz der Erwachsenen ausgeliefert: Sie wird zu spät nach Hause kommen und dafür von der Mutter bestraft werden. Am Schalter fühlt sie sich wie einst als Kind «nicht okay» und rächt sich nun mit dem «Eltern-Ego» an der jüngeren und durch ihre Funktion wehrlosen Angestellten.

Das Erwachsenen-Ego als Ideal

Zur Hauptsache geht es im Kurs um die «Transaction», d. h. um die Gegenseitigkeit der Reaktionen bei der Begegnung zwischen zwei Menschen, wie sie sich in den verschiedensten Formen täglich zwischen Angestellten und Kunden abspielt. Jeder der Beteiligten kann in dieser oder jener Variation auftreten, und das Verhalten des einen beeinflußt sofort die «Ego-Gefühle» des andern. Wenn der Passagier als ein «Nicht-okay-Kind» zum Schalter kommt und jammert, daß er den Flugschein nicht finden kann, proviziert er beim Angestellten fast automatisch das «Eltern-Ego», das mit dem dummen Kind schimpft und es dadurch in seinem Gefühl bestärkt und fixiert. Reagiert umgekehrt der (oder die) Angestellte, wenn ein Passagier sich mit seinem drohenden «Eltern-Ego» nähert, als hilfloses Kind, dann wird das in der Regel die Streitsüchtigkeit nicht beschwichtigen, sondern erst recht ermuntern. Zwei aufeinanderprallende

150

«Eltern-Egos» geraten mit ziemlicher Sicherheit in Streit, wenn sie nicht einen Dritten finden (einen Passagier, die Gesellschaft, das Wetter oder sonst etwas), über den sie gemeinsam wettern können. Während zwei hilflose «Kinder» in gemeinsamer Ratlosigkeit oder gar Verzweiflung vor einem Problem stehen bleiben und alles blockieren, bis ein rettender «erwachsener» Vorgesetzter erscheint.

Die relativ theoretischen psychologischen Grundlagen waren für viele Kursteilnehmer sehr neu und schwierig, um so mehr als Englisch die Muttersprache nur einer Minderheit war. Doch durch kleine an Schweizer Flughäfen gefilmte Szenen aus der alltäglichen Praxis, durch Erzählungen und Diskussionen und durch Rollenspiele gelang es den Lehrern immer wieder, die Theorie anschaulich zu machen und mit der eigenen Erfahrung der Schüler zu verknüpfen.

Das ist entscheidend. TACT will nicht in vier Tagen eine «Einführung zum Psychologiestudium» vermitteln, sondern Konfrontationen, wie alle Angestellten im Passagierdienst sie häufig in ihrem Beruf erleben, durchschaubarer und lösbarer machen. Die Lehre heißt: Wenn ein Passagier mit ungerechtfertigter und unproportionierter Aggressivität auf dich losgeht, dann bezieh das nicht auf dich persönlich; Ärger im Büro, Angst vor der Reise oder sonst etwas hat das «Nicht-okay-Kind» in ihm geweckt, und deshalb packt ihn das Bedürfnis, sich mit Hilfe des «Eltern-Ego» stark und überlegen zu fühlen – du selbst bist dafür ein ganz zufälliges Objekt. Wenn dich nun die Wut packt, dann ist das zwar verständlich, aber es treibt den andern dazu, noch mehr aufzutrumpfen, um bloß nicht der Schwächere zu sein, worauf du dich noch mehr aufregst, bis vor allen Zuschauern eine peinliche Affäre daraus geworden ist, die mindestens mit einem Beschwerdebrief an den Direktionspräsidenten endet. Wenn du den Kunden aber durchschaust und dir denkst, der Arme hätte wohl einen tyrannischen Chef oder sei eben von seinem Rivalen hereingelegt worden, dann kannst du ganz ruhig sagen: «Es tut mir leid, Herr X, wenn Sie Probleme haben. Ich will mich bemühen, Ihnen zu helfen.» Das hat er als Kind nicht erlebt und darum auch jetzt nicht erwartet. Vermutlich wird er sich besänftigen, sein Problem – falls es außer der schlechten Laune überhaupt eines gibt – wird sich lösen lassen.

Das Kursmaterial versteht, ohne das ausdrücklich zu sagen, unter dem «Eltern-Ego» auch beim Angestellten ausschließlich den strengen, tadelnden «Vater», und es stellt ein kühles, sachlich-vernünftiges «Erwachsenen-Ich», das sich von keinen Gefühlen beeinflussen läßt, als Ideal hin. Darin verrät sich seine amerikanische Herkunft. Für die Kursteilnehmer aus lateinischen Ländern oder gar für Japaner ist das ein bißchen problematisch: Der reine Verstandesmensch ohne kindliche oder mütterliche Regungen ist keineswegs überall auf der Welt das Allererstrebenswerteste, und die Swissair wäre schwerlich so beliebt, wenn sich ihre Leute ausschließlich nach diesem Ideal richten würden.

Das Kind im Passagier

Neben dem Schema, wonach das «Kind-Ego» hilflos, das «Eltern-Ego» schulmeisterlich und das «Erwachsenen-Ego» überlegen sachlich sei, tauchte dank den beiden Kursleitern und dank Erfahrungsbeispielen von Schülern ab und zu ein Konkurrenz-Ideal auf: Man nannte es ein bißchen vage das «Positiv-Eltern-Ego».

Der Begriff bezog sich natürlich nicht auf die Passagiere, denn von denen wünscht sich eine Fluggesellschaft nichts Besseres, als daß sie «erwachsen» und

Pilotenausbildung im Flugsimulator in Zürich-Kloten. Mit Hilfe von Computern lassen sich hier alle denkbaren Flugsituationen vom Start bis zur Landung übungsweise durchspielen.

Am drei- bis viertägigen TACT-Kurs nehmen alle Angestellten im Kundendienst aller Länder teil. Es geht darum, die oft verborgenen psychologischen Probleme schwieriger Kunden besser verstehen und meistern zu lernen. Lehrerin und Lehrer erklären praxisbezogen die Hintergründe dessen, was die Schüler aus der Erfahrung kennen (oben links); eine Tonbildschau veranschaulicht psychologische Begriffe wie «Eltern-Ego» (unten links); für praktische Übungen (rechts) werden Situationen durch Fernsehmonitor der Klasse gezeigt und dann diskutiert.

Lehrlingsausbildung in der Passagierabfertigung, auch sie mit praktischen
Übungen an der Schalterattrappe im Schulhaus.

Die künftigen Flight Attendants (Hostessen und Stewards) lernen den Mahlzeitenservice in der ersten Klasse.

Wer später im Luftreisebüro oder am Telephon Flüge buchen und Hotelzimmer reservieren wird, muß mit den Bildschirmcomputern des weltweiten PARS-Systems spielend und souverän umgehen können.

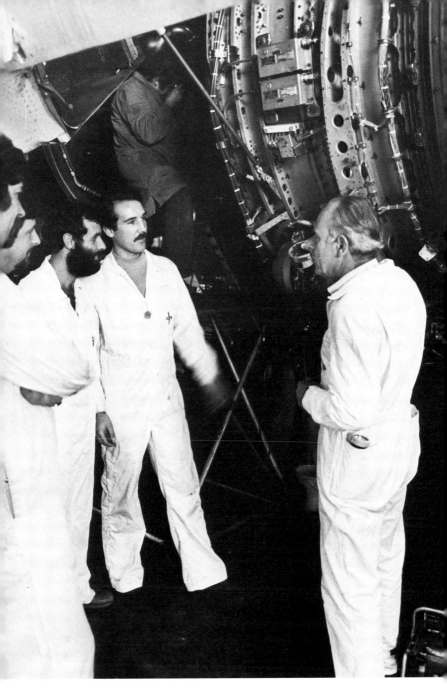

Mechanikerausbildung in der Werft an den Flughäfen von Zürich und Genf.

Zur Schulung der Flugzeugbesatzungen gehört das Training an den Notrutschen und andern Sicherheitseinrichtungen der Flugzeugattrappen im
Swissair-Schulhaus in Zürich-Kloten.

sachlich seien. Wenn sie es sind, genügt das entsprechend erwachsene Verhalten fachlich ausgebildeter Angestellter durchaus. Bestünde die «Transaction» ausschließlich darin, daß man sich gegenseitig bestätigt, «du bist okay, und ich bin okay», dann bedürfte es keines TACT-Kurses. Die Problem-Passagiere aber, die ihre unguten Gefühle von Ärger oder Angst zum Stelldichein mitbringen und auf kindliche oder arrogante Weise dem Angestellten präsentieren, lassen sich durch kühle Sachlichkeit allein nicht im Handumdrehen selber in «Erwachsene» umfunktionieren. Sie brauchten vom Partner etwas, was durchaus zum «Eltern-Ich» gehört, freilich nicht dessen mit Strafe drohenden «väterlichen» Aspekt, sondern die umsorgende «Mütterlichkeit».

Den relativ seltenen Charakteren gegenüber, die grundsätzlich sich selbst für «okay» und alle andern für «nicht okay» halten, mag distanziert kühle Sachlichkeit praktisch das beste Rezept der Behandlung darstellen, indem es der Überheblichkeit möglichst wenig Ansatzmöglichkeiten bietet. Von diesen ist indessen im TACT-Kurs kaum die Rede. Die andern, in denen laut Harris äußere momentane Umstände das vergessene kindliche «Nicht-okay»-Gefühl reaktivieren, suchen als «Kinder», auch wenn sie sich noch so sehr für erwachsen halten und mit ihrem «Eltern-Ego» auftrumpfen, Hilfe, Trost, Verständnis, Betreuung. Sie sehnen sich danach, gleichsam an der Hand geführt zu werden, sie hoffen, daß jemand ihnen liebevoll zuredet, sie tröstet, ihnen die Angst nimmt und inmitten der fremdbedrohlichen Umwelt des Flughafens ein Gefühl der Geborgenheit gibt. Wenn das geschieht, dann sagen sie wie mein Sitznachbar zwischen Bombay und Genf: «Diese Leute kümmern sich um Sie.»

In Wahrheit, obwohl der TACT-Kurs wegen dem allzu amerikanischen Grundmaterial in dieser Hinsicht etwas undeutlich blieb, bieten die meisten Swissair-Angestellten im beruflichen Alltag von der Basis nüchtern-fachlichen Könnens aus gerade jenes bißchen an «mütterlicher» Betreuung, und darin liegt das vielleicht wichtigste Geheimnis des Erfolges.

Ungeachtet jenes Einwandes empfanden wir alle den TACT-Kurs als außerordentlich wertvoll. Sämtliche Angestellte mit Kundenkontakt, einschließlich das Kabinenpersonal, besuchten im Laufe einiger Jahre den Kurs, und es kommt auch vor, daß andere Unternehmen, wie z. B. Reisebüros, ihn für ihre Angestellten «mieten». Denn er bringt nicht nur den Kunden eine psychologisch geschicktere Behandlung, er hilft auch mindestens ebensosehr den Angestellten selbst, sich durch schwierige Passagiere weniger persönlich belasten zu lassen, Konfrontationen gelassener zu ertragen, sich bewußter zu freuen, wenn es ihnen gelingt, ein drohendes Unheil abzuwenden.

Einen anderen Aspekt empfand ich als bedeutsam, obwohl es sich nur um eine Art Nebenwirkung handelt: Weil er nicht im engeren Sinn fachbezogen ist, mischen sich im TACT-Kurs Swissair-Mitarbeiter aus allen möglichen Berufssparten und Tätigkeiten, im englischsprachigen außerdem auch aus vielen Ländern und Erdteilen. In den deutsch und französisch geführten Kursen sind meist neben Angehörigen der Bodendienste auch ein paar des Kabinenpersonals dabei. Beim Mittagessen in der Kantine und in den Kaffeepausen unterhält man sich. Und während des Unterrichts, in dem die Schüler – lauter Leute aus der beruflichen Praxis – aktiv ihre eigenen Erfahrungen und Probleme einbringen, lernt jeder auch ein bißchen die Sorgen des andern kennen. Er macht sich, vielleicht zum ersten Mal, klar, daß die im Flugzeug schwierigen Passagiere auch die Kollegen am Boden belasten und umgekehrt und daß man die Freuden und Leiden mit den Kollegen teilt, denen man sonst nicht begegnet.

In der Schule – auch in den Fachkursen – wird wie kaum anderswo die weltweite «Familie Swissair» unmittelbar erlebt. In den Pausenräumen des Schulhauses, wo die Kaffee- und Coca-Cola-Automaten stehen und die Schüler aus verschiedenen Unterrichtsfächern sich treffen, hört man von Japanisch bis Portugiesisch, Tschechisch bis Arabisch so ziemlich alle Sprachen der Welt.

System Meister und Gesellen

Schulung spielt bei der Swissair eine außerordentlich wichtige Rolle. Sie wird aber grundsätzlich nicht als eine von der normalen Tätigkeit des Unternehmens abgesonderte «Sache für sich» betrieben, sondern so praxisnah wie möglich. Es gibt kein Departement «Ausbildung». Die Schulung der Techniker ist Teil des Departements Technik, diejenige des fliegenden Personals gehört zur Operation, Menschenführung (Management) wird unter der Obhut der Personalabteilung unterrichtet, die Ausbildung für die Boden-Passagierdienste untersteht dem Bereich Außenorganisation («Sales and Services»).

Heini Schrumpf, dem die Ausbildung in diesem letzteren, dem zahlenmäßig wichtigsten und vielfältigsten Bereich unterstellt war, erläuterte: «Nach unserer Auffassung ist der Vorgesetzte der beste Lehrer – in der Rolle des Meisters zum Gesellen.» Einer, der nur Lehrer ist, wird bald dazu neigen, theoretischen Wissensstoff zu dozieren, der sich nicht mehr in die ständig sich entwickelnde Praxis umsetzen läßt. Deshalb sind die Instruktoren mit wenigen Ausnahmen in ihrem Fachbereich tätige Angestellte, die nur für drei bis vier Jahre in die Instruktion versetzt werden und danach in die Praxis zurückkehren. Durch ihre Lehrtätigkeit, die nicht nur Anfänger in den Beruf einführt, sondern

155

auch Wiederholungs- und Fortbildungskurse für beruflich bereits Aktive umfaßt, lernen die Lehrer selber sehr viel aus den Erfahrungen ihrer Schüler und dadurch, daß sie die eigene Tätigkeit bewußter durchdenken, und dieser Gewinn soll nach ein paar Jahren wieder der «Front» zugute kommen. So werden die Jahre als Lehrer auch zu einer Periode der Fortbildung für sie selber und damit oft zu einem Baustein der Karriere.

In den verschiedenartigsten Fachkursen, an denen ich einen Tag oder ein paar Stunden lang als Beobachter teilnehmen konnte, empfand ich durchwegs die sehr praxisbezogene und unschulmeisterliche Art des Unterrichts. Es wird kaum doziert. Die Schüler werden in starkem Maß zur aktiven Mitarbeit angeregt und herangezogen. Der Lehrer geht, besonders in Wiederholungskursen, mit ihnen um wie ein Chef mit seinen unmittelbaren Mitarbeitern. Es gibt viele Übungen und Rollenspiele, die nachher in gemeinsamer «Manöverkritik» besprochen werden.

Bis zur Mitte der siebziger Jahre war die Schulung, abgesehen von der Grundausbildung der Anfänger, eher zufällig: Die Kurse wurden angeboten, doch es blieb völlig den jeweiligen Chefs anheimgestellt, den oder jenen ihrer Mitarbeiter teilnehmen zu lassen oder nicht. So konnte es geschehen, daß während mehreren Jahren von den paar hundert Swissair-Angestellten einer großen Auslandvertretung keiner zu einer Weiterbildung oder auch nur zur Auffrischung seines fachlichen Könnens in die Schweiz geschickt wurde.

Doch dann wurde das ganze Schulwesen systematisiert und schließlich durch das «Training Evaluation System» (TES) einer präzisen zentralen Kontrolle unterworfen: Einem Computer wird über jeden Angestellten mitgeteilt, was für Kurse er wann absolviert hat, und der gleiche Computer wird auch mit den Angaben gefüttert, was einer in dieser oder jener Funktion und

Position an Kursen besucht haben sollte. So läßt sich nun durch den Vergleich zwischen Ausbildungsstand und Ausbildungsanforderung jederzeit und bei jedermann feststellen, was fehlt und was im Hinblick auf eine Versetzung oder Beförderung noch vonnöten wäre. Gestützt auf diese Grundlage legt die Schulungszentrale dem Frachtchef in X nahe, seinen Mitarbeiter Z an einen der im kommenden Jahr angebotenen Kurse vom Typ B zu entsenden, oder der Verkaufschef in Y wird angefragt, warum noch drei Leute im dortigen Luftreisebüro den TACT-Kurs nicht besucht haben.

Lebenslänglich lernen

Ein Ende findet die Ausbildung nicht. Nicht nur ist in jeder einzelnen Unterorganisation, auch in den Außenstationen, ein bestimmter Vorgesetzter als «Training Coordinator» dafür verantwortlich, daß jedermann laufend neben der Arbeit über Neuerungen instruiert wird und «Nachhilfestunden» erhält, wenn seine Leistung nicht genügt. Es muß auch jedermann, selbst wenn er keine Karriere machen will oder kann, im Abstand weniger Jahre in Zürich oder Genf an einem Wiederholungskurs teilnehmen. Denn die ganze Firma bleibt ständig in Bewegung: Die technische Ausrüstung am Boden, das Tarifwesen, das Angebot im Flugplan und im Einsatz von Flugzeugtypen, die elektronische Hotelreservation usw. ändern sich dauernd. Und entsprechend müssen auch die Kursunterlagen immer wieder erneuert werden. Wenn die Erfahrung zeigt, daß da und dort Passagenverkäufer öfter Gelegenheit hätten, auch Frachtraum zu verkaufen, wenn sie über die Möglichkeiten besser Bescheid wüßten, dann baut die Schule das Thema Fracht stärker in die Wiederholungskurse für Passagenverkäufer ein oder organisiert für sie einen eigenen Frachtkurs.

157

Entgegen der gängigen Praxis immer stärkerer Spezialisierung tendiert die Swissair dazu, ihre Ausbildung zu verbreitern: Auch wer in der Telephonreservation arbeitet, soll vom Verkauf eine Ahnung haben, und wer als Verkäufer Kunden besucht, müßte in der Lage sein, einen nicht allzu komplizierten Flugschein selbst auszustellen. Diese intensive Schulung kostet das Unternehmen in Form des Verzichts auf Zehntausende von produktiven Arbeitstagen pro Jahr eine Menge Geld. Sie gibt aber dem ganzen Personalkörper ebenso wie den einzelnen Angestellten ein großes Maß an Flexibilität und trägt entscheidend dazu bei, die hohe Arbeitsqualität auf die Dauer zu sichern.

Hans Kissenpfennig, der Leiter der Verkehrs- und Verkaufsschulung, erzählte mir, daß er nun auch die Verhaltensschulung, wie sie im TACT-Kurs erfolgte, stärker in die normale Fachausbildung integrieren möchte. Das rein Fachliche und die Verhaltenspsychologie lassen sich in der Wirklichkeit nicht trennen. Die Leute im Reisebüro, im Verkaufsgespräch, bei der Abfertigung am Flughafen und beim Service in der Kabine müssen, oft unter Zeitdruck, ihr «Handwerk» ausüben und dabei gleichzeitig die schwierigen Passagiere «richtig» und mit Takt zu nehmen verstehen. In der Ausbildung geht es also nun darum, mit Fortgeschrittenen beim Üben mit dem PARS-Computer, mit Tarifberechnungen oder mit dem Servieren von Mahlzeiten an Bord Rollenspiele mit ängstlichen, mißgelaunten oder rüpelhaften Passagieren einzubauen und an die versteckten psychologischen Hintergründe zu erinnern, auch ohne die ganzen Lehren von Thomas A. Harris wieder zu behandeln.

In die Verkehrs- und Verkaufsschulung der Swissair in
Zürich und Genf integriert ist die Luftverkehrslehre,
eine staatlich anerkannte Berufsausbildung, die mit einem Diplom abschließt. Bevor sie hier eintreten, haben die Schülerinnen und Schüler eine der verschiedenen schweizerischen Verkehrsschulen besucht und abgeschlossen, in denen der Nachwuchs auch für die
Bundesbahnen, den Postautodienst, die Reisebüros u.
a. vorgebildet wird.

Die Luftverkehrslehre dauert zwei Jahre, in deren
Verlauf sie sich in zwei Linien spezialisiert: Passagierdienst und Frachtdienst. Zwei Tage pro Woche unter-
richten Lehrer, die nicht zur Swissair gehören, Sprachen, Staatsbürgerkunde, Geschichte usw.; an den
übrigen drei Tagen werden die Schüler teils im Schulzimmer, teils in der Praxis, in die Swissair-Tätigkeiten
eingeführt. In den Kursen lernen sie die Organisation,
das Streckennetz, die Flugzeugflotte u. a. kennen,
werden mit den unzähligen Abkürzungen im
Fernschreiber- und Computerverkehr, mit den Grund-
elementen von Buchungen und Tarifberechnungen,
mit der Methode der Passagierabfertigung usw. vertraut gemacht. Dazu gehören auch Anfänger-
Rollenspiele, wie ich eines beobachten konnte: Im
Schulzimmer stand die Kulisse eines Schalters zur Passagierabfertigung. Eine Schülerin kam als Passagier
mit einem Flugschein nach London, die Kameradin
spielte die Angestellte, während drei andere Mädchen
und zwei Burschen mit dem Lehrer die Szene beobach-
teten. Die «Passagierin» erkundigte sich, ob sie ihre
Katze in die Kabine mitnehmen könne. Das war eine
Fangfrage, denn die Klasse hatte früher schon gelernt,
daß sehr strenge Vorschriften über Tiereinfuhr nach
Großbritannien dergleichen strikte verbieten. Das
Mädchen hinter dem Schalter fiel herein, die Zu-

schauer schmunzelten. Nachher besprach der Lehrer mit der Klasse das Spiel und allgemeine Gesichtspunkte des Verhaltens.

In der Lehrlingspraxis arbeiten die Schüler in ganz verschiedenen Abteilungen als Hilfskräfte, am Flughafen als Groundhosteß, bei der Abfertigung, in einem Büro, in der Telephonreservation usw. In bestimmten Zeitabständen werden sie wieder zu ein- oder zweiwöchigen Kursen in die Schule geholt. Pro Jahrgang gibt es in Zürich etwa 40, in Genf, wo die Ausbildung ähnlich verläuft, etwa 20 Lehrlinge. Die Mädchen sind leicht in der Mehrzahl.

Nach erfolgreichem Abschluß der zweijährigen Lehre werden die Absolventen auf Kosten der Swissair für ein halbes Jahr nach England geschickt. Drei Monate sind ausschließlich für intensiven Englischunterricht reserviert. Danach werden sie in den Swissair-Stationen Englands als Hilfskräfte eingesetzt, damit sie ihre Sprachkenntnisse in der Praxis festigen und Erfahrungen gewinnen. Vereinzelt werden auch Deutschsprachige in Genf oder in Frankreich, Französischsprachige in Zürich oder in der Bundesrepublik eingesetzt, um ihre Sprachkenntnisse zu verbessern. Denn Deutsch, Französisch und Englisch sind für alle Angestellten, die mit Passagieren zu tun haben, unerläßlich.

Die Luftverkehrsschule in Zürich wurde 1959 gegründet, ihr Genfer Teil 1960. Die Instruktoren für alle Luftverkehrsfächer sind die gleichen, die auch für bereits Angestellte Wiederholungskurse und Fortbildungskurse durchführen, d. h. Praktiker, die für ein paar Jahre einen Abstecher in die Instruktion machen. Die Ausbildungsleiter schätzen, daß von den einstigen Lehrlingen heute noch 80 Prozent Swissair-Angestellte sind, und zwar im Durchschnitt besonders gute und erfolgreiche.

Nicht alle werdenden Mitarbeiter durchlaufen die

Luftverkehrslehre. Es werden auch Leute angestellt, die bereits als Verkäufer, Büroangestellte, Lehrer im Beruf gestanden sind und sich auf ein Stelleninserat gemeldet haben. Ihre Schulung ist ähnlich wie diejenige der Lehrlinge, jedoch kürzer und weniger breit. Sie wird später – von zusätzlichen Kursen abgesehen – dadurch ergänzt und erweitert, daß die Leute in der Schweiz nach einiger Zeit in eine andere Abteilung wechseln, damit sie in der Praxis Erfahrungen verschiedener Art gewinnen.

Sturm auf Jakarta

Die große Beweglichkeit und Praxisnähe des ganzen Schulsystems erlaubt es, von Fall zu Fall auch ganz neuartige, auf ein spezielles Bedürfnis zugeschnittene Kurse durchzuführen. So werden Angestellte von Reisebüros, die von der Swissair den PARS-Computer mieten, an den Apparaten und am System ausgebildet. Von gewissen Außenstationen, besonders in Entwicklungsländern, lädt die Swissair manchmal ausgesuchte Vertreter von Reise- oder Frachtagenturen zu einem Kurs im Ausstellen von Flugscheinen und Berechnen von Tarifen ein, den Vertreter aus der Schweiz am Ort selbst veranstalten oder zu dem man die Gäste in die Schweiz kommen läßt, um ihnen nebenher auch das Land zu zeigen, das sie bei sich zu Hause «verkaufen» sollen.

Einen Kurs sehr besonderer Art gab es erstmals 1979: Gattinnen von Führungskräften im Ausland, darunter viele Ausländerinnen, wurden für einige Tage in die Schweiz eingeladen und auf die Lenzerheide geführt. Denn sie sind im Ausland oft Gastgeberinnen für die einheimischen Mitarbeiter ihres Mannes und für Kollegen anderer Fluggesellschaften, für lokale Politiker, Regierungsvertreter, Geschäftsleute, und deshalb ist es wichtig, daß auch sie von der Firma des Herrn Gemahls, von seinem Land, von Jodeln, Schweizer Küche, Schweizer Wirtschaft und Politik unmittelbar – nicht nur aus zweiter Hand – etwas erfahren und sehen. Folkloristisches und Touristisches wird mit Vorträgen und Diskussionen gemischt, und hohe Vorgesetzte der Männer, wie Auslandchef Peter Oes und der Chef des Bereichs «Sales and Services» Bertrand Jacquiéry, beehren die Damen mit ihrem Besuch, einer Ansprache, der Beantwortung von Fragen.

Kein Kurs im eigentlichen Sinn und dennoch als Spezialprogramm ein Teil der Schulung ist die Operation «Hot Call» zur «Eroberung» einer neuen Destination. Ende März 1980 z. B. eröffnete die Swissair ihre neue Linie nach Jakarta, d. h., sie verlängerte die Strecke Zürich–Singapore bis Indonesien. Selbstverständlich studierten vorgängig Vertreter aus der Schweiz sorgfältig den indonesischen Markt, bauten die Außenstation in Jakarta auf, stellten lokale Mitarbeiter an und sorgten für ihre Ausbildung. Dabei aber ließ man es nicht bewenden, sondern nun folgte kurz vor dem ersten Flug der «Hot Call».
Zwei Dutzend sorgfältig ausgesuchte Leute des Verkaufs-Kaders aus Stationen, von denen man besonders guten Passagen- und Frachtverkauf für die neue Strecke erhofft (z. B. Paris, Athen, Wien), werden für zwei Wochen nach Jakarta geholt, Fachleute des Verkaufs, der Werbung, der Fracht, der Reisebüro-Tätigkeit usw. Ihre zuvor theoretisch erworbenen Kenntnisse über das fremde Land und die fremde Hauptstadt werden am Ort noch ergänzt, und dann müssen sie sich mit Dynamik und Phantasie auf den Markt «stürzen»: herausfinden, was es hier gibt, was für Möglichkeiten für den ankommenden Touristen oder Geschäftsmann bestehen, wie sich der Markt präsentiert, wer wichtig ist, Informationen sammeln

und Kontakte herstellen, Reisebüros und Fracht-
agenten besuchen usw. usw. Die Ergebnisse werden
laufend unter den Teilnehmern und mit den lokal bereits Angestellten besprochen. Die lokale Presse und
die einheimische Geschäfts- und Bürokratenwelt wird
durch den «Wirbel» auf die neue Präsenz der Swissair
nachdrücklich hingewiesen. Das von erfahrenen Fachleuten durch ihr unvoreingenommenes «Draufgänger-
tum» gewonnene Wissen kommt den Mitarbeitern zugute, die fortan die neue Außenstation betreiben, und
die Teilnehmer des «Hot Call» haben über die neue
Destination eine Menge gelernt und können fortan ihren Kunden zu Hause allerlei von Jakarta im speziellen, vom riesigen Indonesien im weiteren erzählen.
Dergleichen entspricht gewiß nicht dem, was man sich
normalerweise unter Schulung vorstellt. Und doch ist
es sowohl für das Swissair-Personal in Jakarta als
auch für die Leute aus dem Westen eine Ausbildungs-
Erfahrung sondergleichen.

Der Weg zum Pilotenberuf

Die Swissair-Piloten werden in der Schweizerischen
Luftverkehrsschule (SLS) ausgebildet, ebenso die
Bordtechniker und Dispatcher (nicht aber, trotz des
scheinbar gleichen Namens, die Luftverkehrs-
Lehrlinge!). Diese Schule wurde 1959 gegründet, dem
Jahr, in dem die Einführung der Jet-Passagier-
flugzeuge bevorstand. Zuvor hatte man sich damit
begnügt, bereits ausgebildete Militärpiloten anzustellen und lediglich umzuschulen. Derzeit werden in Zürich pro Jahrgang 50 bis 60 angehende Linienpiloten
ausgebildet.
Dem Ausbildungsbeginn geht die Auswahl der Schüler
voran, bei den Piloten wesentlich strenger und anspruchsvoller als in allen andern Bereichen. Denn die

Verantwortung ist hier besonders groß: einerseits die Verantwortung, die dereinst der Bordkommandant und mit ihm das Unternehmen tragen müssen für die Passagiere, Besatzungen und Flugzeuge, andererseits aber auch die Verantwortung der Firma gegenüber den Anwärtern. Denn wenn einer einmal den Weg zum Beruf des Swissair-Piloten betreten hat, bleiben ihm kaum mehr berufliche Ausweichmöglichkeiten offen (während ein Steward, ein Techniker, ein Passageverkäufer mühelos in einem andern Unternehmen einen Platz finden kann). Ein Scheitern während der langen, mit Prüfungen gespickten Ausbildungszeit kann leicht zum beruflichen Scheitern überhaupt werden. Und auch die relativ wenigen, denen später wegen ungenügender Eignung der Aufstieg vom Copiloten zum Kommandanten versagt bleibt, empfinden das meist als Schiffbruch im Leben, den sie in der Rivalität mit jüngeren Vorgesetzten schwer verkraften können.

Obwohl, wie früher erwähnt, die zunehmende Computerisierung im Cockpit die Rolle des Piloten verändert hat, achtet man bei der Auswahl der Schüler doch nach wie vor in hohem Maße auf menschliche Charaktereigenschaften wie emotionale Stabilität, Belastbarkeit in extremen Situationen, Kontaktfähigkeit in der Zusammenarbeit, Loyalität. Denn noch mehr als die rein fachlichen, werden die menschlichen Anforderungen in der Praxis des Berufes groß sein: Isoliertheit im Cockpit, extrem häufige Trennung von der Familie, zeitweise Eintönigkeit der Arbeit während ereignislosen langen Stunden über dem Ozean oder der Wüste. Durch verschiedene psychologische Tests und persönliche Gespräche versuchen geschulte Fachleute von der Persönlichkeit des Kandidaten und seiner mutmaßlichen Eignung ein möglichst sicheres Bild zu gewinnen. Zusätzlich gibt es natürlich auch medizinische Untersuchungen und fachliche Prüfungen. Da in der Schweiz der Nachwuchs an geeigneten Piloten äußerst knapp ist und die Swissair oft unter kritischen Beschuß gerät, wenn sie mangelhaft qualifizierte Schweizer Anwärter ablehnt und notgedrungen Ausländer anstellt, ist es nicht immer leicht, an den strengen Maßstäben der Auswahl unbeirrt festzuhalten. Aber es wäre unverantwortlich, sie herabzusetzen.

Für den Ausgewählten beginnt vorerst eine anderthalbjährige Ausbildung in der Luftverkehrsschule. Sie spielt sich zuerst teils im Theoriesaal in Kloten, teils auf dem Swissair-Schulflugplatz in Hausen am Albis bei Zürich ab, wo mit einmotorigen Kleinflugzeugen geübt wird. Anschließend besuchen die Schüler eine amerikanische Flugschule in Vero Beach, Florida, wo unter Aufsicht von Swissair-Lehrern Amerikaner sie instruieren. Nach weiteren Perioden des theoretischen Unterrichts in Zürich und der Übung im Instrumentenflug in den Flugsimulatoren der Luftverkehrsschule folgt eine zweite Übungsphase in Florida und schließlich der Abschluß der Grundausbildung in Zürich. Bis dahin hat der künftige Pilot etwa 200 Flugstunden hinter sich.

Die Swissair hat schon diesen ersten Teil der Schulung teilweise finanziert, nimmt aber erst jetzt den Anwärter, wenn er die nötigen Schlußprüfungen bestanden hat, in den Anstellungsvertrag auf. Aber noch wird er nicht auf die Passagiere losgelassen. Erst muß er einen halbjährigen Kurs auf DC-9 durchmachen; er besteht aus dreieinhalb Wochen Theorie, auf vier Wochen verteilten 15 dreistündigen Lektionen im Flugsimulator, in dem sich jeder Start, jede Landung, jede Wetterlage und Notsituation wirklichkeitsgetreu «spielen» läßt, und lediglich sieben Stunden Training im richtigen Flugzeug. Schließlich folgen 130 bis 150 Stunden im praktischen Einsatz als beaufsichtigter zweiter Copilot.

Jetzt endlich ist er – nicht Captain, sondern Copilot auf DC-9. Das bleibt er für fünf bis sechs Jahre. Dann wird er umgeschult, um Copilot auf Langstrecken-flugzeugen zu werden: DC-8, DC-10 und B-747. Erst wenn er insgesamt 12 Dienstjahre als Copilot erfolgreich hinter sich gebracht hat, darf er zur Prüfung antreten, deren Bestehen ihn zum Kommandanten auf DC-9 werden läßt. Ein Teil der Piloten wird einige Jahre später erneut umgeschult, um als Captain einen der Langstrecken-Flugzeugtypen zu fliegen.

Diese Karriere läuft, wenn einer jeweils die Prüfungen besteht, in ihren Fristen mehr oder weniger automatisch ab, d. h. ohne Konkurrenzkampf und ohne die Möglichkeit, sich vorzudrängen. Auch richten sich die Saläre, im Gegensatz zu vielen andern Gesellschaften, nach dem Dienstalter und nicht nach dem Typ des geflogenen Flugzeuges.

Trotzdem wird ein Pilot, auch wenn er den Höhepunkt seiner Laufbahn erreicht hat, ständig überwacht. Seine Lizenz muß jedes halbe Jahr erneuert werden, und dazu sind jährlich zwei kurze Wiederholungskurse im Flugsimulator sowie zwei fachliche und zwei ärztliche Prüfungen notwendig und einmal im Jahr ein theoretischer Auffrischungskurs sowie ein Flug mit einem kontrollierenden Fluglehrer.

Anders als in der Schulung des Bodenpersonals sind die 90 Fluglehrer, die auch Bordtechniker und Dispatcher ausbilden, nicht nur ein paar Jahre, sondern dauernd und hauptberuflich in der Instruktion. Dafür aber bleiben sie nebenberuflich Piloten und Bordtechniker und arbeiten alle immer wieder selber auf Streckenflügen im Cockpit, so daß sie den ständigen unmittelbaren Kontakt zur Praxis nicht verlieren.

Wie man Flight Attendant wird

Das Kabinenpersonal von 1670 Leuten besteht zu gut zwei Dritteln aus Hostessen. Weil sie, wie früher er-

166

wähnt, meist nur wenige Jahre ihrem Beruf treu bleiben, müssen jährlich etwa 300 neu ausgebildet werden. Da sich jeweils ungefähr 1200 anmelden, kann die Schule das mutmaßlich beste Viertel aussuchen. Bei den Stewards ist der Bedarf wesentlich geringer, ebenso aber auch das Angebot.

Die Hälfte der 1200 Bewerberinnen wird auf Grund der schriftlichen Angaben über ihre Ausbildung, Sprachkenntnisse u. a. zu einer eintägigen Prüfung aufgeboten. Die Hälfte dieser Hälfte wird auf Grund der Prüfungsresultate ausgewählt und in die Schule aufgenommen. Maßgebend sind dabei die Allgemeinbildung, die Gewandtheit in der Muttersprache und den beiden obligatorischen Fremdsprachen, der in kurzen Übungen ermittelte Sinn für Ästhetik und die praktische Begabung, mit der ein Gerät angefaßt und ein Glas angeboten wird, die Ergebnisse psychologischer Tests über besonders wichtige Charaktereigenschaften wie Kollegialität, mitmenschliche Hilfsbereitschaft und Freundlichkeit, seelische und körperliche Belastbarkeit u. a. sowie die Körpergröße: sie sollte nicht unter 158 Zentimetern betragen und unter der Decke der Flugzeugkabine noch Platz finden.

«Und das attraktive Äußere – ist es nicht wichtig?» frage ich Schulleiter Edgar Gilliéron. Er lächelt: «Gewiß ist es wichtig. Aber wir ziehen im Zweifelsfall den warmherzig-mütterlichen Typ den glamourösen Pinup-Girls vor. Wenn eine beides in sich vereinigt, um so besser.» Immerhin: «Gepflegte Erscheinung» wird verlangt, und Schönheitspflege gehört zur Ausbildung.

Nach der Aufnahme beginnt die bezahlte fünfwöchige Grundausbildung, für weibliche und männliche Schüler gemeinsam. Sie umfaßt Grundkenntnisse des Unternehmens, seines Streckennetzes, der Flotte und der Organisation; einiges an Geographie, nationalen Sitten, Religionen, Essensgewohnheiten, Währungen;

Grundwissen über Erste Hilfe und Handhabung der Sicherheits- und Noteinrichtungen im Flugzeug; und vor allem eine Einführung in die Kunst des Gastgewerbes und des Verhaltens als «Gastgeber und Gastgeberin» gegenüber den Passagieren. Der Lehrer liest, um einen Vorgeschmack der Praxis zu vermitteln, lobende und vor allem schimpfende Kundenbriefe vor, und er organisiert Rollenspiele, die er (oder sie) aus der eigenen Erfahrung als Steward oder Hosteß kommentiert. Im Schulhaus gibt es wirklichkeitsgetreue Modelle von Flugzeugkabinen, mit deren Hilfe man das Servieren und ebenso die Betätigung von Notausgängen, Notrutschen usw. üben kann.

Dieser ersten Schulung folgt bereits der praktische Einsatz im Flugzeug, drei Monate lang auf Kurzstrecken in DC–9. Während den ersten zwei bis drei «Rotationen» (Serien von vielen Flügen innerhalb Europas während vier oder fünf Tagen) sind die Schüler zusätzliche Hilfskräfte neben einer normalen, vollständigen Kabinenbesatzung, aber danach müssen sie schon als vollwertiges Mitglied des Teams ihren «Mann» bzw. ihre «Frau» stellen, wenn auch betreut und kontrolliert von ihrem(-r) Gruppenchef(in) oder dem Purser.

Diese Lehrzeit wird mit einer Qualifikation abgeschlossen und durch einen einwöchigen Kurs im Schulzimmer, in dem die praktischen Erfahrungen besprochen werden, ergänzt. Jetzt, 18 Wochen nach Schuleintritt, bleibt als Schlußhürde eine theoretische Prüfung zu bestehen, die zum Diplom und zur festen Anstellung führt. Zur Feier des Diploms werden ein paar kurze Reden gehalten, in der Direktionskantine Wein und Nüßchen geboten – «zum ersten und letzten Mal dürfen Sie in Uniform Alkohol trinken!» –, die Diplome überreicht und die Uniformen unter strahlenden Gesichtern mit der Swissair-Brosche dekoriert.

Vor zwanzig Jahren brauchte die Swissair pro Jahr

keine hundert neue Hostessen, und die Zahl der Bewerbungen für diesen «Traumberuf» war viel größer als heute. Trotzdem ist das Niveau im Durchschnitt nicht gesunken, und nach Meinung der Lehrer ebenso wie nach meinen persönlichen Eindrücken ist diese «Jugend von heutzutage», obwohl sie mehr um ihre Rechte weiß und mit größerem Selbstbewußtsein Ansprüche stellt, ebenso begeisterungsfähig und einsatzbereit wie die einstigen Anfänger, wenn man sie zu motivieren und vom Sinn ihrer Arbeit zu überzeugen versteht.

Gastgeber auf Langstrecken

Nach etwa anderthalb Jahren DC–9-Einsatz geht die Entwicklung weiter: Umschulung auf Langstreckenflugzeuge. Nicht nur die Kabineneinrichtung und die Mahlzeiten sind anders, die Zahl der Passagiere und der Besatzungsmitglieder größer, sondern auch die Aufgabe der Flight Attendants erweitert sich. Bisher waren sie es gewohnt, daß bald oder sogar unmittelbar nach dem Mahlzeitenservice der Flug zu Ende war. Nun aber, unterwegs nach Nordamerika, Nairobi, Dakar oder Bombay stehen nach dem Mittag- oder Abendessen noch viele Stunden bevor, in denen vielleicht ein Film gezeigt oder nach langer Schlafpause ein Frühstück oder ein Imbiß geboten wird, im übrigen aber nichts geschieht.

«Jetzt», sagen die Lehrer, «habt ihr im Gegensatz zu den gehetzten Flügen nach Mailand oder Frankfurt die Möglichkeit, wirkliche Gastgeber zu sein. Nicht aufdringlich, aber aufmerksam präsent.» Ein Kind hat Durst, eine alte Dame Fieber, ein Herr Magenbrennen. Einer sucht durch ein Gespräch mit der Hosteß seine heimliche Angst vor der Fremde zu beruhigen, ein anderer bittet um Auskünfte, um Kontakt zu finden und sich nicht so einsam zu fühlen.

Doch auch das «Handwerk» ist anders. In der Economyklasse wird eine Vorspeise angeboten und danach zwei warme Mahlzeiten nach Wahl, die zuvor an Bord gewärmt werden müssen. Und in der ersten Klasse geht es nun ziemlich luxuriös zu. Nach japanischer Art hergerichtete Blumenarrangements werden aufgestellt. Für die Klapptischchen gibt es Stoff-Tischtücher und -Servietten, Salz- und Pfefferstreuer, Besteck und Gläser aufgedeckt wie im vornehmen Restaurant. Während appetitlich auf Wagen bereitgestellte Leckerbissen der Vorspeise nach individuellem Wunsch auf die Teller angerichtet werden, müssen zum richtigen Zeitpunkt die Rindsfilets in den Ofen gesteckt und zum richtigen Zeitpunkt wieder herausgeholt werden, damit sie weder zäh noch verbrannt noch kalt sind, wenn der verwöhnte Passagier sie bekommt. Alles muß auf den Servierwagen sowohl praktisch als auch hübsch arrangiert sein, zugleich liebevoll und mit routiniertem Tempo im «Galley» bereitgestellt.

Die Arbeit im «Galley», wo das Essen gewärmt oder grilliert und hergerichtet wird, war lange Zeit – ebenso wie das Amt des Maître de Cabine – den Herren Stewards vorbehalten. Diese Schranken sind inzwischen gefallen. Es zeigte sich aber, daß die Flight Attendants beiderlei Geschlechts fast durchwegs Angst hatten vor der Aufgabe, das «Galley» der ersten Klasse zu betreuen (die Besatzung wechselt sich im Dienst in der ersten und der Economyklasse ab). Deshalb wurde nun etwa ein Fünftel des gesamten Kabinenpersonals für diese anspruchsvolle Funktion in der Schule und im Swissair-Catering eigens geschult mit Tonbildschau und in Übungen mit Steaks, Hummern, Lachs, Zitronenscheiben u. a. aus Plastik.

Anders als im innereuropäischen Verkehr ist auf den Langstreckenflügen auch die Mischung der Passagiere. Je nach dem Reiseziel sitzen in großer Zahl Afrikaner, Araber, Amerikaner, Inder, Japaner, Südamerikaner im Flugzeug, die sich anders verhalten und anders empfinden als der durchschnittliche Reisende zwischen Zürich und Wien, zwischen Genf und Amsterdam.

Die Umschulung der Flight Attendants geschieht Schritt um Schritt. Die erste Stufe eröffnet ihnen die Strecken nach Nordamerika, dem Mittleren Osten, West- und Ostafrika. Ein bis zwei Jahre später folgt ein Zweitagekurs, der sie zusätzlich für Südafrika und vor allem den Fernen Osten qualifiziert. Er beginnt mit japanischem grünem Tee vor dem Hintergrund japanischer Musik, und er erklärt in Bild und Ton die verschiedenen Destinationen von Indien und Pakistan ostwärts und südostwärts sowie den Sonderfall Südafrika. Erst nach einem bis zwei weiteren Dienstjahren öffnet sich auch das bisher verschlossene Südamerika – auf der Basis eines schriftlichen Kurses zum Selbststudium: Der Einsatz nach Südamerika ist sehr begehrt, doch gibt es in der Proportion nur wenige Flüge.

Auf der Stecke nach Tokyo setzt die Swissair, wie auch andere Fluggesellschaften, japanische Hostessen ein, die einzigen Ausländerinnen im gesamten Kabinenpersonal. Die Japaner sind ein zunehmend wichtiger Kundenkreis, der aber mit Fremdsprachen in besonderem Maße seine Mühe hat. Und während man Schweizer mit guten Spanisch- oder Portugiesisch-Kenntnissen findet, gibt es kaum welche, die Japanisch sprechen und verstehen. Die 24 japanischen Hostessen werden in der Tokyo Business Academy ausgebildet, von einem Swissair-Vertreter dort ausgesucht und danach in Zürich auf englisch für den Dienst in der DC–10 geschult. Sie sind sehr einsatzfreudig und stolz auf ihre Firma, stöhnen aber auch ein bißchen über die Swissair-Strenge, die sie als einzige Fremd-körper in einem rein schweizerischen Korps wohl besonders stark empfinden.

Nur eine Minderheit der Flight Attendants macht rangmäßig Karriere: Aufstieg durch zusätzliche Schulung zum Vorgesetzten als Gruppenchef, Purser und – in den Langstreckenflugzeugen – Maître de Cabine. Der Maître de Cabine, der in der DC–10 neun, im Jumbo 13 Leute unter sich hat, soll sich nicht allzu unmittelbar wie alle andern in die Bedienung einschalten, sondern als Überwacher und Reserve für besondere Probleme Vorgesetzter im Hintergrund bleiben. Doch bei den kleineren Besatzungen unterscheidet sich die Tätigkeit des Chefs nicht wesentlich von derjenigen der übrigen – die Extrafunktion beschränkt sich zur Hauptsache auf die Betreuung und Kontrolle von «Lehrlingen» und das Abgeben von Qualifikationen. Dennoch tragen sie erhöhte Verantwortung, auf die sie vorbereitet werden, Verantwortung insbesondere gegenüber den untergebenen Jungen als Gruppenchef: Bei diesen gibt es aus den früher erwähnten Gründen – Mangel an stabilen menschlichen Bindungen – privatpersönliche Probleme, wie Alkoholismus, Drogensucht, unglückliche Liebesaffären und anderes. Deshalb muß der Vorgesetzte nicht nur dem ängstlichen Passagier, sondern noch mehr einem in Not geratenen Untergebenen mit Takt beizustehen versuchen. Im rasanten und grundsätzlich auf die Kundschaft ausgerichteten Flugbetrieb ist das keineswegs einfach.

Im Departement Technik gibt es ein eigenes Schulungssystem, das teilweise eigene Wege geht. Die Lehrlingsausbildung ist nach ähnlichen Prinzipien ausgerichtet wie diejenige der Luftverkehrslehrlinge, dauert aber vier Jahre. Die Schüler, jährlich 40 bis 50 an der Zahl (davon ein Drittel in Genf, zwei Drittel in Zürich) besuchen die Gewerbeschule, wo sie jedoch nur einen Tag pro Woche allgemeinen Unterricht erhalten. Während der übrigen vier Tage arbeiten sie unter Anleitung von einstigen Swissair-Technikern, die fest angestellte Lehrer sind, in der Werft und in den Werkstätten beim Flughafen. Die große Mehrheit der Absolventen, aber nicht alle, werden anschließend Swissair-Angestellte.

Neben dieser Grundschulung der Lehrlinge gibt es die Swissair-Technikerschule, eine Art Firma-internes Technikum zur Weiterbildung von Mechanikern, in dem mittlere Kader des Departements Technik nebenamtlich als Lehrer tätig sind. Der Unterricht ist stark auf die Praxis der Flugzeug-Wartung ausgerichtet und schließt mit einem Techniker-Diplom ab, das freilich nur innerhalb des Unternehmens selbst seine Bedeutung hat.

In der Werkschule schließlich werden Mechaniker und Techniker der Swissair immer wieder fortgebildet, wenn es technische Neuerungen, insbesondere wenn es neue Flugzeuge gibt. Noch bevor im Herbst 1980 die erste DC-9-81 in der Schweiz eintraf, hatten sich ein paar Cheftechniker aus Zürich und Genf mit der in mancher Hinsicht – vor allem in der elektronischen Ausrüstung – neuartigen Maschine in Amerika vertraut gemacht, um das Personal auf die neue Aufgabe vorbereiten und schulen zu können – die Swissair übernimmt Wartung und Revision dieses neuen Flugzeug-Typs wiederum für mehrere Fluggesellschaften. Dasselbe geschieht im Hinblick auf den Airbus, der 1983 erstmals in Swissair-Dienste tritt.

Die Station Genf betreibt neben Zürich ihre eigene technische Schulung auf französisch, wenn auch eng koordiniert mit dem Hauptsitz und entsprechend den beschränkteren Wartungs- und Revisionsaufgaben in kleinerem Umfang.

Mitte der siebziger Jahre kam die Führungsgruppe des Flugzeugunterhalts unter ihrem Chef Konrad Lindenmann zur Überzeugung, daß die rein fachliche Schulung für ein optimales Funktionieren des sehr komplexen und anspruchsvollen Betriebes nicht genügt. Wenn man die ab und zu auftauchenden Probleme und Schwierigkeiten genau untersuchte, zeigten sich meistens nicht technische, sondern zwischenmenschlich-hierarchische Ursachen. Die Arbeit als Mechaniker und Techniker in einer Flugesellschaft stellt Anforderungen, wie es sie sonst kaum gibt. Wer in einem Büro sitzt oder einen Flugschein ausstellt, darf sich notfalls einmal einen Fehler erlauben, der hinterher korrigiert werden kann. Wer ein Flugzeug wartet, das nachher mit hundert oder dreihundert Menschen auf 10 000 Metern Höhe einige tausend Kilometer weit über Meer, Berge, Wüste fliegt, darf sich keinen Fehler leisten, niemals und unter keinen mildernden Umständen von Föhn oder schlechter Laune. Daß diese Art von extremem Leistungsdruck, verbunden mit der im technischen Betrieb zwangsläufig besonders strengen Disziplin, zwischen Untergebenen und Vorgesetzten Spannungen bewirken kann, ist leicht zu verstehen, ebenso aber auch, daß solche Spannungen bei den Beteiligten den seelischen Streß zusätzlich verstärken.

Konrad Lindenmann (Chef Flugzeugunterhalt im Departement Technik), Dr. Stephan Fröhlich (der als Jurist auf Umwegen zur Swissair-Technik gekommen war) und Dr. Franz Gubser (der als Psychologe die

174

Auswahl der Pilotenanwärter geleitet hatte) arbeiteten gemeinsam an Antworten auf diese Probleme. Sie entwickelten ein Seminar von drei Mal zwei Tagen für alle rund 300 Vorgesetzten aller Stufen im Flugzeugunterhalt. Das Ziel bestand darin, die übliche Konfrontation zwischen dem dozierenden Vorgesetzten und seinen passiven, mißtrauischen, in innere Abwehr gedrängten Untergebenen zu überwinden und fachliche Probleme als gemeinsame Herausforderung für eine zusammengehörende Gruppe zu verstehen. Im Seminar sollte man lernen und üben, «wie wollen *wir* das anfassen?» zu fragen und die Antwort gemeinsam zu erarbeiten. Denn in der alltäglichen Praxis ist ungeachtet der hierarchisch verschiedenen Ränge und Rollen das Zusammenwirken von Fachleuten aller Art erforderlich, von denen jeder auf seine Weise wichtig ist und Eigenes beizutragen hat.

Es handelt sich also nicht um «Schulung» im landläufigen Sinn, und das Wort «Kurs» läßt sich nur in Anführungszeichen verwenden. Die «Lehrer» – zunächst Stephan Fröhlich und Franz Gubser, die dann andere heranzogen – sind nicht Fachdozenten, die eine «Methode» instruieren, sondern «Coaches» oder «Animatoren», deren Kunst darin besteht, die Teilnehmer der Gruppe zur Überwindung ihrer Hemmungen und zur aktiven Teilnahme am Gespräch zu ermutigen, so daß die hierarchische Starre sich löst und die Menschen sich öffnen.

Obwohl die Rangunterschiede dabei nicht vertuscht werden, relativieren sie sich doch. Denn der Untergebene wird zum Gesprächspartner des Vorgesetzten, seine Offenheit wird nicht toleriert, sondern gewünscht. Dadurch ließen sich in den Seminarien die psychologischen Mauern wenigstens teilweise abbauen. Der Techniker entdeckte, daß auch der Vizedirektor, den er nur als strengen Befehlshaber und Kritiker gekannt hatte, unter Scheu und Hemmungen leidet,

175

und dieser begriff, daß sein Mitarbeiter seit Jahren seinen – verständlichen – Ärger schluckte. Solche Erfahrungen wirkten nach den Seminarien in der beruflichen Praxis weiter, wenn auch je nach Individuen in sehr unterschiedlichem Maß.

Inzwischen sind solche «Kurse» von der Gesamtfirma übernommen worden, allerdings vorerst nur als Kaderkurse im Bereich zwischen Direktionspräsident und Sektionschefs und nur als einmalig dreitägiges Seminar.

Während die Abteilung «Verkauf und Service» über das rein Fachliche hinaus zur psychologischen Ausbildung im «TACT» vorstieß, an der sich dann auch das Kabinenpersonal beteiligte, wurde das Departement Technik bahnbrechend in einer andersartigen Ausweitung der Ausbildung: im Bereich des Kontaktes nicht mit dem Kunden, sondern mit den Kollegen, Vorgesetzten und Untergebenen innerhalb des Unternehmens. Oder anders gesagt: in einer neuen Form der Stärkung des Menschen gegenüber dem Apparat.

6. Kapitel

Hohe Kunst des Managements

Walter Berchtold erzählte mir, daß er 1959 von der American Management Association, deren Vorstand er später drei Jahre lang angehörte, zur Teilnahme an einem einwöchigen Kurs für Manager in Führungspositionen eingeladen worden war. In diesem Kurs, sagt er, lernte er manches, was er in seiner Arbeit praktisch verwenden konnte.

Er lernte u. a. das System der regelmäßigen Mitarbeiter-Qualifikation: Jeder Angestellte in Führungsposition setzt sich regelmäßig – gewöhnlich ein Mal im Jahr – mit seinem Chef zu einer ausgiebigen, zweistündigen Aussprache zusammen, um an Hand des individuellen Pflichtenblattes seiner Funktion gemeinsam zu einer Leistungsbeurteilung zu gelangen. Zuerst muß der Untergebene darstellen, wie er selber sich, seine Probleme, Stärken und Schwächen sieht, bevor ihm der Vorgesetzte aus seiner Sicht und Beobachtung antwortet. Weil kaum einer es wagt, sich selbst weniger kritisch zu beurteilen, als es vermutlich der Chef tut, bleibt ihm nicht erspart, sich seine Mängel und Fehler bewußt zu machen. Das stellt ihn vor die Aufgabe, sie zu überwinden, und der Chef ist verpflichtet, ihm dabei zu helfen.

Jeder sein eigener Chef

Das System gewinnt an Wirksamkeit, wenn es gelingt, bei jeder Funktion und Aufgabe die wünschbare Leistungsqualität durch klare Beschreibung oder sogar durch meßbare, in Zahlen auszudrückende Kriterien deutlich zu machen. Der vom Mitarbeiter akzeptierte Maßstab wird dann zur Handhabe der Selbstüberwachung und zum Ansporn des persönlichen Ehrgeizes.

Die Selbständigkeit im Beurteilen der eigenen Leistung schafft die Voraussetzung dafür, daß eines der wichtigsten Führungsprinzipien der Swissair funktionieren kann, ein Prinzip, das ebenfalls von Berchtold eingeführt und durchgesetzt wurde, aber kaum typisch amerikanisch ist: das Delegieren von Kompetenz. Die Maxime heißt: Eine Entscheidung soll auf der unterst möglichen Hierarchiestufe getroffen werden, auf der das bestimmte Problem noch voll überblickt werden kann. Das entlastet nicht nur die Vorgesetzten, es führt auch zu sachgemäßeren Entscheidungen. Landesvertreter Fritz Ledermann in Cairo oder Rudolf Müller in Tokyo können dank ihrer Vertrautheit mit den lokalen Verhältnissen viel besser beurteilen, wie ein bestimmtes Problem in Ägypten oder in Japan gelöst werden muß, als ihr Chef in Zürich, und die Verantwortlichen der Einsatzleitstelle am Zürcher Flughafen verfügen im Bewältigen von Anschlußschwierigkeiten bei Verspätungen über eine Erfahrung und auch in einer gegebenen Situation über einen Informationsüberblick, die auf den höheren Hierarchiestufen niemand hat.

Das Prinzip leuchtet jedermann ein und scheint sehr einfach. Doch mit der Entscheidungsbefugnis ist unlöslich die Verantwortung verbunden. Davor fürchten sich nicht wenige: Sie fragen den Chef, wie sie entscheiden sollen, geben also die delegierte Kompetenz wieder zurück, um sich den Rücken zu decken. Umgekehrt verleihen manche Chefs nur theoretisch Befugnisse an ihre Mitarbeiter, während sie ihnen gleichzeitig über die Schulter schauen, sich einmischen oder ihnen hinterher so sehr am Zeug flicken, daß die Untergebenen fortan Selbständigkeit und Eigenverantwortung gar nicht mehr wagen. Das System funktioniert also nur dann, wenn sowohl der Vorgesetzte als auch der Mitarbeiter gegenseitig Vertrauen haben und dem Risiko einer nachträglich feststellbaren Meinungsverschiedenheit oder sogar eines Fehlers mit selbstsicherer Gelassenheit ins Auge schauen.

Die Erfolgsplanung der Swissair ist eine konkrete Anwendung der geschilderten Prinzipien. Marc Bigler, Verkaufschef für die französischsprachige Schweiz in Genf, schilderte mir, wie sich das in seinem Bereich abspielt. Der Verantwortliche für Verkauf und Service in der ganzen Schweiz (damals der inzwischen zum Generaldirektor beförderte Bertrand Jaquiéry, jetzt als sein Nachfolger André Clemmer) stellt für das bevorstehende Jahr gewisse Planziele auf – z. B. die Erhöhung des Anteils voll zahlender Passagiere am Gesamtverkauf um einen bestimmten Prozentsatz, eine für erreichbar gehaltene Auslastung der Passagiersitze auf dieser, des Frachtraums auf jener Linie usw. Seine beiden direkten Mitarbeiter, der Chef Deutschschweiz-Tessin in Zürich und der Chef Westschweiz in Genf, arbeiten nun im abgesteckten Rahmen ihrerseits Pläne aus, auf welche Weise jeder in seinem Bereich beitragen will, die Ziele des Vorgesetzten zu erreichen. Beide geben ihre Pläne weiter an die direkten Untergebenen, die ihrerseits je ihre Ziele ausarbeiten und ihre Beiträge planen.

So geht es die Stufen hinunter, bis noch vor Beginn des neuen Jahres jeder regionale Passagen- und Fracht-Verkaufschef seine konkreten Vorsätze auf Grund der überblickbaren Möglichkeiten in seinem Bereich zu Papier gebracht hat. Jeder trägt nun selbst die Verantwortung, das zu verwirklichen, was er sich vorgenommen und dem Vorgesetzten in Aussicht gestellt hat, und jeder kontrolliert sich während des Jahres periodisch, indem er das bereits Erreichte mit seinem Plan vergleicht und dann dort besondere Energie einsetzt, wo er im Rückstand ist.

Da somit jeder sein «Soll» selber aufgestellt hat, steht er bei der Arbeit nicht so sehr unter dem Druck des Vorgesetzten, dessen Forderungen er allenfalls als «unrealistisch» abwehren könnte, als vielmehr unter dem inneren Druck der eigenen Anforderung, gegen die er nicht meutern kann, ohne sich selber als unrealistisch zu bezeichnen.

Retter für «Holiday on Ice»

Der Vorgänger und heutige Vorgesetzte von Marc Bigler, Westschweiz-Chef Gérard Ladame, erzählte mir einen Vorfall, welcher die Kehrseite zur Verantwortung illustriert: die Entscheidungsfreiheit. Vor etlichen Jahren, als es noch keine Flugverbindung Marseille–Genf gab, tauchte in heller Verzweiflung der Manager der amerikanischen Balletttruppe «Holiday on Ice» bei der Swissair Genf auf: Seine Leute saßen in Marseille und mußten in zwei Tagen in Athen auftreten; der mit einer Fluggesellschaft vereinbarte Charterflug war aus irgendwelchen Gründen plötzlich abgesagt worden, worauf er eine Europakarte studiert und sich kurzerhand in den Schnellzug nach Genf gesetzt hatte, in der Hoffnung, daß man ihm dort helfen könnte.

Herr Ladame nahm, weil es noch kein PARS gab, das Telephon zur Hand und erfuhr in Zürich, daß die Swissair-Maschine nach Athen am nächsten Tag zwar auf dem Rückflug voll ausgebucht, auf dem Hinflug aber fast leer war. Er veranlaßte, daß die wenigen Passagiere auf eine andere Gesellschaft umgebucht wurden, ließ das freigemachte Flugzeug als Chartermaschine nach Marseille und von dort mit «Holiday on Ice» nach Athen fliegen. Als Grandseigneur bot er den

180

geretteten «Schiffbrüchigen» unterwegs ein Erstklaß-
essen.

Im Lauf der Jahre fiel ihm auf, daß «Holiday on Ice»
auf manch langen Gastspielreisen, u. a. von Paris
nach Tokyo, die Swissair wählte, obwohl andere Gesellschaften günstigere Gruppenpreise anboten, und
als er einmal den Manager wieder traf, erkundigte er
sich. «Sie haben damals genau gewußt, daß wir auch
den mehrfachen Preis zahlen würden, weil wir keine
Alternative hatten, um rechtzeitig nach Athen zu kommen», lautete die Antwort, «aber Sie haben es nicht
ausgenutzt. Mit solchen Leuten mache ich gerne Geschäfte.»

Das Bemerkenswerte scheint mir an der Geschichte,
daß ein Angestellter auf vierter oder fünfter Rangstufe
eine solche «Operation» ohne Präzedenz und außerhalb jeder etablierten Ordnung in Gang bringen will
und in Gang bringen kann. Wenn nur der oberste Chef
oder der nach Dienstweg zuständige Generaldirektor,
die vielleicht beide gerade zu einer Konferenz in Manila unterwegs sind, dergleichen entscheiden können,
kommt es niemals zustande. Und wenn der Mann in
Genf damit rechnen muß, daß er auf Grund zweier Re-
klamationsbriefe von umgebuchten Zürich–Athen-
Passagieren wegen Eigenmächtigkeit von einem obe-
ren oder obersten Chef getadelt wird, dann erklärt er
dem armen Amerikaner mit großem Bedauern, daß
die Swissair gar keine Charterflugzeuge zur Verfügung
hat. Und das wäre die reine Wahrheit.

Vertrauen durch Offenheit

In New York fragte ich einen höheren Angestellten,
der vor der Swissair bei zwei andern Fluggesellschaften gearbeitet hatte, warum er als Amerikaner sich so
stark mit einem schweizerischen Unternehmen identi-

fizieren könne. «Am Tag nach meinem Stellenantritt bei der Swissair», antwortete er, «ließ mich mein neuer Vorgesetzter kommen und erzählte mir alles über die Firma, die finanzielle Lage, die Schwächen und Probleme, die Stärken, die Ziele usw. Ich fiel fast vom Stuhl: Man hielt mich Anfänger für würdig, Bescheid zu wissen.»

Ein indischer Ingenieur am Flughafen von Bombay sagte es ähnlich: «Für uns Inder, die wir das so überhaupt nicht gewöhnt sind, ist solche Offenheit anfänglich fast ein Schock.»

Wer in die Belange der Familie eingeweiht wird, gehört zur Familie. Und normale Menschen – erst recht charakterlich sorgfältig ausgesuchte Menschen – beantworten das Vertrauen, das ihnen ein Vorgesetzter entgegenbringt, ihrerseits mit Vertrauen.

Franz Roth, langjähriger Chef des Departements Technik, im Sommer 1980 als Generaldirektor pensioniert, hatte vor vielen Jahren damit begonnen, ein «Blick» genanntes, internes Informationsblatt mit Auskünften über bevorstehende Neuerungen, technische Probleme, Beschlüsse der Sitzungen der technischen Führung usw. zu veröffentlichen und überall in den Werften und Werkstätten anschlagen zu lassen. Das Beispiel machte Schule, und bald weitete sich die Offenheit der internen Information auf die ganze Firma aus. Der Geheimniskrämerei, die häufig mittelmäßigen Führern als Stütze falscher Autorität dient, wurde der Boden entzogen, und die oft gefährlichen, unkontrollierbaren Gerüchte konnten sich nicht mehr entwickeln. Das Unternehmen muß allerdings in Kauf nehmen, daß auch die Öffentlichkeit und die Konkurrenz alles und jedes sofort erfahren. Aber das war keineswegs revolutionär, sondern lag auf der Entwicklungslinie der Firma.

Bis etwa 1950 allerdings wurde von der Swissair viel Geheimniskrämerei betrieben – die innere Situation war ja auch nicht so klar, sauber geordnet und erfreulich, daß man sie gerne nach außen präsentiert hätte. Doch als der neue Generalsekretär Heinz Haas u. a. die Oberleitung von Presse und Public Relations übernahm, änderte er die Gepflogenheiten radikal, aus der Überzeugung, daß man Vertrauen nur gewinnen kann, wenn man nichts verbirgt, und daß eine Fluggesellschaft noch entscheidender als andere Unternehmen Vertrauen der Öffentlichkeit braucht. So wird an Pressekonferenzen über alles Auskunft gegeben, und die seit 1950 erscheinende dreisprachige, interne Zeitschrift für die Angestellten, die «Swissair News», die auch der normalen Presse zugänglich ist, veröffentlicht laufend Geschäftsergebnisse, Erfolge und Rückschläge, Probleme und Neuerungen – wenn auch nicht die lokalen «Insides» von Zürich, Genf und Basel, die heute durch die «Wandzeitungen» der Personalkommission und der Personaldienste über die «schwarzen Bretter» zu den Interessierten gelangen.

Was ich weiß, macht mir heiß

Das Delegieren von Befugnissen und die Offenheit der Information im Innern des Unternehmens bedingen sich gegenseitig. Nur wer über die Gesamtsituation im Bilde ist und die Ziele und Richtlinien der Vorgesetzten kennt, kann in einer gegebenen Situation selbständig handeln, ohne die Angst, ungewollt plötzlich zu übergeordneten Interessen quer zu liegen. Umgekehrt kann ein Chef seinem Mitarbeiter nur dann das nötige Urteilsvermögen zutrauen, wenn er ihm als Urteils-Voraussetzungen die Zusammenhänge aufgezeigt hat, in die jede einzelne Aktivität hineinpassen soll.
Um die Bedeutung dieser Führungsprinzipien zu ermessen, muß man sich das weit verbreitete Gegenbeispiel vergegenwärtigen: Der oberste Chef allein bean-

sprucht alle Entscheidungsmacht und wacht eifersüchtig darüber, daß nichts Wichtiges ohne ihn beschlossen wird. Um dieser übermäßigen Verantwortung auch nur halbwegs zu genügen, muß er sich in einer 60-Stunden-Arbeitswoche in tausend Einzelproblemen verzetteln, in denen seine Fachmitarbeiter trotzdem besser zu Hause sind, und muß für jede allfällige Notlage sozusagen Tag und Nacht erreichbar sein. Die Mitarbeiter jedoch gewöhnen sich eigenes Mitdenken bald ab. Wenn der Chef meint, er wisse ohnehin alles besser, dann soll *er* sich den Kopf zerbrechen – nicht meine Sache! Dieses «Nicht meine Sache» drückt die völlige innere Bindungslosigkeit aus. Das Herz eines solchen Mitarbeiters, auch wenn er in der formalen Hierarchie hoch oben steht, schlägt nicht für das Wohl und Gedeihen des Unternehmens, und nichts wird ihn abhalten, ihm den Rücken zu kehren, wenn die Konkurrenz bessere Bedingungen bietet.

Anders bei der Swissair. Weil sie eingeweiht sind und selbständige Verantwortung tragen, wird auch für mittlere und sogar untere Kader die äußere Aufgabe sehr schnell zu einer inneren Aufgabe, ihre optimale Lösung zum persönlichen Anliegen. Das schafft einerseits eine große Arbeitsbefriedigung, absorbiert aber die Menschen so sehr in ihrer gesamten Persönlichkeit, daß in vielen Fällen für das Privatleben, für die persönlichen Interessen außerhalb des Berufs, für die eigene geistige Entwicklung, soweit sie nicht unmittelbar der Firma zugute kommt, allzu wenig Spielraum und Herz übrigbleibt. «Wir sind alle Bigamisten – mit der Firma verheiratet», sagte mir einer. Er sagte es als Spaß, aber die daneben sitzende Gattin nickte mit dem Kopf, ohne zu lachen.

Der Druck der Anforderung unter der Peitsche des «inneren Chefs» ist beträchtlich, und wenn die ganze Anstrengung ausschließlich auf die sachlichen Leistungserfolge, auf das Erreichen materieller Ziele konzentriert wird, droht nicht nur der privaten Familie gegenüber, sondern auch im Beruf der Unternehmensfamilie gegenüber ein Verlust an Menschlichkeit. Ein Chef, der mit seinen Mitarbeitern und Kollegen überhaupt nur noch zweckgerichtete Gespräche unter der Fuchtel der Tüchtigkeitszwänge zu führen vermag, hört selbst bei besten fachlichen Qualitäten auf, ein guter Chef zu sein.

Auch der Chef hat Angst

An einem strahlenden Herbsttag versammelten wir uns, eine Dame und 18 Herren im Hotel Hasenstrick im Zürcher Oberland zu einem dreitägigen «Seminar für das mittlere und höhere Kader der Swissair». Es waren Teilnehmer aus den verschiedensten Departementen und Berufen, von allen möglichen hierarchischen Stufen, aus mehreren Auslandstationen sowie aus Genf, Lausanne und Zürich durcheinandergemischt. Drei Herren, auch sie in verschiedenartigen Kaderpositionen, jedoch alle vom Hauptsitz, hatten die Funktion von «Coaches», was man nur bedingt mit «Seminarleiter», eher mit «Gesprächs-Stimulator» übersetzen kann.

Nach dem Einladungsbrief, den mir wie allen «normalen» Teilnehmern Personalchef Krähenbühl geschickt hatte, ging es um das Thema «Mitarbeiterführung». «Führung durch Kommunikation steht in den drei Seminartagen als grundlegendes Thema im Zentrum. ... Sie werden an der Mitgestaltung des Seminars aktiv teilhaben, Ihre eigenen Führungsaufgaben in die Problemlösung einbringen können.»

Wie sich später herausstellte, erwarteten die meisten Teilnehmer eine Art Kurs über Mitarbeiterführung, wie ihn die Abteilung «Weiterbildung» in zwei Stufen zu je fünf Tagen durchführt (zu Themen wie «Motiva-

185

tion der Mitarbeiter», «Ziele erkennen und festlegen», «Delegieren und Instruieren» usw.). Sie waren also gekommen, um sich auf die Schulbank zu setzen wie in den vielen andern Kursen, und es verwirrte sie, als sich das als Illusion erwies.

Es handelte sich um einen «Kurs» ähnlicher Art wie die Seminarien des Departements Technik, von denen im letzten Kapitel die Rede war. Hemmungen und hierarchische Barrieren in den menschlichen Beziehungen im Betrieb sollen abgebaut werden, so daß die Teilnehmer allmählich mehr Freiheit gewinnen, sich im Gespräch dem Partner und der Gruppe zu öffnen.

Diesen Kaderseminarien liegt eine Theorie zugrunde, die uns ganz kurz erklärt wurde. Sie besagt, daß es für jeden Menschen in seinem Verhältnis zu sich selbst und zu seinen Mitmenschen vier Bereiche gibt:

1. Was ich von mir selbst weiß und was auch die andern von mir wissen, entspricht sich. Es ist die «Offizialität», das, was ich den Mitmenschen zeige, mein Amt, meine Tätigkeit, mein Auftreten und meine Umgangsformen, der Teil meiner Meinungen, den ich äußere.

2. Was zwar andere von mir wissen (oder wie sie mich sehen), worüber ich selbst mir aber nicht Rechenschaft gebe. Andere finden mich kalt oder schulmeisterlich, wehleidig oder unbeherrscht, während ich mich selber ganz anders einschätze. Die Frage ist vorerst nicht, wer recht hat. Wesentlich ist die Tatsache, daß in diesem Bereich das Eigenbild und das Fremdbild stark voneinander abweichen.

3. Was ich von mir weiß, was die andern aber nicht wissen. Der Bereich umfaßt meine verborgenen Gefühle, meine Geheimnisse, meine Privatsphäre.

4. Das Unbewußte, worüber weder ich selbst noch die andern Bescheid wissen.

Für die unbefangene Begegnung mit Mitarbeitern, Kollegen und Vorgesetzten ist einzig der erste Bereich

186

offen. Die große Gefahr besteht nun beim beruflichen Zusammenleben darin, daß sich die Bereiche zwei und drei ausdehnen auf Kosten von eins. Fachliche oder hierarchische Position wird zur Fassade, hinter der sich der Mensch mit seinen wirklichen Gefühlen, Ängsten, Unsicherheiten, Schwächen versteckt, um sich keine «Blößen» zu geben. Und diese «Panzerweste» hindert die andern, ihn offenherzig spüren zu lassen, wie sie ihn sehen, was wiederum seine innere Unsicherheit verstärkt. Ein über das rein Formale und Sachbezogene hinausreichender, natürlich-spontaner Kontakt geht mehr und mehr verloren.

Diesen Gefahren soll der «Kurs» entgegenwirken. Er will die Trennwände zwischen den drei Bereichen (mit dem Unbewußten befaßt man sich wohlweislich nicht) nicht niederreißen – das wäre unmöglich –, sondern verschieben. Ein größerer Teil des versteckten Ego soll sich aus dem Bereich drei ins offene Feld eins wagen, so daß es seinen Partnern nicht nur als berufliche Rolle erscheint, sondern als Mensch spürbar wird. Und die Partner sollen umgekehrt ihre Sicht von Feld zwei merken lassen, damit der andere weiß, woran er mit ihnen ist, warum sie allenfalls vor ihm Angst haben oder ihm ausweichen. Vielleicht kann er von den andern lernen, vielleicht kann er durch größere Offenheit Fehlurteile entkräften.

Das setzt allerdings voraus, daß die Teilnehmer Rang und Titel in der Garderobe lassen, und daß sich auch die allerhöchsten Chefs in dieser heiklen Offenheitsübung exponieren und zur großen Erleichterung der übrigen ihre Schwächen, Hemmungen und Ängste zugeben – was manche etliche Überwindung kostet. Da Direktionspräsident Baltensweiler im allerersten dieser Seminarien mitmachte, können sich andere nicht drücken.

187

Man hat noch in der Ära Berchtold einmal mit derartigen Kursen einen Versuch unternommen, dabei aber auf Sach-Gesprächsthemen verzichtet. Da der hierarchische Formalismus damals ausgeprägter war als heute, führte das zu einem Nebeneinander von unüberwindbaren Hemmungen und Explosionen von entfesselten Ressentiments. Berchtold selbst stellte das Experiment mit Entsetzen sofort wieder ab.

Heute geht es um das Thema Mitarbeiterführung. Es betrifft alle Teilnehmer ganz unmittelbar in ihrem beruflichen Alltag. Aber weil die Fachgebiete sehr verschieden sind, können sie nicht ins Fachsimpeln ausweichen: Das allen gemeinsame Problem ist nicht der fachliche, sondern der menschliche Aspekt der Management-Aufgabe, und der ist nur aus der ganz persönlichen, bei jedem anders gearteten Erfahrung heraus greifbar. Davon zu reden erwies sich zu Beginn als schwierig.

Alle Teilnehmer waren gewohnt, sich in einem Kurs etwas beibringen zu lassen von einem, der mehr weiß. Alle waren gewohnt, sich andern gegenüber auf ihr fachliches Können und ihre hierarchische Position zu stützen. Und nun sollten sie ohne Lehrer von sich aus zu Themen reden, zu denen sie keine stützenden Theorien besaßen und sich als Laien fühlten. Nur wenn sie dies unter Überwindung natürlicher Hemmungen wagten, konnte ein echtes Gespräch in Gang kommen, und deshalb verzichteten die «Coaches» bewußt auf eigentliche Gesprächsführung und erteilten niemals das Wort. So kam es vor, daß man mehrere Minuten schweigend in der Runde saß, bevor einer sich das Herz faßte, aus dem Stegreif etwas zu sagen, was ihn beschäftigte.

Doch allmählich nahm die Scheu ab – freilich individuell in sehr unterschiedlichem Maß. Jeder entdeckte,

daß er mit seinen inneren und äußeren Schwierigkeiten
nicht allein stand und daß er aus den eigenen – guten
und schlechten – Erfahrungen andern eine Anregung,
einen Rat, eine Ermutigung geben konnte. Vor allem
in den kleineren Einzelgruppen wurde das Gespräch
zunehmend offener. Es ging freilich nicht um den
«Ernstfall»: Mit einer Ausnahme saß niemand seinem
Vorgesetzten beziehungsweise Untergebenen gegenüber. Doch war es eine Manöverübung, die Schutz-
wand des dritten Bereiches weiter zurückzunehmen,
das irritierend widersprüchliche Feld zwei zu verklei-
nern und sich im offenen Begegnungsraum eins freier
zu bewegen.

Am zweiten und letzten Abend drückten die «Coaches» jedem einen großen Bogen Packpapier und eine
Schachtel Fingerfarben in die Hand. Zuerst von klas-
sischer Musik, dann von Jazz ab Tonband begleitet,
begannen wir an Tischen und auf dem Fußboden wilde
und zaghafte, skurrile, aggressive und harmonische
«Gemälde» zu schmieren. Eine merkwürdige Erfahrung. «Man hat zuerst das Gefühl, etwas Verbotenes
zu tun», formulierte es einer hinterher. Man wird her-
ausgefordert, sich als «Kind» zu verhalten, hat aber
dabei Hemmungen, weil man sich doch nach Rang
und Würde unbedingt zum Erwachsensein verpflichtet
fühlt, und genießt dann doch das Spiel mit Farben und
Formen ohne die gebührende Meisterschaft in kindli-
cher Weise.

Anschließend wurden die «Werke» gegenseitig begut-
achtet, aber es gab keinerlei Klassifizierung. Jeder
spürte wohl, daß nicht das Werk wichtig war, sondern
die Erfahrung: Noch unmittelbarer als in den Gesprächen hatte man ohne den Schutz des fachlichen Könnens und Wissens seine gefühlshafte Person manifestiert. Am übernächsten Tag würde jeder wieder
«SGVL» oder «TLVDM», «OFLM», «SCRT» oder
«FRZB» sein, was für Eingeweihte Funktion und

Rang bezeichnet. Doch mit verschmierten Fingern vor der mehr oder weniger infantilen Ausgeburt von Phantasie und Laune sitzend, empfand man den Apparat, in dem jeder seinen haarklein fixierten Platz einnimmt, in blasse Ferne entrückt.

Nach dieser seelischen Lockerungsübung folgte am nächsten Morgen das Heikelste. In zwei getrennten Gruppen versammelt, war man aufgefordert, sich nach der Reihe selber in seiner menschlichen Eigenart, den Schwächen und Stärken und Problemen kurz darzustellen: Wie erlebe ich mich im Beruf und jetzt im Seminar? Danach bat jeder ein paar Kollegen – inzwischen kannte man sich ja schon recht gut – um das «Feedback»: Wie erleben Sie mich? Je nach den beteiligten Pesönlichkeiten könnte dergleichen peinlich werden, peinlich sowohl durch ein übermäßiges «seelisches Striptease» als auch durch bösartige Kritik der andern gegen den, der seine Schwächen entblößte. In unserer Gruppe geschah das nicht. Die Selbstkritik war teilweise überraschend schonungslos offen, doch die Kollegen waren eher um erklärende, verstehende, ratgebende Hilfe bemüht als um ein Ausnutzen der offenbaren Schwächen.

Triangel im Orchester

Ein dreitägiges Seminar kann keinesfalls Menschen grundlegend ändern. Es läßt aber allen mehr oder weniger deutlich eine Dimension des Managerberufes bewußt werden, die sie im Alltag meist nicht erkennen und die in den Fachkursen zu kurz kommt: die Tatsache, daß der fachlich Überlegene und Erfolgreiche durchaus nicht automatisch auch ein guter Chef ist, daß vielmehr menschliche Qualitäten für die gute Führung von Mitarbeitern entscheidend sind. Je stärker der Leistungsdruck, je höher die Anforderung von

Planung und betrieblicher Sollerfüllung, desto wichtiger wird es, diese Zusammenhänge zu verstehen.

Die meisten Teilnehmer des geschilderten Kaderkurses empfinden ihn in diesem Sinne als hilfreich. Andere verharren in Skepsis: Man ist momentan berauscht, sagen sie, und kehrt anschließend in die gewohnten Geleise der Routine zurück, vergißt alle «Interaktion» und hängt sich wie zuvor die schützende Maske von Fachwissen, Rang und Autorität vor sein Gesicht. Ich hörte aber auch dies: Seit der Chef an diesem Seminar war, ist er offen und dem persönlichen Kontakt aufgeschlossen, wie er es zuvor niemals war.

Während der drei Kurstage kristallisierte sich ein sachliches Problem heraus, das den meisten mehr oder weniger schwer auf dem Magen lag: Weil die Swissair im Vergleich zu den sechziger Jahren nur noch langsam wächst, sind die Möglichkeiten, Mitarbeiter zu befördern, stark eingeengt. «Auf der Hierarchiestufe unter uns», sagte ein Vizedirektor, «gibt es eine Reihe tüchtiger, fachlich hochqualifizierter Mitarbeiter, die für eine weitere Karriere geeignet wären. Sie sind nur fünf bis zehn Jahre jünger als wir. Aber sie haben fast keine Chance. Von uns Vizedirektoren wird höchstens einer durch eigene Promotion seinen Posten räumen, und bis wir pensioniert werden, dauert es noch 15 bis 25 Jahre. Für unsere Untergebenen ist das eine fast hoffnungslose Situation.»

Man war sich nicht einig, ob für die Mitarbeiter die Aussicht auf mögliche Beförderung die wichtigste oder gar, wie einer behauptete, die alleinige Triebfeder zu vollem Arbeitseinsatz bedeute. Doch stimmten alle zu, daß Untergebene Anerkennung brauchen, um berufliche Befriedigung zu finden; und je weniger man solche Anerkennung durch Beförderung manifestieren kann, desto wichtiger wird es, sie in einem mehr als nur fachbezogenen menschlichen Kontakt auszudrücken.

Durchaus nicht jedermann hat den Ehrgeiz, in der Hierarchie aufzusteigen und wachsende Verantwortung zu übernehmen – wenn auch gewiß alle ein höheres Einkommen wünschen. Manche wissen sogar, daß sie sich für die Führungsaufgabe auf höherer Stufe gar nicht eignen, wie das ein Kursteilnehmer von sich ganz offen aussprach. Die Zufriedenheit gründet dann im Bewußtsein, zur Leistung des Ganzen das Seine beizutragen, wie es den Orchestermusiker als Mitglied des Klangkörpers erfüllt. Wenn einer sich auf Kontrabaß, Fagott oder gar Triangel spezialisiert, hat er keine Aussicht auf eine «Hauptrolle» auf dem Konzertpodium oder gar auf eine Solistenkarriere und kann dennoch seine berufliche Erfüllung darin finden, zu einer erstklassigen Musik-Familie zu gehören, die nur deshalb die Symphonie so berauschend schön spielt, weil alle – nicht nur die ersten Geigen oder gar nur der Konzertmeister – sich voll für das Ganze einsetzen.

Todfeind Routine

Ich habe den deutlichen Eindruck gewonnen, daß die große Mehrheit der Swissair-Angestellten stolz ist, in ihrem weltweit angesehenen «Spitzenorchester» mitzuspielen, gleichgültig ob in der ersten Geige oder als dritter Hornist. Dieser Stolz aber bedarf ständiger Nahrung.
Während das Unternehmen aus dem Rang «Ferner liefen» bzw. «Ferner fliegen» in raschem Tempo in die Weltspitzenklasse aufstieg und sein Produkt, für jedermann sichtbar, quantitativ alle paar Jahre verdoppelte, stellte sich der Stolz von allein ein. Aber alles wird mit der Zeit selbstverständlich, wenn es nicht mehr neu ist. Wohl geht das Wachstum weiter, und sorgen technische Entwicklungen für eine gewisse Abwechslung. Doch die Verlängerung der Linie Zürich–

Singapore bis Jakarta bedeutet nicht dasselbe wie die Eröffnung der Fernoststrecke 1957. Und die neue DC–9–81 und selbst der Airbus lassen die Herzen nicht so hoch schlagen wie der Übergang von den Propellerflugzeugen zu den ersten Jets. Routine, was immer man für ein Instrument im Orchester spielt, wird langweilig, auch und gerade auf dem Niveau der Perfektion. Ganz allmählich und unmerklich droht sie die Arbeitsbefriedigung und die Vitalität verkümmern zu lassen.

Für diejenigen, die in der Flugzeugkabine, im Reisebüro, als Verkäufer usw. täglich mit immer wechselnden Kunden konfrontiert sind oder als Lehrer in jedem Kurs neue Schüer vor sich haben, ist die Gefahr der Routine gering. Doch sie bedroht die mittleren und höheren Manager in den Büros, eben jene, deren Beförderungsrhythmus und -chance sich gegenüber früher wesentlich verringert haben.

Wie kann man ihr entgegenwirken?

Es lassen sich drei Hauptmethoden unterscheiden: die fortgesetzte Kaderschulung, die Verstärkung der Teamarbeit innerhalb der Gruppe und zwischen den Fachbereichen und die «horizontale Rotation», d. h. die Versetzung in ein neues Aufgabengebiet auch ohne Rangbeförderung.

Die dem Personaldienst zugehörige Organisationsstelle «Weiterbildung» ist in den letzten Jahren stark entwickelt worden. Sie bietet auch allgemeine Erwachsenenbildung (wie z. B. Kurse in acht Sprachen) und Kurse der Vorbereitung auf die Pensionierung, doch das Schwergewicht liegt auf der beruflichen, aber nicht im eigentlichen Sinne fachtechnischen Fortbildung als Ergänzung der früher geschilderten Schulen der Technik, des Kabinenpersonals, der Piloten, des Abfertigungspersonals usw. Da gibt es z. B. Seminarien für Redetechnik, Gesprächs- und Konferenzführung, für Arbeitsmethodik und Personalpolitik, einen

Kurs für die gewählten Mitglieder der Personalkommission, Kurse für Kader der Technik, des Gepäckdienstes und der Fracht, einen ersten und einen zweiten Grundkurs für Mitarbeiterführung, einen für zwischenmenschliche Beziehungen, einen für Maîtres de Cabine, zweitägige Treffen für Cockpitbesatzungen und – last but not least – die geschilderten Kaderseminarien.

Rechnet man die eigentlichen Fachkurse dazu, so dürfte wohl im Durchschnitt jeder Swissair-Mitarbeiter, obwohl er längst kein «Neuling» und Anfänger mehr ist, zwei bis drei Wochen pro Jahr für irgendeine Art von Weiterbildung aufwenden. Das unterbricht nicht nur die Alltagsroutine der Arbeit. Jeder findet in den Kursen neue Kontakte zu Menschen, denen er in seiner normalen Tätigkeit nicht begegnet, und empfängt sachlich neue Anregungen. Und weil die Schüler immer zum eigenen aktiven Mitmachen gefordert werden, erlebt auch jeder sich selber in seinen persönlichen Möglichkeiten ein wenig neu und anders.

«Autorität ist ein Verdienst»

In einem für internen Gebrauch bestimmten, vervielfältigten Heft «Mitarbeiterführung – Eine Wegleitung für Vorgesetzte» steht auf Seite 3: «Autorität ist ein Verdienst, nicht ein Geschenk. Autorität erwächst aus der Anerkennung und dem Vertrauen, die der Vorgesetzte ... bei seinen Mitarbeitern erwirbt.»

Als Direktionspräsident Baltensweiler am allerersten der Managerkurse über Mitarbeiterführung teilnahm, sagte ihm zu Beginn ein Mitteilnehmer: «Sie stören uns, weil Sie der Chef sind.» Baltensweiler nahm das, wie er mir erzählte, mit Gelassenheit zur Kenntnis, und gerade weil das Respekt-Tabu auf diese unverblümte Weise gebrochen war, störte er bald nicht mehr. Und da er, nach Aussage von einem der damaligen Coaches, aus seinen eigenen Führungserfahrungen und Erlebnissen in den USA vieles zum Kursgespräch beitrug und ohnehin nicht Gefahr läuft, als «Bonze» zu wirken, gewann er sich bald eine neue Achtung, die nicht auf seinem Rang beruhte, sondern auf seiner Persönlichkeit.

Und doch ist der Grundsatz, daß der Mensch und nicht das Amt Autorität haben soll, so einleuchtend er erscheint, keineswegs harmlos. Gerade in den Managerseminarien über Mitarbeiterführung kann unter Umständen ein Sektionschef plötzlich mehr Autorität gewinnen als ein Generaldirektor, wenn er offener, phantasievoller, interessanter ist in seiner Anteilnahme, Ausstrahlung und Kontaktfähigkeit als jener. Dann fühlt sich der Generaldirektor, auch wenn niemand das ausspricht, in seiner Rang-Autorität bedroht, auf die er im beruflichen Alltag angewiesen ist, er wird sich deshalb eher verkrampfen als öffnen, und gerade dies kann – zumindest im Kreis der Kursteilnehmer – seine menschliche «Autorität» zusätzlich schmälern. Daß die formelle Rangstufe und die persönliche Ausstrahlung sich genau decken, ist aufs innigste zu wünschen, aber es ist eher der Idealfall als die Regel.

Deshalb lassen sich rein hierarchische Autorität und die zugehörigen Hemmungen der Untergebenen gegenüber Höhergestellten in der Praxis nicht völlig abbauen, auch in der Swissair nicht, weil sonst die Disziplin der ganzen Entscheidungs- und Verantwortungsstruktur ins Wanken geriete. Man kann – und muß – sie aber relativieren durch eine Verstärkung der informellen Teamarbeit, welche die Starre der formellen Rangordnung durchbricht. Nach manchen Auskünften und Beobachtungen zu schließen, geht in der Swissair die Tendenz seit einigen Jahren in diese Richtung.

So trifft sich die oberste Geschäftsleitung neben den formellen wöchentlichen Sitzungen, an denen die bereits bereinigten Anträge aus dem Apparat diskutiert und weitgehend durch Konsens entschieden werden, regelmässig zu einer zwanglosen Aussprache ohne Protokoll, in der jeder über Probleme reden kann, die zwar noch nicht entscheidungsreif und für eine Tagesordnung geeignet sind, die ihn aber persönlich beschäftigen. Allwöchentlich setzen sich die Führungsgruppen verschiedener Bereiche und Departemente zu gemeinsamen Aussprachen über sachliche und personelle Fragen zusammen. Es hat sich eingebürgert, daß Leute in mittleren Führungspositionen ohne den Umweg über ihren Vorgesetzten bei einem Kollegen oder sogar bei einem Höher- oder Tiefergestellten in einem andern Departement Informationen einholen, um einen Rat bitten, ein Problem besprechen – das Prinzip der Befugnis-Delegation bliebe ohne solche souveräne Geringschätzung des «Dienstweges» weitgehend Theorie. Es liegt auf der Hand, daß dieser direkte Kontakt auf mittleren und sogar unteren Stufen entscheidend erleichtert wird durch den Umstand, daß sich die Kaderleute verschiedener Departemente und Rangstufen von den vielen Kursen her persönlich kennen.

All dies hebt die Hierarchie nicht auf. Aber es verringert ihre absolute Bedeutung. Im Team und in den vielen interdepartementalen Querverbindungen und persönlichen Bekanntschaften kann einer auch ohne Beförderung in den höheren Rang die Entscheidungen auf übergeordneter Funktionsebene wesentlich mitgestalten, fühlt sich in den größeren Zusammenhängen ernst genommen und wichtig. Wenn er nicht befördert wird, weil auf der nächsthöheren Stufe kein Platz frei wird und das beschränkte Wachstum keine neue Position im Rang X rechtfertigt, beeinträchtigt das seinen finanziellen und formellen Aufstieg, aber nicht seine persönliche Wichtigkeit für das Unternehmen.

Hinein ins kalte Wasser!

Das probateste Mittel gegen Routine besteht darin, einen Angestellten aus der gewohnten Tätigkeit heraus zu versetzen und vor eine neuartige Aufgabe zu stellen. Bei den ins Ausland versetzten Schweizern geschieht das alle paar Jahre, und weil es zu den im voraus bekannten und vereinbarten Spielregeln gehört, wird es – nicht immer ohne Murren – akzeptiert. Doch eine Versetzung von ausländischen Mitarbeitern auch nur innerhalb ihres Sprachgebietes an einen andern Ort, z. B. eines Franzosen nach Brüssel oder Genf, eines Deutschen von Frankfurt nach Hamburg oder Zürich, stößt in der Regel auf heftigen Widerstand – weniger des Angestellten selbst als vielmehr seiner Familie: Die Kinder gehen zur Schule, die Gattin ist vielleicht berufstätig, die Freunde würden fehlen.

Doch auch die Möglichkeit einer Versetzung (ohne gleichzeitige Beförderung) innerhalb des Apparates am Hauptsitz, etwa vom Marketing zum Verkauf oder von der Operation in die Planung, stößt auf wenig Zustimmung. Denn wer seine Position als Chef – gleichgültig auf welcher Stufe – vorwiegend auf sein fachliches Können, seine spezifische Erfahrung und – eben – seine Routine abstützt, müßte dieses sichere Fundament preisgeben. Er fände sich plötzlich als Vorgesetzter von fachlich erfahreneren Untergebenen, denen er als Neuling gegenüberzutreten hätte. Obwohl der neue Chef ihm helfen und ein Schulungskurs ihm das Einarbeiten in das neue Sachgebiet erleichtern würden, lassen ihn das natürliche Trägheitsgefühl und die Angst vor der Herausforderung einer schwierigen Übergangszeit zurückschrecken. Auch am Seminar im Hasenstrick herrschte die Meinung vor, obwohl wir hauptsächlich gerade davon sprachen, daß die Qualität eines Managers weniger auf seinem fachlichen Spezialistentum als auf seiner persönlichen Führungsfähigkeit beruhen sollte.

Auf der obersten Ebene hat Armin Baltensweiler 1979 und 1980 in einer doppelten «Rochade» einigen seiner Mitarbeiter gerade dies zugemutet: Hinein ins kalte Wasser einer neuartigen Aufgabe – und dies teilweise ohne Beförderung, als horizontale Verschiebung. So wurde der technische Chef Rolf Krähenbühl Personalchef, an Stelle von Peter Oes, der die Leitung der Auslanddienste übernahm. Deren vorherigem Chef Hugo Mayr wurden Presse- und Rechtsdienst unterstellt. Und dem im Herbst 1980 unerwartet verstorbenen Generaldirektor Emil Koch wurde die Oberleitung der Tochtergesellschaften und der Elektronischen Datenverarbeitung anvertraut, dem Chef der Operation, Flugkapitän Robert Staubli, zusätzlich die Technik unterstellt.

All dies geschah nicht diktatorisch, sondern unter Einwilligung der Betroffenen. Doch diese Einwilligung erfolgte nicht durchwegs mit spontaner Begeisterung. Die Rotation diente dem Direktionspräsidenten dazu, im Hinblick auf seine eigene Nachfolge und die spätere Gestaltung der obersten Führung einige der wichtigsten Mitarbeiter noch besser – in neuer Funktion – kennenzulernen.

Trotz der guten Begründung erforderte das einigen Mut. Die Kollegen in andern schweizerischen Unternehmen runzelten die Stirn, erzählt Baltensweiler, und waren äußerst skeptisch, ob ein guter Techniker tatsächlich auch ein guter Personalchef werden könne. Aber Baltensweiler ist zutiefst überzeugt, daß die Swissair nicht nur mit ihren Flugzeugen, sondern auch in ihrer Führungsstruktur beweglich bleiben muß. Die Angst vor Änderungen, sagt er, die Tendenz, etwas weiterzuführen, weil man es eben immer so gemacht hat, führt zur Erstarrung. In einer Branche, in der alles ständig dermaßen im Fluß ist, muß man für die

198

neuen Möglichkeiten unvoreingenommen offen bleiben, und jede neue Herausforderung, wie sie jetzt einigen Herren der obersten Leitung entgegentritt, mobilisiert neue, vielleicht schon leicht eingerostete Kräfte und stimuliert neue Lebendigkeit.

Personalchef Rolf Krähenbühl, der seine eigene Versetzung in die neue Aufgabe voll bejaht, möchte auch auf hierarchisch tieferen Stufen solche Verschiebungen fördern, wenn auch nicht erzwingen. Denn auch er sieht natürlich das Problem der relativ geringen Beförderungsmöglichkeiten und die Gefahr, daß sich langweilige Routine ausbreitet, wenn mittlere und untere Kader allzu lange in derselben Funktion verharren. Wenn man beweglich ist, meint er, und gelernt hat zu lernen, kann man sich schnell in ein neues Arbeitsgebiet einarbeiten, um so mehr als ein entscheidender Teil der Aufgabe, die Mitarbeiterführung, grundsätzlich gleich bleibt. Natürlich geht es bei solchen «horizontalen Verschiebungen» wesentlich um das Maß. Jeden tüchtigen Fachmann alle paar Jahre aus seiner Arbeit herauszureißen oder die speziellen Voraussetzungen an Begabung und Ausbildung zu mißachten, die das Feld der wirksamsten Einsatzmöglichkeiten begrenzen, müßte zu einer allgemeinen Verunsicherung führen. Aber dergleichen beabsichtigt niemand. Es geht – im Rahmen des Managements – um eine Akzentverschiebung vom eng Fachlichen (extrem gesagt «Fachidiotentum») zum Vorgesetztenführer mit breitem Erfahrungshorizont.

Firma-Modell aus Stanford

Als der heutige Chef des technischen Betriebes, Otto Loepfe, zu Nachdiplomstudien an der Universität Stanford in Amerika weilte, lernte er Dr. Ouchi, einen japanischen Gastprofessor von der Universität Chica-

199

go, kennen, der eine Untersuchung über verschiedene Firmentypen durchführte. Die Studie, die im Juli 1978 als «Research Paper» in Stanford veröffentlicht wurde und von der Otto Loepfe mir eine Photokopie überließ, unterscheidet drei Unternehmenstypen: A für amerikanisch, J für japanisch und einen neuen Typus Z, der zwischen A und J eine Art Synthese bildet.

Die Modelle A und J werden einander unter verschiedenen Gesichtspunkten gegenübergestellt. Zunächst die Dauer der Anstellung: Bei Typus A ist sie gewöhnlich ziemlich kurz, bei Typus J meistens lebenslänglich. Da sich der Angestellte in einer A-Firma von vornherein darauf einstellt, daß er jederzeit die Entlassung riskiert und auch er selbst, sobald er etwas Günstigeres findet, kurzfristig kündigen kann, geht er keinerlei persönliche, gefühlsmäßige Bindungen ein, und für die Firma lohnt sich eine größere Investition in die Mitarbeiterschulung nicht. Bei langdauerndem Anstellungsverhältnis dagegen (Typ J) «werden die Angestellten mit dem Charakter der Organisation vertraut und entwickeln mit Wahrscheinlichkeit Freundschaften unter ihren Kollegen; ... sie werden sich auch bemühen, in das innere Leben des Betriebes integriert zu werden*».

Die Art, Entscheidungen zu treffen, ist bei A grundsätzlich individuell, auch wenn der Chef freiwillig Informationen und Meinungen von Mitarbeitern einholen kann. Bei J dagegen entscheidet ein Kollektiv, nachdem alle, die von einer Entscheidung betroffen werden, mitreden durften und eine breite Führungsgruppe sich zu allgemeiner Übereinstimmung durchdiskutiert hat.

Qualifizierung und Beförderung erfolgen bei A ausschließlich unter den Kriterien der augenblicklichen Leistung, in kurzen Abständen und grundsätzlich ohne Ansehen der Person als solcher. In einem J-Betrieb

*Übersetzung aus dem Englischen durch den Verfasser.

finden Qualifikationen nur alle paar Jahre statt und basieren auf einer Gesamteinschätzung der Persönlichkeit durch verschiedene Vorgesetzte, die den Mitarbeiter über lange Zeit hinweg gründlich und in vielen Aspekten kennengelernt haben. Kurzfristige Erfolge und Mißerfolge eines Angestellten haben wenig Einfluß auf seine Karriere, er wird vielmehr befördert, wenn die Vorgesetztengruppe ihm die Fähigkeit und den Charakter für die anspruchsvollere Aufgabe zutraut.

Zu Typus A gehört eine sehr spezialisierte Karriere, welche die «rein fachbezogene Arbeitseinstellung begünstigt, die Loyalität zum Unternehmen verringert und den Stellenwechsel von Firma zu Firma erleichtert». Die nichtspezialisierte Laufbahn bei J fördert die Loyalität und führt zur Beweglichkeit in verschiedenen Aufgaben innerhalb des Unternehmens. Da die Firma in diesem Fall durch Schulung und durch das Ermöglichen vielfältiger Erfahrungen sehr langfristig in ihre Mitarbeiter investiert, werden die Angestellten mit der Zeit zu «Experten des Unternehmens», statt wie in A zu Experten ihrer bestimmten Fachtätigkeit. Und weil sie wissen, daß sie es ein Leben lang miteinander aushalten müssen, sind sie an möglichst harmonischer Zusammenarbeit mit Kollegen, Vorgesetzten und Untergebenen interessiert und zum Engagement im kollektiven Entscheidungsprozeß bereit.

Der Autor erklärt die Typen A und J aus dem spezifischen sozial-kulturellen Hintergrund Amerikas und Japans: einer sehr individualistischen und mobilen amerikanischen und einer ganz auf Gruppenbindungen beruhenden stabilen japanischen Gesellschaft. Er stellt aber fest, daß japanische Unternehmen, die in den USA Tochterbetriebe errichteten, mit einer gegenüber dem reinen J-Typus etwas modifizierten Form großen Erfolg und bei ihren amerikanischen Angestellten volle Zufriedenheit erzielten. Und er fand auch, daß einige der langfristig erfolgreichsten amerikanischen Unternehmen vom A-Typus stark abweichende, dem japanischen System angenäherte Mischformen entwickelten. Daraus leitet er als Synthese den zuvor kaum je beschriebenen Typus Z ab.

Dieser Z-Typus erscheint dem Autor, im Gegensatz zu J und vor allem A, als die ideale Unternehmensform in der heutigen und künftigen westlichen Gesellschaft. Denn im Gegensatz zu früher, als die meisten Amerikaner in viele Bindungen und Zugehörigkeiten (Familie, Kirche, Gemeinde, Vereine usw.) eingewoben waren, fühlen sie sich heute mehr und mehr als einsame Individuen ohne verläßlichen Halt in einer Gruppe verloren. (In Europa ist diese Entwicklung wohl noch weniger weit gediehen, aber die Symptome, die in die gleiche Richtung weisen, sind überall zu erkennen.) Die völlige Unverbindlichkeit des A-Unternehmenstypus verstärkt diese Not, während die Beimischung von «J-Merkmalen», d. h. Typus Z, den menschlichen Bedürfnissen am Arbeitsplatz besser gerecht wird.

Der Unternehmenstyp Z: Das Anstellungsverhältnis ist zwar nicht formell, aber in der Praxis weitgehend auf eine Dauer bis zur Pensionierung angelegt, die Personalwechsel sind deshalb äußerst gering. Die Entscheidungen werden in der Gruppe erarbeitet, aber die letzte Verantwortung liegt individuell beim jeweiligen Chef. Obwohl theoretisch die Qualifikation nur der fachlichen Leistung gilt, wird in Wahrheit doch die Gesamtpersönlichkeit aufgrund langer Erfahrung beurteilt, bevor man einem Mitarbeiter eine neue Aufgabe anvertraut. «Keiner wird plötzlich befördert oder bestraft, nur weil er eine bestimmte Einzelaufgabe gut oder schlecht gelöst hat.» Man darf sich auch irren. Die Karriere innerhalb des Unternehmens ist nur gemäßigt spezialisiert, d. h. im Vergleich zu Typ A auf vielfältige Kenntnisse und Erfahrungen abgestützt.

Mir persönlich erscheint dieses Z als eine Synthese von

mindestens 80 Prozent J und höchstens 20 Prozent A. Der Kommentar von Otto Loepfe, als er mir den Bericht aus Stanford in die Hand drückte: «Für mein Gefühl entspricht dieser Idealtyp Z weitgehend dem, was die Swissair heute ist.»

König Kunde, Vizekönig Angestellter

Im Westen ist Loyalität zwischen Arbeitgeber und Arbeitnehmer, die es nur als *gegenseitige* Loyalität geben kann, keineswegs eine allgemein anerkannte Norm. Das System «Z» kann deshalb nur dann befriedigend funktionieren, wenn ein Unternehmen bei der Auslese des Nachwuchses sehr sorgfältig auf die Substanz der menschlichen Qualität achtet und nicht nur auf das Wissen im Schulsack oder den in Tests ermittelten «Intelligenzquotienten» und eine brave Fügsamkeit ohne Originalität und Eigenwillen. Denn die Treue gegenüber dem Angestellten setzt dessen charakterliche Stabilität voraus. Delegieren kann man – auf allen Stufen – nur an Mitarbeiter, die Verantwortung tragen wollen und können. Und das Prinzip der Firma-internen Karriere, demzufolge äußerst selten ein Außenstehender in eine führende Position berufen wird, verlangt, daß man bei der Rekrutierung der Anfänger auch diejenigen findet, die in der Zukunft für mittlere, höhere und höchste Kaderpositionen geeignet sein werden.
Solche Selektion ist nur möglich, wenn sich auch in einer Zeit der Vollbeschäftigung so viele Anwärter um eine Anstellung bewerben, daß man wirklich auswählen kann. Die Firma muß deshalb nicht nur für die Kunden, sondern ebenso auch für die potentiellen Mitarbeiter attraktiv sein. Die Attraktivität hängt nach der Meinung erfahrener Swissair-Leute in der Schweiz und im Ausland gerade bei den Bestqualifizierten in

geringerem Maße von der Lohnhöhe ab, als man meist annimmt. Viele andere Kriterien sind wichtig und wirken zusammen: das Ansehen eines Unternehmens, die Sympathie, die man ihrem Produkt entgegenbringt, die Erwartung interessanter und abwechslungsreicher Arbeit, Weiterbildungs- und Aufstiegsmöglichkeiten sowie in starkem Maß das interne «Betriebsklima», über das man durch Beobachtungen als Kunde oder durch Erzählungen von Bekannten eine gewisse Vorstellung gewinnt. Vermutlich wird das Kriterium Betriebsklima an Bedeutung noch zunehmen; auch in Europa geraten viele junge Leute immer mehr in eine Art «Defizit» an menschlicher Zugehörigkeit. Die Verläßlichkeit einer «Z-Firma», die ihren Angestellten die Geborgenheit der großen Familie bietet und sie auch in einer Notlage nicht im Stich läßt, wird dadurch verlockend.

In Moskau diskutierte ich mit einem Schüler der Swissair-Lehrlingsschule. Er war nicht wegen seiner politischen Ausrichtung in Moskau, sondern weil sein dort stationierter vormaliger Swissair-Lehrer ihn für ein paar Ferientage eingeladen hatte. Trotzdem schimpfte er wacker: «Bei der Swissair geht es immer nur ums Geld. Wenn ein Kunde nur reich genug ist, bekommt er vom Unternehmen sofort gegen den Angestellten recht, auch wenn an einem Streit eindeutig er schuld ist und sich die ärgsten Grobheiten leistete.» Er wußte – vom Hörensagen – nur ein Beispiel zu erzählen, um seine Behauptung zu belegen, und wie ich später nachprüfen konnte, erzählte er es teilweise unrichtig. Er gab auch zu, daß er selber noch keine Swissair-Erfahrung und auch keine Vergleichsmöglichkeiten mit anderen Unternehmen besaß.
Und doch hatte der Lehrling nicht ganz unrecht: Die Swissair will Geld verdienen. Der Kunde ist König. Von den Angestellten wird verlangt, daß sie rüpelhaf-

ten Passagieren mit «TACT» begegnen und auch berechtigen Ärger möglichst heroisch schlucken.

Wenn aber der Lehrling ganz recht hätte, wenn es neben den harten Anforderungen an den Leistungseinsatz und die Disziplin den Angestellten gegenüber keine Solidarität gäbe: dann würden die Leute mit Sicherheit nach wenigen Jahren zu einer anderen Firma weglaufen. Interne Schulung und gar Kaderschulung wären Verschwendung. Alle paar Monate säße bei den Sitzungen aller Rangstufen wieder ein Neuer dabei, der den übrigen fremd wäre, und bei jedem zehnten internen Telefonanruf würde sich eine unbekannte Stimme melden und erklären: «Herr X ist nicht mehr bei uns.»

Das ist offenkundig nicht der Fall. Die Personalpolitik der Swissair und als deren Ergebnis die inneren Verhältnisse im Unternehmen entsprechen mit aller Eindeutigkeit dem geschilderten Typus Z und nicht dem Typus A, auch wenn das niemals an einer Sitzung der Geschäftsleitung oder des Verwaltungsrates beschlossen wurde, sondern unter dem Einfluß von Walter Berchtold, Armin Baltensweiler und vielen andern maßgebenden Persönlichkeiten der Führung im Laufe der letzten drei Jahrzehnte allmählich so gewachsen ist.

Da, wie früher erwähnt, auch «seltsame Vögel» mit Swissair-Flügeln fliegen, ist der Konflikt, den der Lehrling meinte, nicht aus der Welt zu schaffen und nicht mit einem Entweder-Oder zu lösen. Die Kunden, mit deren Geld u. a. eine Milliarde Franken Löhne bezahlt werden, sind Könige. Aber die Mitarbeiter, wegen deren Qualität viele Könige Swissair wählen und zahlen, sind Vizekönige. Wenn Könige und Vizekönige aneinandergeraten, dann müssen die «Kanzler» und «grauen Eminenzen», die man heutzutage Manager nennt, mit Takt und mit den Methoden der «zwischenmenschlichen Kommunikation» die Probleme so abbauen, daß die Könige weiterhin fliegen und zahlen und die Vizekönige weiterhin ohne Magengeschwüre an ihrer schwierigen Aufgabe Freude finden.

Das ist der vielleicht wichtigste Aspekt der anspruchsvollen Aufgabe des Managements.

7. Kapitel

Luftbrücken Schweiz–Welt

Als sich vor 1943 die damaligen Zürcher Behörden
und der damalige Verwaltungsrat der Swissair gegen
das «viel zu ehrgeizige» Projekt eines neuen Flughafens in Zürich-Kloten zur Wehr setzten, waren sie
nicht übermäßig prophetisch begabt. Der Kredit, den
schließlich 1946 die Volksabstimmung im Kanton Zürich für den Neubau bewilligte, betrug 34,9 Millionen
Franken. Seit er 1948 in Betrieb genommen wurde, investierten Bund, Kantone, Swissair u. a. weitere zwei
Milliarden Franken in diesen Flughafen. Für das Jahr
1979 schätzt man seine volkswirtschaftliche Auswir-
kung allein durch Löhne und Aufträge auf etwa 2,4
Milliarden Franken. Was seine fast acht Millionen
Passagiere und 156 711 Tonnen Fracht (1979) für die
Wirtschaft und den Tourismus der Schweiz insgesamt
und des Kantons und der Stadt Zürich im engeren Sinne finanziell bedeuten, läßt sich naturgemäß nicht berechnen, aber es macht ohne Zweifel Milliarden aus.
42 Prozent aller Hotelgäste in Zürich – d. h. rund eine
halbe Million im Jahr – kommen mit dem Flugzeug
an. Der Flughafen (einschließlich der Swissair-Zen-
tralverwaltung) bietet rund 15 000 Arbeitsplätze. Mit
(1979) 154 215 Landungen und Starts gehört er zu den
zehn größten Europas.
Für die Situation der schweizerischen Wirtschaft, die
heute unter den Industrieländern das höchste Pro-
Kopf-Einkommen der Welt erarbeitet und in extremem Ausmaß von internationalem Güter- und Men-
schenverkehr lebt, sind die drei Flughäfen Zürich,

Genf und Basel nicht wegzudenken. Denn die Schweiz ist eines der wenigen Binnenländer Europas und war dadurch gegenüber den seefahrenden Nationen jahrhundertelang und bis vor wenigen Jahrzehnten im Welthandel benachteiligt. Heute benützen die Menschen und sogar ein wichtiger Teil der Güter keine Seehäfen mehr, sondern Flughäfen, und nun reist man von Zürich und Genf schneller in alle Ecken der Welt als von Hamburg, Marseille oder Rotterdam.

Zürich: bis 38 000 Passagiere pro Tag

Zürich wird außer von der Swissair von 50 Linien-Fluggesellschaften und etwa 80 Chartergesellschaften angeflogen. Es bestehen direkte Verbindungen nach 134 Städten in 80 Ländern aller fünf Kontinente. An dem Tag Ende Juli, an dem ich die Einsatzleitstelle der Swissair am Zürcher Flughafen besuchte, starteten – abgesehen von den zahlreichen Privatflugzeugen – 160 Maschinen, wovon 79 der Swissair, und landeten 158, wovon 77 der Swissair. Rechnet man die privaten Kleinflugzeuge dazu, gibt es an Spitzentagen bis zu 600 Flugzeugbewegungen und bis zu 38 000 Passagiere. Im Tagesdurchschnitt beträgt die Zahl der Passagiere rund 22 000.

Der Flughafen an sich ist Eigentum des Kantons, der für seine Verwaltung und seine Sicherheit verantwortlich ist, die meisten Hochbauten gehören der Flughafen-Immobilien-Gesellschaft, die sie vermietet. Aber fast alles übrige ist Swissair. Sie allein besorgt das Catering, die Passagier- und Frachtabfertigung für sämtliche Liniengesellschaften und die Balair – lediglich die ausländischen Chartergesellschaften werden von der privaten Firma Jet-Aviation (Zürich) abgefertigt.

Trotz seiner Größe ist der Zürcher Flughafen dank der sehr gut ausgedachten baulichen Gestaltung übersicht-

Oben: Im Pausenzimmer des Schulhauses treffen sich die Angestellten aus aller Welt, die zu Auffrischungs- und Weiterbildungskursen angeflogen sind.
Unten: Auf Wunsch von Präsident Kaunda werden Flight Attendants der Sambia Airways von der Swissair ausgebildet.

In der Telephonreservation in New York laufen aus den ganzen USA und
aus Canada die Bestellungen und Anfragen zusammen – täglich etwa 5000.

Swissair-eigenes Catering (Bordküche) in Karachi mit pakistanischen Angestellten und Schweizer Leitung.

Flughafen Basel-Mulhouse, der einzige doppelnationale Flughafen der
Welt, halb schweizerisch, halb französisch.

Computergesteuerte Gepäcksortieranlage am Flughafen Zürich mit einer Kapazität von 7200 Koffern pro Stunde.

IFO、発見！

Es wird heute vielleicht etwas zu oft über Ufos gesprochen und ein wenig zu wenig über die Ifos.

Also: sie sind sehr phantastisch, die Herkunft ist äußerst bekannt, sie kommen aus der Schweiz (Mitteleuropa). Die Insassen aus aller Herren Ländern.

Sie werden sehr häufig beobachtet zwischen Zürich, Genf, Basel-Mulhouse und 39 europäischen, 19 afrikanischen, 9 mitteloestlichen, 9 fernöstlichen, 4 süd- und 5 nordamerikanischen Destinationen.

Anzahl und Ausführung der verschiedenen Modelle (für Leute, die sich gerne an Fakten halten): zweiunddreißig DC-9, sechs DC-8, neun DC-10, zwei Boeing 747. Nächstens kommen noch zwei DC-10, zwei DC-9-51 und - als neuestes Modell - fünfzehn DC-9-80 dazu.

Sie können sie jeweils bei einer ihrer Landungen irgendwo auf dieser Erde besteigen.

Sie werden feststellen, daß sie nicht nur dank dem Schweizer Kreuz so leicht zu identifizieren sind.

Man erkennt sie auch am pünktlichen Start, an der gastfreundlichen Atmosphäre im Innern und an der Liebe zum kleinsten Detail: zum Beispiel den Untertassen aus Langenthaler Porzellan.

Werbung in Japan: Aus den «unidentifizierten fliegenden Objekten» (Ufos) sind «identifizierte» (Ifos) geworden - als Swissair-Flugzeuge identifiziert durch das Schweizer Kreuz. «Hakken!» - «Entdeckung!» steht daneben.

Passagierabfertigung am Flughafen Genf.

Fast 400 höhere Angestellte von den Außenstationen in aller Welt und aus der Schweiz trafen sich in Lugano zur Außenvertreterkonferenz, die nach einer Schiffahrt bei einem Mittagessen in Morcote, von der Bevölkerung gefeiert, ihren gemütlichen Abschluß fand. In der Mitte Verwaltungsratspräsident Fritz Gugelmann.

lich und praktisch. Die Tatsache, daß hier im Gegensatz zu den meisten Flughäfen die einheimische Fluggesellschaft praktisch allein alles besorgt, erleichtert die reibungslose Organisation des ganzen, sehr komplizierten Betriebes und die Koordination aller Dienste. Nicht wenige Transitpassagiere fliegen unter anderem deshalb mit der Swissair via Zürich (oder Genf), weil hier das Umsteigen viel angenehmer ist und man besser geführt und betreut wird als in manch andern interkontinentalen Flugknotenpunkten. Auch gibt es – seit Eröffnung der Bundesbahnlinie über Zürich-Flughafen – wohl kaum einen in der Größe vergleichbaren Flughafen, von dem aus man das Stadtzentrum so schnell und problemlos erreicht und direkt mit dem ganzen Eisenbahnnetz verbunden ist.

Dem Swissair-Flughafenchef Hans-Ulrich Straub stehen für die ihm unterstellten Betriebe – alles außer Flugzeugwartung und Catering – 1500 Angestellte zur Verfügung: 400 im Passagierdienst, 450 für das Beladen und Entladen der Flugzeuge, 330 in der Frachtabteilung, 200 für die Betreuung des Passagiergepäcks und der Rest für die verschiedenen Verwaltungs-, Kontroll- und Hilfsdienste.

Die Arbeit erfolgt in drei sich überschneidenden Schichten. In der Nacht, wenn das Flugverbot von Mitternacht bis fünf Uhr für Landungen und sechs Uhr für Starts den Flughafen entleert, bleibt nur ein Dutzend Leute auf Pikett für den Fall einer unvorhergesehenen Notlage. Der größte Betrieb herrscht in der Mittagszeit zwischen elf und ein Uhr nachmittag, wenn pro Stunde etwa 30 Flugzeuge starten, darunter Jumbos und DC-10. Da drängen sich in Abfertigungshallen und Transiträumen Tausende zu den Schaltern, Tausende von Gepäckstücken müssen verladen und umgeladen, hundert oder mehr Tonnen Fracht verstaut werden, und all das muß – sofern nicht äußere Mächte, wie Nebel, Anschlußverspätungen von weither oder technische Pannen, dazwischenfunken – fristgerecht abgewickelt werden.

Wieviel Personal zu welchen Stunden einzusetzen ist, um die vorgeschriebenen Normen zu erfüllen, läßt sich nach den Erfahrungswerten ziemlich genau ausrechnen. Für die Abfertigung eines Passagiers mit seinem Gepäck z. B. braucht man im Durchschnitt anderthalb bis zwei Minuten – nach Auskunft von Hans-Ulrich Straub ein sehr rasantes Tempo, das nur dank sehr tüchtigem und gut geschultem Personal erreichbar ist.

Das Tempo, fügt der Flughafenchef hinzu, hat übrigens seine Tücken: Es ist nur dank dem DCS- («Departure Control System») Bildschirmcomputer möglich, aber als diese Instrumente neu waren, schauten viele Angestellter nur noch auf den Bildschirm und vergaßen, daß ein Mensch aus Fleisch und Blut vor ihnen stand. Sie mußten es erst lernen, das technische Instrument souverän als Hilfsmittel zu benützen und trotzdem dem Passagier auch in die Augen zu schauen und ihn bei seinem Namen zu nennen.

Ständig ist ein großer Teil der Angestellten in Schulungskursen, in den Ferien, krank oder im Militärdienst, so daß im Durchschnitt 170 bis 175 Leute nötig sind pro 100, die im Laufe eines Tages tatsächlich im Einsatz stehen.

Die Handhabung des Gepäcks

ist eine Sache für sich. Zehn Passagiere bringen durchschnittlich 15 Koffer. Das sind täglich über 30 000 und an Spitzentagen über 50 000 Gepäckstücke. Dem Koffer eine Etikette mit der Flugnummer und dem Bestimmungsort anzuhängen erscheint einfach. Aber es genügt bei weitem nicht. Das Gewicht, auch wenn es innerhalb der Freigrenze liegt, muß im Flugschein eingetragen und vor allem dem Computer mitgeteilt wer-

210

den. Denn für die Berechnung des Flugzeug-Startge-
wichts (auf Flug-Englisch heißt das Dokument «load-
sheet») ist das Gepäck neben der Anzahl Passagiere,
der Fracht und dem nötigen Treibstoff ein wichtiger
Faktor. Unter bestimmten Umständen, wenn z. B. wegen schlechten Wetterverhältnissen oder einem streik-
bedingten Umweg mehr Kerosen als normal getankt
werden muß und die Maschine ausgebucht ist, muß
entsprechend dem Gewicht des Passagiergepäcks eine
Portion Fracht auf den nächsten Flug verschoben werden.

Von der Abfertigung gelangt das Gepäck über großenteils unterirdische Förderbänder zur Sortieranlage, die
in Zürich eine Kapazität von 7200 Stück pro Stunde
aufweist. Bis zu acht Kontrolleure lesen bei jedem da-
herfahrenden Koffer die Etikette und informieren einen speziellen Computer über seine Flugnummer und
sein Reiseziel, bevor das Förderband ihn weitertrans-
portiert. Der Computer sorgt nun dafür, daß sich am
richtigen Ort unter dem Koffer eine Klappe öffnet, so
daß er auf einer Rutschbahn zum Gepäckwagen oder
Gepäck-Container für den betreffenden Flug gleitet.
Unten nehmen ihn Angestellte in Empfang und laden
ihn nach erneuter Kontrolle der Etikette auf den Wagen oder – bei Großflugzeugen – in einen Container.
Aber noch gilt es aufzupassen: Für ein Flugzeug, das
z. B. über Bombay, Bangkok, Hongkong nach Tokyo
fliegt und etwa 400 Koffer mitnimmt, gibt es für jeden
anzufliegenden Ort einen speziellen Container, der
dort ausgeladen wird. Wenn ein Gepäckstück zwar im
richtigen Flugzeug, aber im falschen Container ist,
wird es der Passagier nach der Ankunft vergebens suchen.

Ein großer Teil des Gepäcks beginnt die Reise nicht in
Zürich, sondern steigt hier lediglich um. Es wurde
nach der Ankunft von dem für Zürich bestimmten Teil
getrennt und gelangte mit Wagen und speziellen För-

derbändern ebenfalls zu den Kontrolleuren am Eingang zur Sortiermaschine.

Nach Auskunft von Kurt Meister, der mir die «Eingeweide» des Zürcher Flughafens zeigt, werden von 1000 Gepäckstücken nur zwei fehlgeleitet. Das sei eine der niedrigsten Zahlen der Welt, sagt er. Auch Gepäckdiebstahl ist in Zürich sehr selten und wurde durch das Containersystem bei den Großflugzeugen fast unmöglich. Doch gibt es Flughäfen, wo Angestellte selber einer Diebesbande angehören und irgendwo zwischen Abfertigung und Flugzeugbeladung Koffer verschwinden lassen.

Ein Kuriosum, schwer zu verstehen: Jährlich bleiben in Zürich (und entsprechend auch an andern Flughäfen) 800 bis 1200 Koffer stehen, die niemand in Empfang nimmt oder abholt und deren Eigentümer durch nichts identifizierbar sind. Man lagert sie ein Jahr lang und versteigert schließlich Inhalt und Koffer. Ähnliches gibt es bei der Fracht. In Cairo z. B., wo die Swissair eine eigene große Frachtabteilung am Flughafen errichtet hat, zeigte man mir einen Berg von Kisten und Paketen, die niemand will: Der Empfänger weigert sich, den Zoll oder die Kosten für die Rückreise zu zahlen, der Absender ebenso, und so gelangt auch dieses seltsame Strandgut, das kostbaren Lagerraum blockiert, nach gebührender Wartefrist zur Versteigerung.

Flughafen im Ausland: Basel-Mulhouse

«In welchem Land befinden wir uns jetzt?» fragte ich Hanspeter Schaub, den Betriebschef des Basler Flughafenrestaurants, als wir zwischen dem schweizerischen und dem französischen Teil in der Küche standen. Die Frage ließ sich nicht präzise beantworten. Der gesamte Flughafen Basel-Mulhouse liegt auf französischem Territorium. Französische Sicherheitsbeamte, Feuerwehrleute und Polizisten beschützen ihn. Erreicht man ihn aber von Basel aus, wie das drei Viertel seiner Benützer tun, dann stößt man auf keine Landesgrenze. Die Zufahrtsstraße, von hohen Gitterzäunen gesäumt, tut so, als gehörte sie zur Schweiz. Die Pisten und Flugzeug-Abstellflächen sind eindeutig französisch, aber alles, was sich unter Dach befindet, ist bi-national.

Die Abflughalle besteht aus einem großen schweizerischen Teil mit Abfertigungsschaltern der Swissair, der Balair, der Air France und der inländisch-französischen Air-Inter, mit Luftreisebüro, Bank, Kiosk usw. und, durch eine Glaswand abgetrennt, einem kleineren französischen Teil mit allen Einrichtungen im Duplikat. Von der Ankunfthalle führt ein Ausgang nach der Schweiz und ein anderer nach Frankreich. Der große Lagerraum im Frachtgebäude ist durch hohe Gitter geteilt. Im Restaurant, das die Swissair-Tochter Reveca betreibt, zahlt man hier in Schweizer Franken, dort in französischen Francs, gefüttert von derselben Küche, und die verschiedenen Extraräume zwischen den beiden Restaurants lassen sich durch Öffnen und Schließen der entsprechenden Türen unter Verschiebung der Landesgrenze dem einen oder dem andern Staat zuteilen. Und schließlich: Solange die Schweiz die Sommerzeit nicht einführt, gibt es überall zwei im Sommer um eine Stunde differierende Uhren, die eine mit der Trikolore, die andere mit dem Schweizer Kreuz dekoriert.

Zwar besitzt auch der Genfer Flughafen einen direkten, gleichsam exterritorialen Zugang von Frankreich her, so daß Passagiere aus Lyon, die nach Paris fliegen, ohne Paß- und Zollkontrolle das Flugzeug erreichen. Doch als im umfassenden Sinn doppel-nationaler Flughafen ist derjenige von Basel-Mulhouse ein Unikum auf der ganzen Welt. Obwohl die Mentalität französischer und schweizerischer Beamten verschieden ist, funktioniert nach Auskunft von Stationsleiter Hans Engler und seinen Mitarbeitern die internationale Zusammenarbeit reibungslos.

Basel-Mulhouse ist ein eher kleiner Flughafen, wenn er auch außer der Swissair von der Air France, von Air Inter, KLM, SAS, Lufthansa, Sabena, British Airways und vielen Passagier- und Fracht-Chartergesellschaften angeflogen wird. Swissair-Chef Hermann Sommer hat knapp 200 Leute zur Verfügung, die alle Liniengesellschaften bedienen – die Balair betreut die Charterkunden.

Manchmal aber platzt der kleine Flughafen aus allen Nähten: wenn in Zürich oder Genf oder gar an beiden Orten Nebel einen Teil des Flugverkehrs lahmlegt, während Basel nebelfrei ist. Dann landet plötzlich gegen jeden Flugplan eine Maschine nach der andern. Wenn das am Wochenende geschieht, an dem zusätzlich lebhafter Charterverkehr herrscht, dann kann der Flughafen mit den Menschenmassen kaum zu Rande kommen. In diesen Fällen schickt die Swissair aus Zürich zur Betreuung der Passagiere zusätzliches Personal nach Basel zu Hilfe. Die gestrandeten Passagiere, die nach Zürich oder zum Umsteigen nach dem Zürcher Flughafen wollten, müssen nun möglichst mit Autobussen an ihr Ziel gebracht werden. Während der Woche lassen sich die nötigen Fahrzeuge gewöhnlich in Basel kurzfristig von privaten Reiseunternehmen auftreiben, aber nicht ohne weiteres am Wochenende, wenn die Basler damit ins Elsaß, in den Schwarzwald oder in den Jura fahren wollen. Die Swissair reserviert deshalb in den nebelgefährlichen Monaten ab November vorsorglich für die Wochenenden bis zu 28 Autobusse.

Eines von jenen Details, in denen bekanntlich der Teufel steckt: Frühmorgens fliegt je eine Swissair DC–9 von Basel über Zürich nach Rom und von Basel über

Genf nach Mailand. Im Falle von Zürcher oder Genfer Nebel fliegen sie ohne Zwischenlandung direkt. Manche Passagiere aber benützen sie als Zubringer, um in Zürich oder Genf umzusteigen, und wollen durchaus nicht nach Rom oder nach Mailand. Sobald aus Zürich oder Genf, noch in der Nacht, Nebelvorhersagen eintreffen, muß die Swissair Basel die betroffenen Passagiere, deren Telephonnummer der PARS-Computer kennt, anrufen; ein Swissair-Bus wird die einen rechtzeitig für ihren Weiterflug zum Zürcher Flughafen bringen, während für die andern eine passende Bahnverbindung nach Genf besteht.

Genf und die lateinische Welt

Genf bietet der Swissair nicht nur einen zweiten interkontinentalen Flughafen – bei Kriegsende war es in der Schweiz der einzige, bis derjenige von Zürich-Kloten in Betrieb genommen werden konnte. Genf gibt dem gesamten Unternehmen durch die französische Sprache und die lateinische Mentalität eine zweite Dimension von größter Bedeutung. Ohne dieses – und das leider nur ungenügend vertretene italienisch-schweizerische Element – wäre die Swissair in ihrem Charakter anders, als sie ist, vermutlich kühler und steifer. Denn Leute aus der Westschweiz, die meistens in Genf angefangen haben, findet man in großer Zahl auch in der Zentralverwaltung in Zürich – und zwar bis in die höchsten Ränge –, auf Außenstationen in aller Welt und als Piloten und Flight Attendants in den Flugzeugen.

Mit fünf Millionen Passagieren pro Jahr ist der Genfer Flughafen im Verhältnis zur Einwohnerzahl seines Einzugsgebietes relativ größer als derjenige des dreimal größeren Zürich. Die Strecke Genf–Paris ist nach Paris–London die dichtest beflogene Linie Europas.

Der Anteil der französischsprachigen Schweiz am Gesamt-Flugscheinverkauf in der Schweiz ist mit rund einem Drittel wesentlich größer als ihr Bevölkerungsanteil (etwa 21 Prozent). Genf ist als Sitz internationaler Organisationen, vieler ausländischer Zweigniederlassungen und einer großen Zahl von export- und importorientierten mittleren und kleineren Unternehmen der Industrie und der Dienstleistungen mindestens ebenso weltverbunden wie Zürich.

Swissair-Flughafenchef Theo Vonlanthen hat in Genf-Cointrin etwa 1400 Angestellte (dem Westschweiz-Chef Gérard Ladame sind außerdem noch 250 Leute für den Verkauf, die Reisebüros, Telephonreservation, Verwaltung usw. unterstellt). Der Flughafen ist ähnlich organisiert wie derjenige von Zürich: Die Swissair besorgt die Passagier- und Frachtabfertigung für alle Liniengesellschaften und die Balair. Ein großer technischer Betrieb wartet die Flugzeuge der Swissair und verschiedener ausländischer Gesellschaften, das Catering produziert täglich rund 8000 Mahlzeiten, wovon ein knappes Drittel an fremde Airlines verkauft werden. Auch die Schulen sind ähnlich: eine Werkschule in der Technik, eine Passagierdienst-Lehrlingsschule, ein großes Swissair-Ausbildungszentrum am Flughafen, in dem von Tarifberechnung bis TACT alle möglichen Anfänger-, Wiederholungs- und Fortbildungskurse durchgeführt werden. Nur die Schulung der Piloten und des Kabinenpersonals sowie die Führungskurse für Kader sind in Zürich zentralisiert.

Wegen der Sprache ist Genf der Schulungsort auch für einen wichtigen Teil der ausländischen Angestellten: Franzosen und Französisch-Belgier, Leute aus den einstmals französischen und belgischen Kolonialländern Nord- und Westafrikas, zusätzlich aber auch manche spanisch-, portugiesisch- und italienischsprachigen Europäer, Lateinamerikaner und Afrikaner finden sich im Französischen leichter zurecht als im Englischen oder gar im Deutschen und fühlen sich in der Atmosphäre von Genf weniger fremd als in Zürich. Umgekehrt finden aber auch französischsprechende Westschweizer und ebenso, nach ein paar Jahren Arbeit in Genf, Leute aus der deutschen Schweiz, wenn sie als Vertreter nach Südamerika, «Latein-Europa» oder «Latein-Afrika» versetzt werden, sprachlich und in der Mentalität einen besseren Zugang zu den lokalen Angestellten, den Kunden, den Behörden usw.

Ebenso wie in Zürich gibt es auch in Genf-Cointrin einen speziellen Empfangsschalter, der in der internationalen Swissair-Sprache

«Welcome Desk»

heißt. In der Ankunfthalle zwischen Reisebüro und Auskunftstelle der Schweizerischen Bundesbahnen gelegen, besorgt er für das Drittel der ankommenden Passagiere, das in Genf oder einem andern Reiseziel der Umgebung noch keine Unterkunft hat, die Hotelreservationen und gibt die nötigen Auskünfte und Ratschläge. Eine Liste über die Fremdsprachenkenntnisse aller Swissair-Angestellten am Flughafen ermöglicht es, notfalls auch für spezielle Verständigungsprobleme telephonisch eine Dolmetscherhilfe herbeizuholen.

Doch den wichtigeren Teil des «Welcome Desk», ein paar Büros in der Nähe des Schalters, sieht der Passagier normalerweise nicht. Hier laufen durch den PARS-Computer, per Fernschreiben oder sogar mit altmodischer Luftpost aus den Swissair-Büros der ganzen Welt Anforderungen ein für Hotelreservationen für Einzelpassagiere oder Gruppen in der Westschweiz und im benachbarten französischen Touristengebiet. Hier werden Autobusse nach den Winter-

217

sport- und Sommerkurorten, zu Internatsschulen oder Tagungsstätten am Genfersee, im Wallis, in Savoyen usw. organisiert. Hier kümmert man sich um Transitpassagiere, die mangels Anschlusses oder wegen Verspätungen in Genf übernachten müssen.

Das «Welcome Desk» bucht im Jahr etwa 80 000 Hotelreservationen in der Stadt Genf, 10 000 in der übrigen Westschweiz, 3000 in der französischen Nachbarregion und etliche hundert in Erziehungsinstituten, Kinderheimen, Spezialkliniken und für internationale Kongresse in der Westschweiz. Eine Dienstleistung einerseits für die Kunden der Außenstationen der Swissair, andererseits für die regionale Tourismus-Industrie.

Fahnenträger in der Welt

Die Swissair ist das einzige schweizerische Unternehmen, das sich im Ausland voll sichtbar mit der Schweiz identifiziert – durch ihren Namen und mit dem neuen Signet auch als eigentlicher Träger des Schweizer Kreuzes. Die Schweiz ist zwar in der ganzen Welt durch Tochtergesellschaften, Produktionsstätten und Verkaufsniederlassungen ihrer großen Wirtschaftsunternehmen präsent. Doch diese zeigen die «nationale Fahne» nicht. Fast niemand in Brasilien weiß, daß «Nestlé do Brasil» eine Schweizer Firma ist, und Brown Boveri wird in der Bundesrepublik gewöhnlich für ein deutsches Unternehmen gehalten. Die diplomatischen Vertretungen der Schweiz allerdings sind mit dem Schweizer Wappen dekoriert und hissen an Feiertagen die Fahne. Aber in der Regel sind die Botschaften außerhalb des Zentrums eher versteckt und unscheinbar und zudem finanziell und personell zu schwach dotiert, um in größerem Stil publikumswirksam in Erscheinung zu treten.

218

Die Stadtbüros der Swissair dagegen befinden sich meistens in zentralster Lage, an der Fifth Avenue an ihrer geschäftlich allerbesten Stelle in New York, am Opernring in Wien, im Hibiya Park Building in Tokyo, an der Avenida Santa Fé in Buenos Aires. Sie repräsentieren in den wichtigsten Städten der Welt mehr als irgend etwas anderes sichtbar die Schweiz, sie zeigen vielenorts in ihren Luftreisebüros den Straßenpassanten auf wandgroßen Photos das Symbol Matterhorn, die Jungfrau-Gruppe u. a., und sie machen in Zeitschriften aller Sprachen, vereinzelt am Fernsehen Reklame nicht nur für die Swissair, sondern indirekt auch für die Schweiz als Reiseland und als Wirtschaftspartner. Die Schweizerische Verkehrszentrale, die nur in wenigen Weltstädten eigene Vertretungen zur Tourismus-Werbung unterhält, wird an vielen Orten durch die Swissair treuhänderisch mit-vertreten, obwohl es den Schweizer Hotels ebenso gleichgültig ist, mit welcher Fluggesellschaft ein Gast nach Zürich oder Genf fliegt, wie der Swissair, ob ein Passagier von Zürich aus ins Engadin oder nach Tirol Ski fahren geht.

Schweiz und Swissair sind gegenseitig Nutznießer. Auch wenn man sich in der Welt die Schweizer – entsprechend den Schülern in der Swissair-Schule – nur als tüchtig, fleißig, pünktlich und zuverlässig vorstellt, sind das immerhin Vorzüge, die für das Vertrauen eines Flugpassagiers ins Gewicht fallen, mehr als die negativen Klischees von Kleinlichkeit und Mangel an Lebensfreude und Kultur. Und in vielen Ländern verbindet sich darüber hinaus mit «Schweiz» auf viel positivere, ja fast idealisierende Weise die Vision einer intakten Welt in bewahrter Natur und schöner Landschaft, der Friedlichkeit und Neutralität, der historisch «sauberen Weste» ohne Flecken der Kolonial- und Großmachtpolitik.

Umgekehrt erhöht – vor allem für Ausländer, die im

übrigen die Schweiz wenig oder gar nicht kennen – jede freundliche Hosteß und jeder hilfsbereite Verkäufer der Swissair den Ruf der Schweiz und die Sympathie für das kleine Land, das man mit seiner Fluggesellschaft identifiziert.

Hostessen aus Sambia

Der Zufall – oder das Schicksal – wollte es, daß im gleichen Swissair-Flugzeug Präsident Kenneth Kaunda von Sambia und Direktionspräsident Armin Baltensweiler von Montreal nach Zürich flogen und daß außerdem Edgar Gilliéron, der Ausbildungschef der Kabinenbesatzungen, als Maître de Cabine amtierte, um einstige Schülerinnen und Schüler zu betreuen und zu kontrollieren. Präsident Kaunda, dem schon das Bodenpersonal am Flughafen die einem Staatsoberhaupt gebührenden Ehren erwiesen hatte, war begeistert von der Freundlichkeit der Flight Attendants, dem Essen und dem Stil des Services. Als er erfuhr, daß der Herr im Sitz hinter ihm der Topmanager dieser großartigen Fluggesellschaft war, äußerte er neidvoll, solche Hostessen und Stewards würde er sich für seine Sambia Airways auch wünschen. Darauf antwortete Baltensweiler: «Schicken Sie Ihre Leute zu uns in die Schule. Hier ist Ausbildungschef Gilliéron, er wird sich ihrer annehmen.»
Ein paar Monate später hatte Gilliéron, der mir die Geschichte erzählte, fünf Hostessen und zwei Stewards aus Sambia in Zürich in einem zweiwöchigen englischsprachigen Kurs. Danach wurden diese Gast-Schüler zum Training einzeln verschiedenen Kabinenbesatzungen zugeteilt und zum Abschluß nochmals in die Schule geholt, um die Erfahrungen zu verarbeiten. Ich sah den Brief eines Piloten, der spontan über «seine» schwarzhäutige Hosteß an die Schule berichtete:

Er war voll des Lobes über ihre Liebenswürdigkeit, ihren Fleiß und ihre Einsatzbereitschaft. Die Passagiere, schrieb er, waren anfänglich etwas befremdet über den ungewohnten Anblick, aber nachdem er ihnen die Umstände erklärt hatte, gewann die fremde Schülerin bald alle Sympathien.

Umgekehrt berichteten die Gäste aus Sambia: Ihre Kollegen in Lusaka hatten sie bedauert und sie gewarnt, die Schweizer seien schrecklich kalte, strenge, unzugängliche Menschen. Doch seit sie in Zürich gelandet waren, kamen sie nicht aus dem Staunen heraus über die unerwartete Herzlichkeit und Hilfsbereitschaft in der Schule und an Bord. Sie hatten einen intellektuell-theoretischen Unterricht befürchtet und dann einen so praxisnahen und menschlich unmittelbaren erlebt, daß sie ohne Schwierigkeiten alles gefühlsmäßig verstehen und umsetzen konnten.

Dieser bemerkenswerte Erfolg führte dazu, daß bald nach der ersten eine weitere Schülergruppe aus Sambia nach Zürich kam.

Besonders erstaunlich an der Geschichte scheint mir dies: Die Swissair fliegt nicht nach Lusaka, die Sambia Airways nicht in die Schweiz, es gibt kein Problem von Landerechten oder von Poolabkommen, d. h. der Swissair trug die Episode keinerlei Nutzen ein. Vielleicht wird nun der Staatspräsident von Sambia noch lauter das Loblied der Swissair singen, als er es auch sonst täte, und vielleicht wird dann und wann einer seiner Minister und Botschafter über Nairobi oder Kinshasa mit der Swissair via Schweiz nach New York oder sonstwohin fliegen statt mit der Konkurrenz. Aber dergleichen läßt sich nicht kalkulieren als «Rendite» einer Investition. Freundschaft und Wohlwollen sind Werte außerhalb des Computers. Und dennoch sind es Werte.

Um 1970 bestand in Wien und in Zürich die ernsthafte Absicht eines Zusammenschlusses zwischen Austrian Airlines (AUA) und Swissair. Das hatte eine – österreichische – Vorgeschichte.

Die 1923 gegründete «Österreichische Luftverkehrs AG» (ÖLAG) war in der Zwischenkriegszeit eine der erfolgreichsten europäischen Fluggesellschaften gewesen, aber sie wurde 1938 nach dem Anschluß Österreichs an das Deutsche Reich von der deutschen Lufthansa verschluckt. Nach dem Krieg besass das besetzte Land ein Jahrzehnt lang keine Lufthoheit. Als es sie durch den Staatsvertrag (15. Mai 1955) zurückerhielt, wurden gleichzeitig zwei Fluggesellschaften gegründet, eine private und eine staatliche. In der Koalitionsregierung von Österreichischer Volkspartei (ÖVP) und Sozialdemokraten (SPÖ) gehörte der Verkehrsminister der ÖVP an; er erteilte der staatlichen Fluggesellschaft die Konzession nicht, um die privatkapitalistische zu begünstigen. Der sozialdemokratische Finanzminister seinerseits verweigerte der privaten Gesellschaft die Bewilligung zur Aktienausgabe. So gab es denn zwei Fluggesellschaften mit Briefköpfen, aber ohne Flugzeuge.

Als beide Seiten des grausamen Spiels müde waren, gründeten sie 1957 die mehrheitlich staatliche Austrian Airlines, die alsbald den Flugbetrieb aufnahm. Aber ihr Kapital war zu gering, und die Führung blieb in hohem Maß politisiert: Die Behördenvertreter der beiden Regierungsparteien, machtmäßig dem Fachmanagement übergeordnet, überwachten sich gegenseitig eifersüchtig und behinderten Initiativen und Entscheidungen. Die Folge war, daß das Unternehmen Jahr für Jahr beträchtliche Defizite auf den Staatshaushalt abwälzen mußte. In der Öffentlichkeit und schließlich auch bei den Behörden griff eine defaitistische Stimmung um sich: Aufgeben! In dieser Lage tauchte die Idee einer Fusion mit der Swissair auf, von dieser in ihrer großen Erfolgs- und Wachstumsphase mit Interesse aufgegriffen.

Der Gedanke an sich war keineswegs abwegig. Die Fluggesellschaften der drei skandinavischen Länder Schweden, Norwegen und Dänemark hatten sich erfolgreich zur «Scandinavian Airlines» zusammengeschlossen, und die beiden neutralen Alpenländer Österreich und Schweiz waren sich seit dem Krieg politisch und wirtschaftlich näher gerückt. Beide schienen im Grunde als Basis für einen modernen Weltluftverkehr allein zu klein, während sie gemeinsam immerhin etwa die Einwohnerzahl Hollands aufwiesen.

Die Verhandlungen wurden aufgenommen, und schon bald begannen Delegierte der Swissair und der AUA mit der Abklärung der rechtlichen, wirtschaftlichen und betrieblichen Möglichkeiten eines Zusammenschlusses.

Aber die Swissair war nach Kapital, Flotte, Streckennetz und Personalbestand um das Mehrfache größer als die AUA. Die österreichische Forderung nach gleichberechtigter Beteiligung in der Leitung der künftigen gemeinsamen Gesellschaft war für die Swissair, weil damit eine schlagkräftige Führung unmöglich geworden wäre, nicht annehmbar. Umgekehrt erkannten die Österreicher immer deutlicher, daß der Zusammenschluß des Kleinen mit dem Großen in der Realität auf ein Verschlucktwerden hinauslaufen mußte. Der nach wie vor starke parteipolitisch-staatliche Einfluß in der AUA widersprach völlig der unternehmerischen Führungsphilosophie der Swissair, und die guten Ratschläge der selbstsicheren Schweizer gingen den empfindlichen, von Mißerfolgen belasteten Leuten in Wien auf die Nerven.

Und plötzlich kam es auch in der österreichischen öffentlichen Meinung zu einem Stimmungsumschwung:

Der nationale Stolz rebellierte gegen die Aussicht, in der Luft zu einem «Satelliten» des kleineren Nachbarlandes zu werden. Und die inzwischen von den Sozialdemokraten allein gebildete Regierung kam nun zur Auffassung, die Defizite der AUA ließen sich vom Staat ebensogut tragen wie diejenigen der staatlichen Eisenbahnen.

Der Fusionsplan wurde fallengelassen und gleichzeitig die AUA kapitalmäßig saniert. Unter einem – nicht ohne Einfluß der Swissair – gestärkten, der Regierung gegenüber selbständigeren Doppel-Management der Generaldirektoren Papousek und Heschgl kam die AUA bald aus den roten Zahlen heraus und entwickelte sich in der Beschränkung auf Europa und den Nahen Osten und auch dank der rationalisierenden betrieblichen Zusammenarbeit mit der Swissair erfolgreich und gewinnbringend.

Daß sich die Austrian Airlines aus der allzu dominierenden Umarmung der Swissair herauswand, führte indessen zu keiner Feindschaft. Im Gegenteil entwickelte sich eine gute Freundschaft daraus. Die technische Zusammenarbeit in der Anschaffung, Ausstattung und Wartung der Flugzeuge ist, wie früher erwähnt, in besonderem Maße ausgebaut, und auch in andern Bereichen, wie Ausbildung, elektronische Datenverarbeitung u. a. hilft man sich gegenseitig, während man sich gleichzeitig im Markt auf verschiedenen Strecken konkurrenziert. Über die vertraglich vereinbarte Zusammenarbeit hinaus gibt es dank vielen persönlichen Kontakten auf verschiedenen Ebenen eine pragmatische Kameradschaft zum Vorteil beider Seiten.

Berater für Olympic Airways

Der berühmte Reeder Aristoteles Onassis gründete 1957 die griechische Fluggesellschaft Olympic Airways als sein privates Familienunternehmen. Er ließ sich damals von Vertretern der Swissair beraten, wechselte aber dann zur Zusammenarbeit mit der British Airways – wohl im Zusammenhang mit dem Kauf britischer Flugzeuge. Wie mir in Athen Direktor C. Adassis erzählte, bestand bis zum Tode von Onassis (1975) die wirkliche Führung des Unternehmens hauptsächlich aus engen Freunden und Familienmitgliedern, während das Fachmanagement wenig zu sagen hatte. Als Onassis wegen der Krise von 1973 und dauernden Auseinandersetzungen mit den Gewerkschaften den griechischen Staat zwang, sein schlecht rentierendes Unternehmen zu kaufen, stellte sich heraus, daß die gesamte Struktur der Firma dringend der Reorganisation und Modernisierung bedurfte. Man wandte sich erneut an die Swissair und schloß schließlich mit ihr Ende 1978 einen Vertrag über beratende Zusammenarbeit.

Warum mit der Swissair? «Wir erinnerten uns an die früheren guten Erfahrungen», antwortete mein griechischer Gesprächspartner, «und wußten, daß die Swissair auch der Austrian Airways in der Reorganisation geholfen hatte. Daß man in Zürich vom Management einer Fluggesellschaft allerlei versteht, ist jedermann in unserer Branche bekannt. Auch ist es noch nicht so lange her, dass die Swissair so groß bzw. so klein war wie die Olympic heute (rund 10 000 Angestellte.»

Die Hilfe besteht in Beratung und in Ausbildung. Beratung, wie man die innere Struktur des Unternehmens und der Führung am wirksamsten organisiert, Kompetenzen verteilt, realistisch plant, budgetiert und die Rentabilitäten berechnet. Instruktoren der Swiss-

225

air schulen – teils in Athen, teils in der Schweiz – Angehörige des mittleren und unteren Kaders und bilden die künftigen Lehrer der Olympic Airways aus. Fachleute aus Zürich helfen zudem bei der Reorganisation des Passagierdienstes und der Verbesserung der dazugehörenden Ausbildung. Mit der Oberleitung der Zusammenarbeit betraut wurde Direktor Adolphe Gehriger, Fachmann für besondere und besonders schwierige Probleme, der auch die Verträge mit der AUA zum guten Abschluß gebracht hatte.

Für die Swissair ist die Aufgabe keineswegs einfach. Die Voraussetzungen eines Staatsbetriebes sind grundlegend anders als bei einem Privatunternehmen, und der wirtschaftliche Hintergrund ebenso wie die Mentalität der Menschen sind in Griechenland sehr verschieden von den schweizerischen Verhältnissen. Auch muß die Swissair hochqualifizierte Leute abkommandieren, die sie im eigenen Bertrieb sehr wohl brauchen könnte. Andererseits fördert solche Hilfestellung die freundschaftliche Partnerschaft mit einem wichtigen Land und einer wichtigen Fluggesellschaft, und auf gute Beziehungen ist die Swissair letztlich überall auf der Welt angewiesen.

Varig und Swissair Arm in Arm

In Rio de Janeiro zeigte man mir ein Photo-Inserat, das die Swissair in brasilianischen Zeitschriften veröffentlicht hatte. Es zeigt im Vordergrund eine DC–10 der brasilianischen Varig, im Hintergrund eine DC–10 der Swissair. Man stutzt: Reklame für die Varig? Auf den ersten Blick scheint es so zu sein, und bei der Varig war man entzückt darüber, daß die Swissair sie auf eigene Kosten so sehr herausstrich. Aber ganz selbstlos waren die Inserate nicht – Finanzdirektor Erich Geitlinger und sein Chef Dr. Martin Junger würden sonst den Herren in Rio und Werbechef Albert Diener in Zürich etwas erzählen! Das Inserat nämlich sagt dem brasilianischen Leser: Die Swissair ist der beste Freund eurer nationalen Fluggesellschaft und deren erste Alternative.

Die Überlegung ist einfach: In einem so nationalistischen Land wie Brasilien – und ähnlich in vielen andern Ländern – steht auf alle Fälle die eigene Fluggesellschaft an der Spitze der Popularität. Diese durch was immer für Werbekampagnen ausstechen zu wollen wäre verlorene Liebesmüh. Die Varig fliegt aber nicht überall hin und – beispielsweise in die Schweiz – nicht jeden Tag. Wenn ein Brasilianer z. B. nach Osteuropa, in den Mittleren oder Fernen Osten reisen will, kann er bis Westeuropa mit der Varig fliegen und muß dann in London, Paris, Rom, Zürich oder sonstwo umsteigen. Wählt er die Route über Zürich, wird er wahrscheinlich Swissair-Passagier. Doch auch dann, wenn er nach London und erst von dort nach Cairo, Ankara oder Peking weiterreisen will, kann er ab London die Swissair benützen. Seine Auswahl unter den verschiedenen Möglichkeiten wird in starkem Maß abhängen von seiner Sympathie und von den Ratschlägen der Varig und des brasilianischen Reisebüros, das ihm den Flugschein verkauft und die Route zusammenstellt.

Darauf zielt das erwähnte Inserat, dem andere mit der gleichen Botschaft folgten: Das Beste seid ihr Brasilianer (welcher Brasilianer würde da nicht sein Herz öffnen!), und das Zweitbeste sind wir!

Was hier von Brasilien und der Varig geschildert wurde, ist kein Sonderfall. Es ist allgemeine Swissair-Politik, überall in der Welt mit den nationalen Fluggesellschaften – außer in den USA gibt es sie in fast jedem Land – möglichst freundschaftliche Beziehungen zu pflegen, trotz der Rivalität auf dem Markt. Die Angestellten der Außenstationen neigen natürlicherweise

227

dazu: Die in die Fremde versetzten Schweizer haben das Bedürfnis, mit den Menschen des Gastlandes Kontakt zu finden, nicht nur mit seinen Kunden, sondern auch mit den Kollegen der einheimischen Partnergesellschaft. Und die Mitarbeiter, die selber Kinder dieses Gastlandes sind, meist 90 Prozent der Swissair-Vertretungen oder mehr, empfinden zwar ihre Firma als ihre Familie, zugleich aber auch ihr Land als ihre Heimat. Es sind Verwandte, Freunde, Bekannte, die bei der nationalen Fluggesellschaft arbeiten. Daß man mit ihnen freundschaftlich verkehrt, entspricht ihrer Neigung; wenn solche Kollegen zu einem Kurs oder einer kleinen Party mit Schweizer Wein und Käse oder gar zu einer Schweizerreise eingeladen werden, erfüllt es das Herz der lokalen Swissair-Leute mit Stolz; und wenn man ihnen in einer auch noch so kleinen Notlage beistehen kann, wird man irgendwann auch von ihnen Hilfsbereitschaft erfahren.

Das funktioniert aber nur deshalb so gut, weil das Hauptquartier einerseits diese guten Beziehungen bewußt anstrebt und in der Praxis begünstigt und andererseits den Verantwortlichen der Außenstationen die Freiheit einräumt, nach eigenem Ermessen in Kenntnis der lokalen Verhältnisse die Kontakte zu pflegen.

Bescheidenheit ist nicht nur eine Zier

In Paris faßte André Clemmer, seit Sommer 1980 Chef der Verkaufs- und Service-Organisation Schweiz, die bei den französischen «Rivalen» Air France und UTA vorherrschende Einstellung zur Swissair in einem Satz zusammen: «On vous respecte, mais on ne vous aime pas.» Achtung, aber keine Sympathie. Man würde vermuten, daß dies bei den andern großen europäischen Fluggesellschaften, die alle in einem mehr oder weniger harten Konkurrenzkampf mit der Swissair stehen, nicht wesentlich anders sei. Niemand liebt erfolgreiche Rivalen besonders, und wenn es einem Kleinen gelingt, in den Kreis der Großen aufzusteigen, schätzen das die Großen nicht, auch wenn sie es mit Respekt tolerieren.

Gewiß ist mit den kleineren europäischen und den außereuropäischen Fluggesellschaften, die nur in geringerem Maße unmittelbare Rivalen sind, freundschaftliche Zusammenarbeit leichter, weil die kleine Schweiz zwangsläufig bescheidener auftritt als die relativen Großmächte oder die Weltmacht Amerika. Tatsächlich aber sind die Beziehungen der Swissair zu den Großen Europas keineswegs nur negativ, mit einigen sogar ausgesprochen herzlich. Und wenn man sie auch da und dort wegen ihrem ausgeprägten Qualitäts-Ehrgeiz als «elitär» und als «überheblichen Musterknaben» abtun mag, empfinden andererseits manche Europäer die Swissair als Vorkämpferin gegen einen Qualitätszerfall und gegen einen Sog zum Billig-Tarif- und Massentourismus, den auch sie fürchten, weil er nicht nur das Geschäft bedroht, sondern auch die Energieverschwendung und die Umweltzerstörung anheizt.

Wegen der bevölkerungsmäßigen und geographischen Kleinheit der Schweiz und wegen dem privatwirtschaftlichen Charakter ist der Spielraum der Politik für die Swissair besonders eng begrenzt. Sie ist gezwungen, einerseits auf höchste Qualität zu setzen, andererseits im quantitativen Wachstum vorsichtig und bescheiden vorzugehen. Oder anders gesagt: Sie kann ihre auf internationalem gutem Ruf basierende Position nur behaupten, wenn sie sich der gängigen Philosophie des «Wachstum um des Wachstums willen» versagt und sogar einen Rückgang ihres prozentualen Marktanteils in Kauf nimmt. Geschäftsleitung und Verwaltungsrat haben sich im Verfolgen dieser durchaus eigenwilligen Linie nicht verunsichern lassen: das

Beste an technischen Instrumenten, das Beste an Ausbildung auf allen Stufen, um im Angebot teils «so gut
wie der Beste» und teilweise «besser als der Beste» zu
sein und die Kundschaft zu gewinnen, die das honoriert.

8. Kapitel

Flugroute in die Zukunft

Wetterprognosen für zwei Tage sind in unseren Breiten meist Glückssache. Über das Flugwetter für die Swissair in ihrem sechsten Jahrzent jedoch lassen sich recht sichere Vorhersagen machen: Es wird sowohl Stürme und Turbulenzen als auch Schönwetterperioden geben. Im einen wie im andern Fall wird die Swissair starten und landen.

Alle anderthalb Jahre treffen sich die Auslandvertreter und ihre wichtigsten Mitarbeiter mit dem mittleren und höheren Kader zur «Außenvertreter-Konferenz». Im Herbst 1979 fand sie in Lugano statt. Gegen 400 Leute fuhren mit einem Sonderzug von der noch nicht eröffneten unterirdischen Eisenbahnstation Zürich-Flughafen weg durch den Gotthard in das Tessin, mehrheitlich Schweizer aus aller Welt, doch auch Brasilianer, Japaner, Schweden, Italiener usw. Gesamtthema: «Die Swissair in den achtziger Jahren.»

Nach allgemeinem Empfinden besteht der Sinn dieser Treffen in erster Linie im Anknüpfen und Erneuern der persönlichen Kontakte. Der Vertreter aus Bombay trifft seinen inzwischen in einem andern Erdteil tätigen Kollegen, mit dem zusammen er einmal in London arbeitete, und jeder lernt außer den Fachkollegen, mit denen er in Kursen und Arbeitstreffen zusammenkommt, auch Leute anderer Departemente, anderer Nationalität, anderer Berufe kennen. Die Ansprachen des Auslandchefs Peter Oes als Konferenzleiter, des Verwaltungsratspräsidenten Fritz Gugelmann, des Direktionspräsidenten Armin Baltensweiler und anderer geben dazu den formellen Rahmen und einige Anregungen.

Aber während eines Vortrags im großen Konferenzzentrum Luganos wurde mir plötzlich ein bißchen kalt. Generaldirektor Emil Koch, damals Chef des Außendepartementes Verkauf und Service, sprach über die kommende Revolutionierung durch die technische Entwicklung. Die Vision einer Roboterfluggesellschaft erschien wie ein Schatten an der Wand. In der Zukunft, sagte er, könnte der Kauf eines Flugscheines sich etwa folgendermaßen abspielen: Der Kunde telephoniert einem bestimmten Computer und teilt ihm mit, was er will. Der Computer läßt auf dem Bildschirm des Kunden die verschiedenen Möglichkeiten erscheinen, worauf dieser seine Entscheidung dem Computer bekanntgibt und die Nummer seines automatisch belastbaren Bankkontos beifügt. Vor dem Abflug informiert er am Flughafen einen andern Computer über die Flugnummer, seine persönliche Reservationsnummer und die gewünschte Sitznummer, und alsbald erhält er aus dem Computerbauch fertig gedruckt den Bordschein, mit dem er das Flugzeug betritt.

Mit andern Worten: Dieser Passagier der Zukunft spricht weder per Telephon noch am Flughafen beim Reisebüro und bei der Abfertigung mit einem Angestellten aus Fleisch und Blut, mit einem Blick, Lächeln und freundlichem «Ich wünsche Ihnen eine gute Reise», sondern nur mit Maschinen. Er besorgt seine eigene Abfertigung selber und beansprucht das, was man immer noch «Dienstleistung» nennt, höchstens in der Flugzeugkabine.

Emil Koch grenzte seine Zukunftsvision auf den häufig fliegenden Passagier ein, der nur mit Handgepäck reist. Das ist jedoch überall der begehrteste Kunde, weil er – meist ein Geschäftsmann mit Spesenkonto –

voll zahlt und keine Schwierigkeiten schafft. Es ist entscheidend, fuhr er fort, daß wir Swissair frühzeitig über die nötigen technischen Hilfsmittel verfügen, denn wenn wir in dieser Art der Entwicklung nachhinken, besteht die Gefahr, daß andere uns trotz unserer Qualität aus dem Markt hinausdrängen, weil sie eine bequeme Computer-Telephonnummer anbieten können. Schon heute stützen sich die Reiseagenturen in hohem Maße auf das elektronische Reservationssystem – im Fall der Swissair PARS genannt. Wenn sie an das der Konkurrenz angeschlossen sind, bei der Swissair aber mit auch nur 30 Sekunden Wartezeit telephonisch anfragen müssen, werden sie sich im Alternativfall die Swissair allmählich aus Bequemlichkeit abgewöhnen. «Wes Computer ich hab', des Flugschein ich verkauf'.»

Die Maschinen, denen man eine Flugbuchung diktiert und die binnen Sekunden den in Druckschrift ausgefüllten Flugschein hervorzaubern, stehen bereits in verschiedenen Reservations- und Luftreisebüros der Swissair. Auch die Computer, die den Tarif eines einfachen Flugscheins zwischen Abflugstation, Ziel- und Rückreise selber berechnen, ohne daß ein Angestellter in dicken Wälzern blättern muß, gibt es inzwischen schon.

Der Vormarsch der Roboter, scheint es, ist nicht aufzuhalten. Und vermutlich hatte Generaldirektor Koch recht, daß ein Unternehmen das technisch Machbare machen muß, um nicht unversehens ins Hintertreffen zu geraten bei denjenigen Kunden, die selber schon so sehr «roboterisiert» sind, daß ein persönlicher Kontakt mit einem Menschen den Verlust von ein, zwei Minuten Zeit für sie nicht aufwiegt.

Das Frösteln, das mir in Lugano über den Rücken lief, ähnelte demjenigen, das ich im «Space Control Center» empfand, wo unter mehreren der rentabelste Passagier errechnet und bevorzugt wird.

Ein paar Stunden später saß ich neben einem andern Mitglied der Geschäftsleitung beim Abendessen. «Die Geschäftsleute», sagte er, «sind im Grunde sehr einsame Menschen. Im Flugzeug zur Sitzung, Verhandeln, Fachsimpeln, dann wieder zurück, immer unter Zeit- und Leistungsdruck und Erfolgszwang – sie sehnen sich doch danach, einmal auch nur eine Minute lang unverfänglich bemuttert zu werden.»

Am nächsten Tag fuhr bei strahlendem Herbstwetter das ganze interkontinentale Swissair-Management mit einem großen Schiff nach Morcote und setzte sich dort an langen Holztischen im Freien zu einem ländlich-einfachen, köstlichen Mittagessen. Atmosphäre einer fröhlichen Schulreise. Am Nachmittag per Schiff nach Melide und mit Extrazug zurück nach Zürich-Flughafen. Als wir uns Zürich näherten, ging Verwaltungsratspräsident Gugelmann durch den ganzen Zug und verabschiedete sich persönlich mit Handschlag von jedem der fast 400 Mitarbeiter.

Keine Kälte von aus Tasten und Elektronik bestehenden Robotern mehr. Für alle, auch für mich Außenstehenden, das Erleben einer vergnügten Familie, in der sich jeder ungeachtet der individuellen Aufgaben und Leistungsanforderungen akzeptiert und geborgen weiß, ein großes Orchester, in dem schon übermorgen wieder jeder an seinem Platz mit seinem Instrument die erstaunliche Swissair-Symphonie spielt.

*

Die Swissair besteht aus inneren Gegensätzen. Supermoderne Roboterwelt und menschliche Herzlichkeit. Auf den Franken präzises geiziges Rechnen und Großzügigkeit. Vorsichtige Nüchternheit und aggressive Vitalität. Die Gegensätze sind zum Teil regelrecht institutionalisiert, um als Antrieb und Bremse das Tempo im Gleichgewicht und die Technik im Griff des Persönlichen zu behalten.

234

Die Kunst, scheint mir, besteht darin, im Innern des Unternehmens die menschlichen Beziehungen und Loyalitäten so bewußt zu pflegen und zu stärken, daß man es sich leisten kann, auch mit den Robotern umzugehen, ohne die Seele an sie zu verkaufen. Oder umgekehrt ausgedrückt: daß man das nach wie vor entscheidende Persönliche eines Unternehmens nicht *gegen* die technische Entwicklung, sondern *mit deren Hilfe* verteidigt, um ein Organismus von Menschen für Menschen bleiben zu können.

Daß diese Kunst und das unbeirrte Festhalten am Maßstab hoher Qualität durch handfesten wirtschaftlichen Erfolg honoriert wird, ist ermutigend in einer Zeit, die zur Vergötzung des Unpersönlichen und Massenhaften neigt. Doch Kunst ist nicht nur Gesinnung, sondern auch Können. Damit das Swissair-Kreuz auf seinem Flug in die Zukunft auf sicherem und geradlinigem Kurs bleibt, braucht es Piloten im Cockpit und eine 15 000köpfige Besatzung in der Luft und am Boden, die ihr Handwerk verstehen und gemeinsam ihr niemals endgültig erreichtes Ziel verfolgen.

Interkontinentales
Streckennetz
(Swissair-Destinationen)

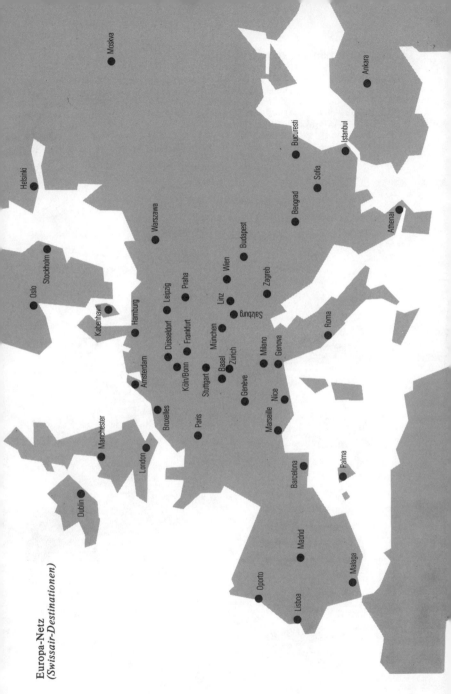

Europa-Netz
(Swissair-Destinationen)

237

Flugzeugtypen seit der Gründung

1931: Fokker F-VII-b, Fokker F-VII-a, Messerschmitt M18d, Comte AC-4; 1932: Lockheed-Orion; 1934: Douglas DC-2 Curtiss-Condor, Clark-GA-43-A; 1936: Junkers JU-86; 1937: De Havilland Dragon DH-89, DC-3; 1946: DC-4; 1949: Convair CV-240; 1951: DC-6B; 1956: DC-7C «Seven Seas», Convair CV-440 «Metropolitan»; 1960: DC-8-33, SE-210-III «Caravelle»; 1961: Convair CV-880; 1962: Convair CV-990A «Coronado»; 1963: DC-8-53; 1966: DC-9-15; 1967: DC-9-32, DC-8-62; 1968: DC-8-62F; 1969: DC-9-33F; 1971: Boeing 747B; 1972: DC-10-30; 1975: DC-9-51; bestellt: 15 DC-9-81, 5 Boeing 747, 10 Airbus A310, 2 DC-10-30 ER.

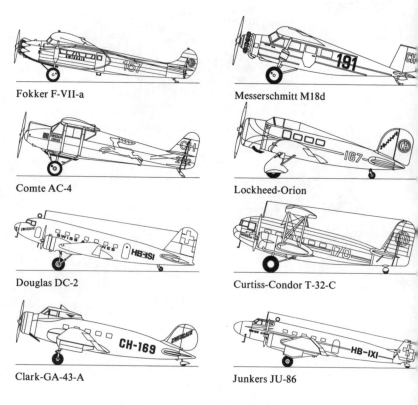

Fokker F-VII-a

Messerschmitt M18d

Comte AC-4

Lockheed-Orion

Douglas DC-2

Curtiss-Condor T-32-C

Clark-GA-43-A

Junkers JU-86

238

Entwicklung des Streckennetzes

1931: München–Wien, Mannheim–Frankfurt–Köln–Essen–Amsterdam, Stuttgart–Halle/Leipzig, Berlin, Lyon, Paris, Prag, Cherbourg. Wichtigste Erweiterungen: 1933: Italien, 1935: London, 1946: Skandinavien, 1947: Spanien, 1948: Mittlerer Osten, 1949: New York, 1954: Südamerika, 1957: Indien und Ferner Osten, 1962: Westafrika, Chicago, Montreal, 1963: Nordafrika, 1967: Moskau, 1968: Ost- und Südafrika, 1969: Sri Lanka–Singapur, 1970: Zaïre, 1971: Boston, Nikosia, 1973: Genua, 1974: Marseille, 1975: Abu Dhabi, Dhahran, Salzburg, Toronto, Peking, Shanghai, 1976: Oran, Kuwait, Dubai, 1977: Sofia, Ankara, Linz, 1978: Oporto, Annaba, Jeddah, 1979: Dublin, 1980: Jakarta. Länge des Streckennetzes per 31. Juli 1979: 279 256 km.

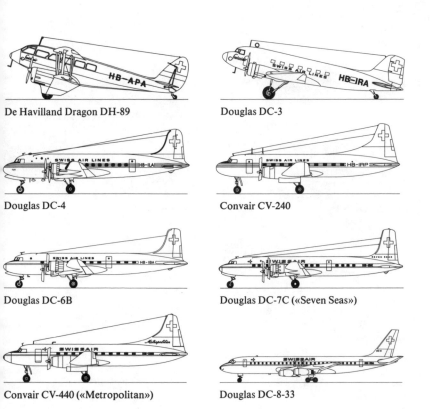

De Havilland Dragon DH-89   Douglas DC-3

Douglas DC-4   Convair CV-240

Douglas DC-6B   Douglas DC-7C («Seven Seas»)

Convair CV-440 («Metropolitan»)   Douglas DC-8-33

Technische Daten der Flotte

(Stand 1980)	DC-9-32 *DC-9-33F	DC-9-51	DC-9-81	DC-8-62	DC-10-30	Boeing 747 B
Anzahl (bestellt = b)	17	12	3 12 (b)	4	11 2 (b)	2 5 (b)
Länge (m)	36,36	40,72	45,08	47,98	55,35	70,66
Spannweite (m)	28,44	28,44	32,86	45,22	50,39	59,60
Höhe (m)	8,38	8,53	8,93	12,89	17,70	19,30
Passagiere (F/Y)	12/83	12/108	12/123	20/132	30/207	40/321
Crew Cockpit/Kabine	2/3	2/4	2/4	3/6	3/10	3/14
Max. Startgewicht (kg)	49 000	54 900	63 500	152 000	251 700	351 500
Treibstoff-Kapazität (l)	16 121	19 073	21 873	91 891	138 236	193 035
Standard-Nutzlast (kg) (DC-9F. 14 000)	11 100	13 500	15 400	20 000	34 500	49 300
Max. Reichweite	2 700	2 700	3 300	8 730	9 350	9 120
Max. Reisegeschwindigkeit (km/h)	906	906	906	950	976	976
Triebwerke	2 P & W JT8D-9	2 P & W JT8D-17	2 P & W JT8D-209	4 P & W JT3D-3B	3 GE CF6-50C	4 P & W JT9D-7W
Max. Standschub pro Triebwerk (kg)	6 570	7 260	8 400	8 165	23 133	21 320
Preis (ohne Ersatzteile) SFr.	17 Mio.	22 Mio.	30 Mio.	35 Mio.	72 Mio.	101 Mio.

*Frachter

Caravelle SE-210-III

Convair CV-990A («Coronado»)

Douglas DC-9-15

Boeing 747B

Douglas DC-10-30

Douglas DC-9-51

Douglas DC-9-81

Airbus A310 (bestellt)